21世纪经管类精品教材

现代企业管理学

第二版

赵黎明　主编

天津大学出版社
TIANJIN UNIVERSITY PRESS

图书在版编目（CIP）数据

现代企业管理学/赵黎明主编. —天津：天津大学出版社，2002.9（2011.11 重印）

ISBN 978-7-5618-1668-4

Ⅰ.①现… Ⅱ.①赵… Ⅲ.①企业管理 Ⅳ.①F270

中国版本图书馆 CIP 数据核字（2002）第 068044 号

出版发行 天津大学出版社
出 版 人 杨欢
地　　址 天津市卫津路 92 号天津大学内（邮编：300072）
电　　话 发行部：022-27403647　邮购部：022-27402742
网　　址 www.tjup.com
印　　刷 廊坊市长虹印刷有限公司
经　　销 全国各地新华书店
开　　本 169mm×239mm
印　　张 30
字　　数 662 千
版　　次 2002 年 9 月第 1 版　2011 年 11 月第 2 版
印　　次 2011 年 11 月第 4 次
印　　数 12 001 – 15 000
定　　价 58.00 元

再版前言

2002年为了适应我国加入WTO之后,企业在激烈的竞争中不断提高素质,夯实竞争的基础,增加竞争力的需要,编著出版了《现代企业管理学》一书。作为一本系统介绍企业管理的教材,本书从管理学的视角,审视了企业管理问题,探讨了企业管理的理论和方法,在企业管理学内容体系上也进行了一定的创新。《现代企业管理学》教材第1版出版以来,收到了较为广泛的欢迎,先后多次印刷,被国内多家院校作为教材,取得了良好的效果。

为了更好的适应企业管理研究与实践的需要,本书进行了修订再版。在本书的修订中,作者跟踪国际和国内企业管理的理论和实践的发展,将管理学的最新理论和方法引入现代企业管理学的修改中,保持了本教材的先进性;本书对原有部分章节的结构进行了调整,使全书结构更趋合理;本书对原书内容进行了调整,使知识点更加全面,更具可读性。

《现代企业管理学(第二版)》一书是基于我国企业管理教育理论与实践的需要而编写的,该书具有以下特点:坚持理论与实践相结合,在把新的管理理论介绍给广大读者的同时,介绍了大量的管理方法,使该书不仅可以提高读者的理论水平,而且具有很强的可操作性。本书坚持传统与创新相结合,我国此类书籍有其传统的框架,随着内外环境的迅速变化,这一框架已不适应现代企业管理的需要,本书在保留传统框架合理性的同时进行了大胆的创新,加入了大量新的内容。本书坚持全面与重点相结合,为了使广大读者通过阅读本书尽可能多的了解这一领域的有关知识和保证本书结构的完整性,在编写本书时涉及了该领域的众多专业知识,保证了全面性。但在具体章节中注重了突出重点,使广大读者在较短时间内了解在这一领域的理论、思想与方法。

希望《现代企业管理学(第二版)》一书的出版能够对促进我国企业管理的高等教育和提高我国企业管理实践水平起到有益的作用。

参加本书编写的均为天津大学管理与经济学部的中青年教师,他(她)们在学术上已有一定成就,在所从事的研究领域中均有较深造诣,多年的教学实践，也积累了丰富的教学经验。他(她)们所写的章节也是他(她)们教学与研究成果的总结。

《现代企业管理学(第二版)》第一章由汤伟钢编写，第二章由王缓编写，第三章由尚天成编写，第四章由王秀宏编写，第五章由马向阳编写，第六章由谭庆美编写，第七章由刘立秋编写，第八章由付红娟编写，第九章由黄飞编写。

全书由赵黎明创意策划、统稿，并最终审定全书。

本书适合经济及管理类专业大学本科生、双学位学生使用，可作为管理类研究生、工商管理硕士(MBA)的参考教材，同时可供企业管理人员学习现代企业管理的理论、思想与方法时使用。

值此本书再版之际，感谢在企业管理领域辛勤耕耘的各位专家学者，他们的学术著作给了我们重要的启示，为本书撰写提供了重要的资料，在此表示深深的谢意。

感谢天津大学出版社为本书再版所做的卓有成效的工作。

由于本书编者水平有限，书中一定存在不少问题，敬请广大读者不吝指正。

赵黎明

2011年6月于天津大学

前　言

随着我国社会主义市场经济体制的建立,作为市场基本经济细胞和竞争主体的企业,实现管理现代化已成为其面临的亟待解决的问题。特别是我国加入WTO之后,面对激烈的竞争,企业必须不断提高素质,夯实竞争基础,增加竞争力,才能立于不败之地。企业管理现代化正是实现这一目标的重要途径。《现代企业管理学》一书是基于我国加入WTO后的新形势,根据企业管理现代化的需要而编写的。

本书具有以下特点:

1. 坚持理论与实践相结合

本书在把新的管理理论介绍给广大读者的同时,介绍了大量的管理方法,使该书不仅可以提高读者的理论水平,而且具有很强的可操作性。

2. 坚持传统与创新相结合

我国此类书籍有其传统的框架,随着内外环境的迅速变化,这一框架已不适应现代企业管理的需要。本书在保留传统框架合理性的同时进行了大胆的创新,加入了大量新的内容,构建了现代企业管理学的新体系。

3. 坚持全面与重点相结合

为了使广大读者通过阅读本书尽可能多地了解这一领域的有关知识,保证本书结构的完整性,我们在编写本书时涉及了该领域的众多专业知识,保证了全面性。但在具体章节中注重突出重点,使广大读者在较短时间内了解这一领域的主要理论、思想与方法。

希望《现代企业管理学》一书的出版能够对提高我国企业管理现代化水平起到促进作用。

参加本书编写的均为天津大学管理学院的中青年教师,他(她)们在学术上已有一定成就,在所从事的研究领域中均有较深造诣;多年的教学实践,也积累了丰富的教学经验。书中正是他(她)们教学与研究成果的总结。

本书第一章由汤伟钢编写,第二章由王媛编写,第三章由尚天成编写，第四章由王秀宏编写，第五章由马向阳编写，第六章由于波编写，第七章由刘立秋编写，第八章由傅红娟编写，第九章由黄飞编写。全书由赵黎明策划、统稿，并最终审定。

本书适合经济及管理类专业大学本科生、双学位学生使用，可作为管理类研究生、工商管理硕士(MBA)的参考教材，同时可为企业管理人员学习现代企业管理的理论、思想与方法提供指导。

值此本书出版之际，感谢在企业管理领域辛勤耕耘的各位专家学者，他们的学术著作给了我们重要的启示，为本书撰写提供了重要的资料。在此不一一致谢，敬希见谅。

感谢天津大学出版社为本书出版所做的卓有成效的工作。

由于本书编者知识水平有限，书中存在的不足之处，敬请广大读者指正。

赵黎明
2002年6月于天津大学

目　录

第一章 企业管理总论

第一节 概述

一、企业的概念和特征

1. 企业的含义

企业是指满足社会需要并以营利为目的、享有一定的经济权利并履行一定的经济义务,实行独立的会计核算的商品生产者和商品经营法人。

2. 企业的特征

①企业是具有相对独立地位的以营利为目的经济实体。

②企业采取一定的法律形式,依法享有一定的经济权利,履行一定的经济义务。

③企业实行独立的会计核算。

二、企业的性质

1. 企业的产生

1937 年,美国经济学家罗纳德·科斯(R. H. Coase)运用交易成本理论分析了企业与市场的关系,阐述了企业存在的原因。所谓市场交易成本是指为了交换活动而耗费的成本,即为了达成协议或完成交易所需花费的经济资源。当企业家在企业内部合理地配置生产要素所产生的管理成本低于由市场配置这些要素所产生的市场交易成本时,企业就有了产生的理由,所以企业是市场的替代物。

2. 企业的边界

企业家在企业内部合理地配置生产要素所产生的管理成本会随企业规模的扩大而增加,当管理成本的增加超过市场交易成本的节约,再扩大企业规模就不经济了。所以企业的边界就是边际市场交易成本与边际企业管理成本相等时的企业规模。

三、企业的分类

根据企业家与所有者的关系将企业分为个人企业、合伙企业和公司三种形式。

1. 个人企业

个人企业也称业主制企业，是指一个人出资经营，归个人所有和控制的企业，这种企业在法律上为自然人企业，不具法人资格，也是最原始、最简单的企业形式，企业的所有人与经营人是同一人。

个人企业的长处是建立和停业的程序简便，产权自由转让，经营灵活，责任与权益明确对等。缺陷是财力有限，偿债能力和获取贷款能力较差，生产经营规模难以迅速扩张，抗风险能力差，且企业的生命很大程度上决定于企业主的意志和健康状况，故企业寿命短暂。

2. 合伙企业

合伙企业是指由两个以上的企业主共同出资、共同经营，共同所有的企业。它是在合伙人契约基础上成立的。

合伙企业的长处是合伙人共同筹资，其偿债及获取贷款能力均比个人企业高，经营规模较大，合伙人共同对企业盈亏负责；企业内责权利统一，有利于调动经营者的积极性。缺陷是无限责任使企业一旦亏损，合伙人就无力偿债，而且也难以筹集大量资本；此外，合伙协议很复杂，且必须得到一致通过。

3. 公司

公司是得到政府许可，由两人以上集资，在公司章程的基础上组成的注册登记企业。公司章程必须符合公司法，且对一切与公司有业务往来的人公开。这种企业是当代企业的主要形式。

公司与个人、合伙企业最基本的区别是：公司是法人企业，而个人和合伙企业是自然人企业，公司的财产属公司所有，其经营业务由公司自己的组织机构来执行，与股东无直接关系。“公司是法人”就是说公司在法律上被人格化，并以自己的名义从事经营活动并参与其他相关的民事活动。

按照公司承担债务清偿责任的形式不同，可将公司分为无限责任公司、有限责任公司、两合公司、股份两合公司、股份有限公司。其中，无限责任公司、有限责任公司和两合公司不发行股票，而是先确定股东，然后由股东各自以现金、劳务、本人信用、其他无形资产作为出资额，其出资额在公司章程中予以记载。

公司的优点是股东只对企业债务负有限责任，股东不退股，但可转让股权，公司资金来源广泛，并由法人治理结构统治和管理。其缺点是公司设立程序复杂，股东往往专注于赚取股票差价，所有权与经营权因分离而常发生利益冲突，委托代理问题难以很好解决。

四、股份公司

1. 股份公司的含义

股份公司是指由一定数量以上的股东所组成，总股本（注册资本）分为股份，股东以其所认购的股份金额为限对公司债务承担责任的公司。

2. 股份公司的特征

①股份公司是法人。法人是依照法律规定而成立,拥有自主经营的财产,享有权利和义务的团体。

②股份公司是社团法人。法人依据其组织基础分为社团法人和财团法人,社团法人以社员为基础,社员提供财产,再由社员选出管理人。财团法人以财产为基础,再任命管理人,然后才有社员。

③股份公司是营利性社团法人。社团法人依据是否营利,分为营利性社团法人和公益性社团法人。营利性社团法人是通过活动获得经济利益,并将所获得的经济利益分配给社员的社团法人。公益性社团法人则是以谋求社会公共利益为目的的社团法人。

④股份公司是依照公司法组织、登记、成立的营利性社团法人。

⑤股份公司是由一定人数以上的股东所组成的公司。

⑥股份公司是全部股本分为股份的公司。

五、企业的建立、发展与消亡

1. 企业的建立

企业建立的条件包括必备的资金条件、必备的物质条件(生产场地、设备厂房、工艺技术、原材料和燃料动力供应等)、必备的组织结构(领导机构、规章制度、独立核算等)、必备的生产满足社会需要的产品的能力、必备的市场条件、必备的环境条件和卫生条件等。

当企业条件具备后,就可以按照一定的登记程序建立新企业,这包括工商行政管理登记、银行账户开户登记、税务登记、产品商标注册登记。

2. 企业的发展

企业的发展过程表现为企业不断扩大再生产的过程、企业资金不断积累的过程、企业技术不断进步的过程,以及企业在市场领域不断开拓的过程和自身管理不断完善的过程。

企业的发展途径主要有企业的自身发展,企业在竞争中通过联合发展,企业借助于国家投资、银行贷款或向社会筹资而发展等途径。

3. 企业的消亡

企业发展到一定程度,就会因为种种原因而走向消亡,企业的消亡形式如下。

(1)停产解散

停产解散指企业由于种种原因不需要或无法继续进行再生产过程时,主动宣布停止一切经济活动,注销企业法人资格的过程。

(2)与其他企业联合

为谋求更强的竞争力,企业会与其他企业联合,这包括:联合后成为其他企业的一部分、联合后共同组建更大的新企业、容纳了其他企业之后生产经营方向改变。

(3)分立

分立就是企业被分解成两个或两个以上的新企业,原企业不复存在。分立的原因是专业化发展要求原企业解体,或企业规模过大,降低了市场竞争效率而被责令解体。

(4)破产

破产是指企业作为债务人无力偿还到期债务时宣告清理,并以自己的资产抵偿债务。企业破产时必须保护其财产,以便依法清理债权、债务、妥善处理各种剩余财产、妥善安排员工。

六、企业经营中的委托代理问题

1. 委托代理问题

企业委托人(所有者)和代理人(经营者)均追求自身效用最大化,当两者的效用最大化目标不一致时,就会产生利益冲突,这就是委托代理问题。

委托代理问题产生的原因:其一,信息不对称,即委托人不拥有代理人所有的信息;其二,不确定性,即由可预见的偶发事件所带来的不确定性、无法预见的偶发事件所带来的不确定性,这些不确定性影响了委托人对代理人的判断;其三,契约不完备,即契约不可能准确描述与交易有关的所有未来可能出现的状态,以及每种状态下契约各方的权力和责任。

2. 代理成本与代理收益

代理成本是指由于存在委托代理问题,委托人不得不在契约签订的前后支付一系列费用。包括委托人识别代理人的禀赋、谈判、签约等费用,委托人的监督成本,代理人的担保成本,委托人因代理人的决策失误而蒙受的剩余损失。

代理收益包括来自制度方面的收益、来自企业实际运作方面的收益和来自所有者自身投资机会的收益。

3. 委托代理框架下的激励约束机制

通过确定一个委托代理框架下的激励约束机制将有助于解决委托代理问题。

(1)建立内部激励机制

内部激励机制包括信号显示系统与激励机制。前者帮助委托人有效评价代理人的经营能力,后者是根据信号显示系统,让代理人拥有一定的剩余索取权,如年薪制、股票期权制、MBO(内部人股权收购)制等,使代理人参与利润的分配。

(2)建立外部约束机制

①产品市场约束:销售收入下降的经理人,声誉也会下降。

②资本市场约束:被兼并企业的经理人的地位会一落千丈。

③经理人市场约束:资格准入、档案查询、声誉机制和竞争机制能约束代理人。

七、企业管理的性质

1. 企业管理的概念

企业管理就是企业管理者为了保证企业生产经营活动正常进行，合理配置企业内部各种资源，协调企业员工的各种人际关系，实现企业的既定目标和使员工获得高度士气和成就感，而运用一定的管理职能和手段对企业的生产、技术、经营等活动进行计划、组织、指挥、协调和控制的活动过程。

2. 企业管理的对象

企业管理的对象是企业内部的各种组织资源与各种实现组织功能目标的职能活动，虽然管理的对象包括管人和管事，但却是以人为中心的管理，因为任何事都是由人来传达和处理的。成功的管理既能实现企业经营目标，又能提高员工的士气与成就感，即同时实现协作效率与协作效用。

3. 企业管理的特征

①企业管理的目的性：企业管理是对企业经营的有目的活动。

②企业管理的组织性：企业管理保证企业内各要素合理配置。

③企业管理的人本性：企业管理把调动人的积极性放在首位。

④企业管理的创新性：企业管理是不断变革创新的动态过程。

⑤企业管理的艺术性：企业管理要灵活运用管理知识和技能。

4. 企业管理的属性

(1)自然属性

企业管理的自然属性涉及有关合理组织物力资源的一些形式和方法，体现一定的生产力发展水平，受生产力的社会化程度制约。

(2)社会属性

企业管理的社会属性涉及有关合理组织人力资源的一些形式和方法，体现一定的生产关系，受制度、文化、意识形态制约。

八、企业管理的环境

1. 企业管理环境的概念与特征

企业管理环境是企业所处的环境，该环境是相对于企业之外又与企业有密切联系的一切物质和条件。其特征如下。

(1)客观性

首先，管理环境不随组织系统中人们的主观意志而转移，它既是组织系统赖以生存的物质条件，又能在一定程度上对组织的管理活动施加影响；其次，管理环境有着自身发展变化的规律，组织无论是利用环境还是改造环境，都必须以正确认识环境、遵循环境的规律为前提。

(2)系统性

管理环境是由与组织相关的各种内外部事物和条件相互联系所组成的系统整体，如作为管理环境要素的自然条件、社会条件、文化条件等相互关联，形成一定的层次结构，体现出管理环境的整体性。组织的管理活动就是在这种系统性的环境背景中进行的，这种相互依存、合作共生、协作进化的关系是管理生态系统的生动表现。

(3)动态性

管理环境的各种因素是不断变化和不断重组的，而且组织系统既要从管理环境中输入物质、能量和信息，又要向管理环境输出各种产品和服务，这种输入和输出的结果也会使管理环境发生或多或少的变化，所以，管理环境本身总是处于不断的运动和变化之中。

管理环境的动态性使组织系统内部要素与各种环境因素的平衡经常被打破，组织系统必须及时修订自己的管理方案，以适应不断变化的环境，同时也通过调整组织系统输入输出，促使管理环境更加有序化，朝着有利于组织系统生存和发展的方向运动。

2. 企业管理环境的主要类型

(1)内部环境

组织的内部环境是存在于组织系统之内的，作为组织系统存在和发展的客观条件的总和，包括组织文化和组织经营条件两大部分。

①组织文化是处于一定经济社会文化背景下的组织，在长期的实践活动过程中逐步形成和发展起来的日趋稳定的、独特的价值观念，并以此为核心形成的行为规范、群体意识、思维模式、风俗习惯等，以及由这些因素融合而成的整体风貌。

②组织经营条件是指组织所拥有的各种资源的数量和质量情况，包括人员素质、物质条件，生产设备、经费实力、科研力量、信息等。

(2)外部环境

组织的外部环境是存在于组织系统之外，并对组织系统的建立、存在和发展产生影响的外界客观情况和条件，包括一般环境和具体环境。

1)一般环境

一般环境是指对组织系统产生间接影响的某些不确定因素，包括政治环境、经济环境、社会环境和自然环境。

政治环境主要指一个国家的基本政治制度、政治秩序、政治制度、政府的方针政策以及国家制定的法律法规等。经济环境是指其所在国家的经济状况和经济体系的总和，包括生产力发展水平、经济成分、经济体制等。社会环境主要包括风俗习惯、文化传统、意识形态、价值观念、宗教信仰以及人口规模、居民受教育程度和文化水平等。自然环境是组织所处的地理位置、组织存在和发展所拥有的自然条件以及自然资源等因素的总和，如地形地貌、气候特征、资源分布等。

2)具体环境

具体环境是指对组织产生的影响力相对较大,影响方式一般为直接影响的环境。主要包括资源供应者、服务对象、竞争对手等。

资源供应者是指为组织提供各种资源要素的供给者,不仅包括设备、人力、原材料、资金,也包括信息、技术和其他各种服务。资源供给价格、服务方式等因素会直接影响到整个组织管理活动的成效。

服务对象是指组织产品的使用者或服务的接受者,如企业的客户、商店的购物者、医院的病人等都可以称为组织的服务对象。服务对象因素包括其数量、需求的强度、需求的发展趋势与变化规律等。组织要设法争取更多的服务对象的支持。

竞争对手是指与本组织在资源和服务对象上有争夺关系的其他同类组织以及新加入或潜在的将要进入该行业的组织,其影响因素包括竞争对手的数量、竞争对手的竞争能力以及竞争的强度与结构等。组织必须时刻关注竞争对手的发展状况和发展趋势,对本行业竞争环境进行认真深入的分析,并及时作出反应,制定正确的应对策略。

第二节　企业管理的基本原理

管理原理是指管理领域普遍适用的基本规律,它是对各具体领域管理活动的实质内容进行科学分析总结的结果,可用以指导管理活动。管理原则是管理原理引申出来的管理行为规范,它与管理实践相联系,具有动态特征。

一、企业管理的系统原理

1. 系统管理原理

系统管理原理是指在企业管理中,应把管理对象视为按照统一的功能、目的而组成的有机整体,应运用科学方法进行系统分析以实现系统整体优化。

2. 基本管理原则

(1)目标性原则

该原则认为企业是一个高级系统,其目标是取得经济效益,此外还有社会效益等目标,但经济利益是企业的主要目标。

(2)整体性原则

该原则把系统看成是由各要素组成的有机整体,通过组成整体的各要素之间的联系,去揭示系统整体的发展规律。该原则说明系统整体功能大于各个要素的功能之和。

(3)统一指挥原则

该原则强调通过统一指挥,以合力实现组织目标。

(4)层次性原则

该原则也称等级原则,是指必须按照系统的层次配置适当的要素和能量,确立稳定有活力的组织状态。该原则要求将组织内的职权和责任从最高层一直分配到最低层,做到责权分明,分级管理。

(5)结构功能原则

该原则也称整分合原则、分工协作原则或部门化原则,是指在保持系统整体性的前提下明确分工,并在分工的基础上综合,以建立最优系统结构和发挥系统最优功能。

(6)要素有用原则

该原则也称分权授权原则,是指系统内每个要素都有用,这些要素通过相互作用获得整体组合效应,管理者要根据下属的能力和工作性质与任务,将工作分解并分权授权给各个下属,发挥每个下属的不同作用。

(7)动态平衡原则

该原则认为管理系统是一个不断产生、发展、更新或消亡的运动过程,推动管理系统发展的根本原因,在于系统内部诸要素之间、诸要素与系统之间、系统与环境之间的相互联系和相互作用,必须充分认识系统的运动规律以求得动态平衡。

(8)控制反馈原则

该原则也称信息反馈原则,分为目标导向原则和相对封闭原则。

目标导向原则认为管理者在对系统实施控制以前,首先要建立一个符合本系统实际的,并和更大系统的目标相一致的战略目标,使系统的运行有一个明确的方向;其次要选择和确定实现目标的途径和步骤,划分发展的阶段,确定战略重点,以保证系统目标得以顺利实现;最后因势利导,控制目标的实施过程。

相对封闭原则认为管理系统的控制网络必须是一个连续封闭的回路,首尾相连,环环相扣,使之成为一个连续回路的运转体系,以保证管理系统的目标实现。例如,在目标导向实施前,先制定目标的价值指标体系,以便实施过程中对照检查,一旦发现偏差,就要修正相应的步骤、方法和措施,若原定目标有误,就要重新论证,及时修正。

二、企业管理的人本能动原理

1. 人本能动原理

人本能动原理认为人是有理性、有感情、有主动性、有创造力的复合体,管理应以人为本,发挥每个人的积极性和创造性。

这一原理要求管理者要为员工服务,将组织内人际关系的处理放在首位,要将管理工作的重点放在激发被管理者的积极性和创造性上,使被管理者参与管理,努力为被管理者自我实现需要的满足创造各种机会,从而使其人性得到最完美的发展。

2. **基本管理原则**

(1)行为原则

该原则也称利益协调原则,即管理者要使员工的行为与企业的目标统一起来,达到充分调动员工积极性的目的。为此,管理者要了解和研究员工的需要,尽力满足员工正当、合理的物质和精神方面的需要;要采取各种方式和手段激励员工的动机,引发员工积极的行为;要制定一个切实可行的目标,使员工的行为和企业的目标相符,并使每个人都有确定的、可考核的具体责任,以有效地调动人力资源,实现企业的目标。

(2)动力原则

该原则也称行为激励原则,即管理者要用物质和精神激励的方式调动员工的积极性,发挥员工的主动性和创造性,使之充满热情、富有责任感地为实现组织目标而努力工作。

(3)权责对等原则

权责对等原则即目标、责任、权利、绩效、利益五位一体原则。该原则要求管理者应使组织成员所承担工作的责任范围与其在职责范围内的支配力量相匹配。

(4)控制适度原则

该原则要求在管理活动中管理者对下属的控制要适度,只有适度控制,才能保护和激发组织成员的主动性和创造性,有效地实现组织的既定目标,这就要求管理者要适度分权与授权,建立适度的奖惩制度,实施民主管理。

(5)参与管理原则

该原则是指职工参与管理,包括工人自我管理和民主管理,如建立职工的非正式组织、实施职工持股计划、职工建议制度、初级董事会制度和组建生产委员会等。

三、企业管理的科学管理原理

1. **科学管理原理**

科学管理原理也称为量质时空统一原理,是指对管理的对象以及管理的手段和方法首先要进行量、质、时、空的科学界定,在质的研究基础上,细致地分析管理现象和管理过程的数量表现、结构比例、速度变化和影响因素,研究管理对象的时空变化规律,从而揭示企业管理活动度的规律性。

2. **基本管理原则**

(1)管理理论与实践相结合的原则

一方面,管理活动具有显著的实践性特点,现代管理者越来越重视管理实践对理论的指导意义。目前美国流行的漫游管理法(即管理者经常深入现场管理)大大简化了信息流通的程序,有利于提高管理效率,加深了管理层与职工在感情上的沟通。但另一方面,有经验的管理如不上升到理论上,就无法理性地指导管理。

(2)定性研究与定量分析相结合的原则

定性分析反映了那些数学模型和数学符号难以表达的含义,对认识管理问题深层次的逻辑关系和实质内容有很大帮助。但定性研究具有主观性,同时还需要管理者有较完备的知识结构、较高的知识水平以及良好的管理作风,这就需要定量研究加以弥补,只有这样才能更加贴切地描述管理活动,管理结果也更加符合实际。

(3)质量、数量、速度、效益统一的原则

该原则要求以保证产品质量为前提,同时考虑社会对某一产品的最大需求的约束,最后来确定产品的生产数量。

(4)时空转换原则

该原则也称不断更新管理方法与管理手段原则。即管理者在实现组织目标过程中,不断更新管理方法和管理手段,以适应社会、经济和科技的发展。

四、最优与满意统一性原理

1. 最优与满意统一性原理

最优与满意统一性原理是指根据管理目标的要求,按照管理对象的复杂程度以及最优化过程的边际成本来确定适用最优法则或满意法则。该原则的实质就是设计一种体系,使在该体系中共同工作的人们能够用尽可能少的支出(包括人力、物力、财力等)去实现组织既定的目标。

2. 基本管理原则

(1)最优原则

该原则要求在一定条件下,使管理系统在某一方面某种标准下达到最大值或最小值。

(2)满意原则

该原则要求管理者应寻求管理的满意解,而不一定是最优解。

五、动态管理原理

1. 动态管理原理

动态管理原理认为管理是由计划、组织、控制等一系列活动构成的动态过程,不存在普遍适用的管理方法和管理手段,应根据管理环境的变化改变管理方法。

2. 基本管理原则

(1)随机制宜原则

该原则认为任何管理思想、管理理论和方法都只适应于特定的管理活动,因此要求管理者辩证地对待管理理论和管理实践,充分认识和把握管理环境在不同条件下所表现出来的特点,选择符合实际的管理方法。

(2)弹性原则

该原则认为管理应具有伸缩性,即富有弹性。因为影响管理活动的因素很多,而各因素又存在千丝万缕的联系,管理者不可能考虑到所有因素及这些因素之间的相互关系及变化,这就要求管理者在进行决策和处理管理问题时除尽可能考虑多种因素外,还要留有余地,以求综合平衡。

第三节　企业管理的基本方法

一、企业管理方法的分类

1. 按管理信息沟通的特点分类

(1)权威性沟通

权威性沟通是指信息对受讯人具有强制性的约束力,受讯人对信息的内容不容置疑,只能照办。

权威性沟通方法包括行政方法和法律方法。行政方法是指利用正式的组织机构通过行政命令直接对管理对象发生影响;法律方法是指国家制定统一的、相对稳定的行动规范,人人必须遵守。

(2)利益性沟通

利益性沟通是指信息能把受讯人的利益与其行动的结果结合起来,使之自觉地按发讯人的意志行动。

利益性沟通方法包括经济方法和咨询顾问方法。经济方法是指利用经济杠杆进行管理,被管理方的行为与其经济利益密切相关,通常利用经济立法和劳动报酬制度把这种关系固定下来;咨询顾问方法是指管理者根据管理工作的需要向咨询顾问机构或咨询顾问人员提出问题,请求解答,信息沟通的程度视解答方案对管理者是否有利而定。

(3)真理性沟通

真理性沟通是指信息能够启发受讯人的觉悟,使受讯人按发讯人的意愿行动。

宣传教育法就是真理性沟通的一种方法,它是通过语言、文字、形象等启发被管理者的觉悟,使他自觉地根据总目标来调节自己的行为。该方法的效率取决于宣传教育内容的真理性、领导者的权威和艺术、被管理者的思想状况。

2. 按决策者分类

(1)专制方法

该方法以个别人或个别集团利益为出发点,强迫管理对象按这些人或集团的意志行动。

(2)民主方法

该方法要求每个人都发表意见,按大多数人的意见办事。

(3)民主集中制方法

该方法是在广泛征求群众意见的基础上,领导者根据当前利益和长远利益、局部利益与整体利益作出决定,重大事件由领导集团集体决定。

3. 按精确程度分类

(1)定性方法

定性方法是指只对事物的特性和变化趋势进行分析判断,制定相应的措施。

(2)定量方法

定量方法是指以尽可能精确的数量描述,并确定相应的措施的作用程度。

4. 按适用领域分类

(1)社会管理方法

社会管理方法是指在民主立法的基础上行政管理。

(2)经济管理方法

经济管理方法是指一般以经济方法为主,同时辅以其他多种方法。

(3)科学技术管理方法

科学技术管理方法是指以咨询顾问方法为主的管理方法。

二、企业管理的几种主要方法

1. 行政方法

(1)含义

行政方法是指依靠组织内的行政权力,通过强制性的行政手段直接对管理对象发生影响,按照行政隶属系统来管理的方法。

行政方法包括命令、指令、指示、规定、决议、决定、通知、行政委托授权、指令性计划、行政奖惩等方法。命令是上级行政机构或行政主管根据职权对下级下达任务和宣布决定的一种形式;指令是上级行政机构或行政主管对下级发布的具有指示和规定性质的要求和措施;指示是上级行政机构或行政主管对下级报告的批示或对下级改进工作提出具体意见的一种形式;规定是上级行政机构针对某项特定事物所制定的、以书面形式正式公布的、要求下级必须执行的具体办法;决议是上级行政机构为处理重大问题或事件正式公布下达的具体意见;决定是上级行政机构针对具体问题或重大行动要求下级必须执行的意见;通知是行政机构用以传达上级部门批示或批转下级公文的一种文书形式。

(2)特征

①权威性。管理者的权威性越高,被管理者对信息的接受率越高。

②强制性。要求被管理者在思想上、行动上、纪律上服从统一意志。

③稳定性。对于外部因素的干扰具有较强的抵抗作用。

④时效性。因对象、目的、时间变化而变化。

⑤具体性。从发布的对象到命令的内容都是具体的。

⑥保密性。只适用于所属的管理范围之内。

⑦垂直性。纵向传达执行。

(3)优缺点

①优点:集中统一,便于管理职能的发挥,能处理特殊问题,灵活性强。

②缺点:管理效果受领导水平的影响,不便于分权,不利于子系统发挥积极性,横向沟通困难,信息传递迟缓而失真严重。

2. 法律方法

(1)含义

法律方法是指依照法律规范以及类似法律规范性质的各种行为规则来规范、约束、指导和控制组织成员的行为及各种管理活动的方法。法律方法的主要形式是企业规章制度、纪律、准则条例、规定等。

(2)特征

①严肃性。法律法规的制定必须严格按照法律规定的程序和规定进行。

②利益性。法律法规的制定和实施是为了使系统获得最大利益。

③概括性。法律方法的制约对象是抽象的、一般的人,而不是具体的、特定的人。

④规范性。规定该作什么、不该作什么,并作为评价行为的标准。

⑤强制性。人人必须遵守法律法规,具有普遍的约束力。

⑥稳定性。可在同样的情况下反复使用。

⑦可预测性。在法律方法实施前,人们可以估计到行为后果。

(3)优缺点

①优点:宜于处理共性问题,便于统一领导,权力义务分明,同时还能自动调节。

②缺点:缺少灵活性和弹性,不便处理特殊问题和及时处理管理中出现的新问题。

3. 经济方法

(1)含义

经济方法是指以人们对物质利益的需要为基础,按照客观经济规律的要求,利用经济利害的后果运用各种经济手段对管理对象进行诱导、推动、控制和约束的管理方法。经济方法的实质是贯彻物质利益原则。经济方法的主要形式是价格、税收、信贷、利息、利润、工资、奖金、罚款等。

(2)特征

①客观性。经济方法必须符合市场经济的经济规律。

②利益性。经济方法必须体现不同利益体共存和协调发展的要求。

③规范性。经济方法依赖某些规范的、时空连续可比的经济指标。

④多样性。经济指标多种多样,如工资、奖金、罚款等。

⑤技术性。经济方法有一定的技巧和计量方法。

(3)优缺点

①优点:经济方法有利于管理对象接受,便于分权,能充分调动各级机构和人员的积极性。

②缺点:对经济目标、经济规则要求较高,易于诱发拜金主义思想。

4. 启发教育方法

(1)含义

启发教育方法是指在对被管理者思想充分了解和分析的基础上,通过启发觉悟、说服教育,对被管理者宣传教育,使之明白道理、提高认识、调动工作热情,引导其自觉地向实现组织整体目标方向努力的管理方法。

启发教育方法包括感化教育、形象教育、对比教育、预防教育、养成教育、组织传播、诱导、讨论、对话、说理、批评与自我批评、谈心、家访、工作竞赛、典型示范等。

(2)特征

①启发性。启发被管理者的自觉性,而不是强迫他们必须如何去做。

②灵活性。在总目标导向下,因时、因地、因事地采取灵活的方式方法。

③长期性。短期效果不明显,要求管理者耐心细致,逐步渗透、长期坚持。

5. 数量分析方法

数量分析方法是以现代自然科学和技术科学的最新成果(如先进的数学方法、电子计算机技术、系统论、信息论和控制论等)为手段,运用数学模型,对管理领域中的人、财、物和信息资源进行系统的定量分析,并作出最优规划和决策的管理方法。

第四节　企业管理的职能

企业管理职能实际上就是企业管理过程中各项活动的基本功能,企业管理一般包括计划、组织、指挥、协调、控制等五大职能。

一、计划职能

1. 计划职能的含义、特征和作用

(1)计划职能的含义

计划是未来的行动蓝图,是为实现组织目标而对未来行动所作的综合统筹安排,它是组织未来活动的指导性文件,提供从目前通向未来目标的道路和桥梁。广义的计划是指制订计划、执行计划和检查计划执行情况。狭义的计划工作是指制订计划,即根据实际情况,通过科学的预测,权衡客观的需要和主观的可能,设立组织的未来目标,确定达到目标的一系列政策和方法,以期在将来获得最大的成效。

(2)计划职能的特征

①目的性:计划确定了组织目标及各阶段目标。

②首位性:计划联结其他管理职能。

③普遍性:计划可分解到各层管理者,如总目标总计划、分目标分计划。

④严肃性:计划一旦出台,在条件不变或变化不大的情况下,必须严格执行。

⑤效率性:计划可以用成本/效益衡量。

⑥灵活性:计划要根据组织内外的环境变化而制订。

计划的目的性、首位性、普遍性和严肃性,使计划工作成为各项管理工作的基础,它是管理者行动的依据;计划的效率性保证了资源的合理配置并提高了管理效率;计划的灵活性使计划将管理者与组织环境结合起来,根据组织环境的变化,创造性的制订和执行计划。

(3)计划职能的作用

①计划是管理者进行指挥的依据;②计划是管理者实施控制的标准;③计划是降低未来不确定性的手段;④计划是提高效率与效益的工具;⑤计划是激励员工士气的武器。

2. 计划的内容和种类

(1)计划的基本内容

计划的内容包括:明确各项工作的具体任务、确定各项活动的目标、明确规定为实现组织目标所需做的各项工作的实施方案和完成进度、规定执行具体任务的实施人及其责任与权限、预算组织内各种资源(人、财、物等)的配置方案。

(2)计划的种类

①按计划的时间段分为:长期计划、中期计划和短期计划。

短期计划是1年以内的计划,又分季度计划、月度计划,中期计划是1~5年内的计划,长期计划是5年以上的计划。长期计划是方向性和长远性计划,它主要回答的问题是组织的长远目标、发展方向以及大政方针方面的问题,通常以工作纲领的形式出现。中期计划是根据长远计划制订的,它比长期计划要详细具体,是考虑了组织内部与外部条件与环境变化情况后制订的可执行计划。短期计划比中期计划更加详细具体,是指导组织具体活动的行动计划,是中期计划的分解和落实。

②按计划设计的范围分为:战略计划、战术计划和作业计划。

战略计划是对组织全部活动所作的战略安排,具有长远性、方向性和较大的弹性,需要通盘考虑各种确定性与不确定性的情况,谨慎制订以指导组织的全面活动,由高层管理人员负责。战术计划是局部性、阶段性计划,是组织内某些部门的共同行动,以完成某些具体任务,实现某些具体的阶段性目标,由中层管理人员负责。作业计划是给定部门或个人的具体行动计划,具有个体性、可重复性、较大的刚性,是命令性计划,由具体作业人员负责。

③按计划适用的对象分为:综合计划、专业计划和项目计划。

综合计划涉及组织内部的许多部门和许多方面的活动,是一种总体性的计划。专业计划涉及组织内部某个方面或某些方面活动的计划,如生产计划、销售计划、财务计划等,是一种单方面的职能性计划。项目计划是组织针对某个特定项目所制订的计划,如某种新产品的开发计划、某项工程的建设计划、某项具体组织活动的计划等,是针对某项具体任务的事务性计划。

④按计划执行者的约束力大小分为:指令性计划和指导性计划。

指令性计划一般是由上级主管部门向下级下达的具有严格约束力的计划。指令性计划一经下达,计划的执行者就必须遵照计划开展活动,并且要尽一切努力完成计划。指导性计划可以是上级主管部门下达的,也可以是同级部门编制的,它对计划执行者不具有严格的约束力,是一种参考性的计划,计划执行部门可以根据本部门的具体情况,决定是执行计划还是对计划进行必要的修改。

⑤按计划的表现形式分为:宗旨、目标、战略、政策、程序、规则、方案和预算。

宗旨是社会对组织的基本要求;目标是组织在一定时期内要达到的效果,是宗旨的具体体现;战略是组织为实现目标而采取的总体纲要;政策是组织在处理问题时的一些明文规定;程序是处理重复发生的例行事件的标准方法;规则是处理具体问题时的规定;方案是组织为完成一系列任务所进行的总体协调、系统思考和采取行动的方法;预算是数字化的计划,如财务预算。

(3)计划指标的分类

计划有各种各样的定量指标,按计划指标的性质可将其分为数量指标,质量指标;按计划指标的表现形式可将其分为实物指标,价值指标;按计划指标的作用可将其分为收益指标、消耗指标和效益指标;按计划指标的重要性可将其分为考核指标,计算指标。

3. 计划的编制

(1)计划编制工作需要的因素

计划编制工作要考虑时间和成本因素。时间因素包括编制计划所需的时间、计划的提前期、计划的实施时间、计划本身所包含的时间长度;成本因素是指编制计划的代价,编制计划应保证计划质量的前提下,尽可能做到既经济又合理。

(2)计划编制工作的原则

计划编制工作要考虑四个原则:其一,计划应体现明确的组织目标;其二,计划要切实可行,便于考核;其三,计划要体现弹性与动态性;其四,计划要主次分明、突出重点。

(3)计划编制的程序

①估量机会:即估计将来可能出现的机会,并在清楚全面地了解这些机会的基础上,进行初步探讨。

②确定目标:确定目标的内容顺序,选择适当的目标时间,目标要有明确的科

学指标和价值。

③确定计划前提:主要是指计划实施的环境,为此须对环境作出正确的预测。

④探讨和制订各种可行方案。

⑤评估各种方案:按照前提和目标权衡各种因素,以此对各方案评价。

⑥选择和通过方案。

⑦制订派生计划,即总计划的分计划。

⑧编制预算:就是将决策和计划转为预算,使之数字化。

(3)计划编制的方法

计划编制的方法是:①滚动计划法,即每次编制或调整计划时,均将计划按时间顺序向前推进一个计划时期,即向前滚动一次,较近的计划详细,较远的计划概括;②作业计划法,即运用甘特图作计划;③运筹学方法,即线性规划法;④网络计划法,即 PERT 网络分析技术,是把一项工作分成各种作业,然后根据作业顺序排列,通过网络图对整个工作统筹规划和控制以便多快好省地完成工作;⑤计量经济法,也称预测计划法,是运用时间序列分析模型、回归模型、投入产出模型、回归模型、系统动力模型等预测某些重要变量的未来状况,并据此编制计划。

4. 计划编制中的重要环节

(1)机会估量——预测

机会估量就是预测,预测就是以过去为基础推测未来,是对未来事务或事物在未来的发展变化趋势预先作出的推测。预测为计划提供了可靠的信息资料,为决策提供了科学的手段和途径。

预测的方法主要有定性预测法和定量预测法。定性预测法就是靠预测人员的知识、经验和综合分析能力,对预测对象的发展状况作出推断和描述的预测方法;定量预测方法是指通过对经济现象定量分析来揭示其变化规律或发展趋势,预测其对未来发展的程度和数量关系的方法。

预测的步骤是:①找出问题,分析差异,提出设想;②确定预测目标和预测内容;③拟订预测计划;④调查搜集和整理数据;⑤选择预测方法,建立预测模型;⑥估计预测误差;⑦提出预测报告,追踪检查预测结果。

(2)确定目标

目标是根据组织宗旨而提出的组织在一定时期内所要达到的预期成果。目标之所以重要是因为它为管理工作指明方向、对组织员工有激励作用、对员工有凝聚作用、是对员工考核时采用的标准。

1)目标确定的原则

目标确定的原则包括统一性原则、系统性原则、预见性原则、可及性及挑战性原则、可检验性原则和应变性原则。统一性原则是指各分支机构的目标都要服从于总目标;系统性原则是指组织内多层次、多方面、多时间跨度的目标要形成协调一致的目标系统,且主次分明;预见性原则是指目标所要达到的预期成果是预先确定的;可及性和挑战性原则是指富有挑战性的组织目标是激励组织成员工作的驱动力,但又不能是可望而不可及;可检验性原则是指目标必须在对象、要求和时限上是明确的和单义的,目标尽可能量化;应变性原则是指组织目标应当能随着情况的变化而相应地调整或作出必要的修改。

2)目标确定的过程

由组织的最高决策者根据特定的外部环境和内部条件确定组织的总目标和基本方针;上下沟通,全员参与,依次制定方向一致的基层单位目标和个人目标。

在目标的确定过程中,要坚持目标管理法,即 MBO 法,该法由德鲁克在 20 世纪 50 年代提出,其重点是让组织中的各层管理人都与各自的下属围绕着下属的工作目标以及如何完成这些目标进行充分的沟通。目标管理的基本假设是组织中的全体人员都必须而且能够亲自参与制定目标和实施计划,在工作中实施"自我控制",并努力完成各自的工作目标。由于它特别适合于管理各级管理人员,所以被称为"管理中的管理"。目标管理的理论依据是:组织及其管理工作必须有目标,组织各种目标的方向性必须一致,组织总体目标的达成决定于自下而上的层层保证。

(3)计划的拟订与选择——决策

计划职能的核心是决策,决策是计划能否成功的关键,也是实施管理职能的保证。狭义决策指在一些可能的方案中选择一个在目前环境中令人满意的行动方案的活动过程。广义决策是指组织在特定环境下,为了实现组织目标,借助于一定的科学方法和手段,从若干个可行方案中选出一个合理方案并组织实施的全过程。

1)决策的构成要素

决策者:个人或机构。决策目标:决策行动所期望达到的成果和价值。自然状态:不以决策者主观意志为转移的情况和条件。备选方案:可供选择的各种可行方案。决策后果:决策行动所引起的变化或结果。决策准则:选择方案所依据的原则和对待风险的态度。

2)决策有效性的标准

决策的质量或合理性,即所作出的决策在何种程度上有益于实现组织的目标;决策的可接受性,即所作出的决策在何种程度上是下属乐于接受并付诸实施的;决策的时效性,即制定和执行决策所需时间和周期长短;决策的经济性,即制定与执行决策所需要的投入在经济上是否是合理的。

3)决策的类型

按决策问题的性质划分,可分为战略决策、战术决策、业务决策。所谓战略决策是指为了组织的长远发展,制定长期目标、经营方针,以及为达到长期目标而采取的重大措施所作出的决策;所谓战术决策,就是组织为实现战略决策目标,如何有效地运用和筹措组织资源而作出的带局部性的具体决策;所谓业务决策,指组织内部为了提高日常生产经营活动的工作效率而作出的决策。

按拟定决策的层次不同划分，可分为高层决策(战略决策)、中层决策(营运决策)和基层决策(管理决策)。

按决策活动重复性划分，可以分为程序化决策和非程序化决策。程序化决策是指经常重复发生，能按原来的工作程序、处理方法和标准进行的决策；非程序化决策没有常规可循，需要按新的情况重新研究进行的决策。

按决策问题的概率划分，决策可分为确定性决策、不确定性决策和风险性决策。确定性决策是指可供选择的每种方案条件是已知的，只有一种确定的结果的决策；不确定性决策是指决策中，存在着许多不可控因素，而且各种分方案的结果出现的概率又是未知的，只有靠决策者的经验确定一个主观概率而作出的决策；风险性决策是指决策者对未来的情况无法作出肯定的判断，各方案执行都有不同结果，各种结果的出现都有一定的概率，无论选择哪个方案都有一定风险的决策。

按决策解决问题的性质划分，可以分为初始决策与追踪决策。初始决策是指组织对从事某种活动或从事某种活动的方案所进行的初次选择；追踪决策是在初始决策的基础上对组织活动方向、内容或方式的重新调整。

此外，按决策人划分，可分为组织决策和个人决策；按判断方式划分，可以分为理性决策(或称科学决策)和直觉决策(或称经验决策)；按决策的时间长短划分，可以分为中长期决策(3~5年)和短期决策。

4)决策的方式

决策的方式有个人决策、管理者授权决策和集体决策。

个人决策是指决策由某一管理者作出，在作出决策前可以充分征求部属的意见。

管理者授权决策是指管理者将部分或全部决策权适当下放给部属，其授权程度可因具体问题的性质而定，可分为让他人替自己作决策和智囊团参与决策。

集体决策可分为小组决策和委员会决策。小组决策是就某一问题成立专门的临时小组，决策结束后小组解散。委员会决策是由现任领导人委以正式权力的、为了某一共同的明确目的而在一起相互交换意见的任何集体组织，委员会决策可分为临时委员会决策和常设委员会决策，前者为某一特定目的而组成，完成目的后就解散，后者是为长期协调、沟通与合作而组成，行使制定和执行重大决策的职能。

5)决策的方法

决策的方法有定性方法和定量方法。定性方法是指头脑风暴法、德尔菲法、名义群体法(先个人决策后集体评价)等。定量方法按经济方法分为边际分析法、财务分析法、比率分析法、运筹学方法；按决策的性质，确定性决策采用量本利法(即盈亏平衡法)，风险性决策采用决策树法，不确定决策采用悲观法(即小中取大法)、乐观法(即大中取大法)、折中法和后悔值法(即大中取小法)。

6)决策的步骤

决策的步骤为：提出问题，确定决策目标；预测分析；拟订若干个备选方案；选择决策方案，要考虑环境变化，预测每个备选方案的结果，确定决策方案的评价标准,采用合理的评价方法,制定应变措施;实施决策方案并跟踪检查和总结。

二、组织职能

1. 组织职能的概念与功能

(1)组织与组织职能的概念

组织是为实现某个共同目标,经由分工与合作及不同层次的权力和责任制度而构成的人的集合。组织职能是为有效实现共同目标,而确定组织成员、明确责任和任务、授予权力、建立关系、协调人群活动的过程。

(2)组织的功能

①分配工作:即通过组织工作把企业的总体目标分解落实到每位组织成员身上,转化成每位组织成员的任务。

②确定责权关系,促进沟通与协调:责权关系确定了组织的信息沟通渠道并使领导功能得以体现。组织工作使每位组织成员都明确其具体责任,清楚他们必须对谁负责,是谁向他们分配工作并对他们进行管理,进而使组织全体成员对组织的权力结构和权力关系有清楚的了解。

③构建分工协作体系,提高工作效率和质量:即通过组织工作使有助于预定目标实现的各项活动彼此得以相互配合,把不同的任务有机地协调起来实现协同效应。

④组织能力的培养:组织工作的深层次功能是为了培养出一种能力,一种能够支撑与促进企业成长的能力,这是组织的核心功能所在。

2. 组织结构设计的原则

组织结构设计就是为企业的一切管理活动搭好一个框架,并遵循以下的原则。

(1)有效性原则

该原则也称目标性原则,即要求企业的组织结构和管理活动是富有成效的,有助于而不是有碍于企业目标的实现,它包括有效果和有效率两个方面。

(2)管理幅度与管理层次原则

该原则也称等级原则和适度管理幅度原则。

所谓管理幅度是指一个单位的负责人能够直接而有效地管理下属的可能人数。如果以 C 表示管理者要处理的下属交叉关系数,那么

$$C = n(2^{n-1} + n - 1) \quad (n\text{为所管理的下属数})$$

即管理幅度增大,管理者要处理的关系数则呈几何级数增加。管理者要减少管理的关系数,就必须降低管理幅度,并增加管理层次。所谓管理层次是指组织结构的层次,管理幅度与管理层次呈反比。

平式结构就是管理幅度大而管理层次少的组织结构,直式结构就是管理幅度小而管理层次多的组织结构。平式结构的弊端是使管理者陷于繁杂的事务性工作之中,忙于向下属发指令,听取下属汇报和协调下属之间出现的问题,而真正需要

决策的事情则无暇顾及,还会使下属之间的沟通联络易发生障碍,不便于部门间的横向协调与配合。直式结构的弊端是上层与基层之间的行政距离加大,上级指令下达到基层,指令变质或歪曲的可能增大;而基层情况在向上反馈时,又受到层层过滤,信息的客观真实程度降低,易导致上级决策失误,同时由于上下级沟通联络减少,就会造成隔阂而不便于控制。

对管理良好的大中型企业考察发现,其总经理的管理幅度为1~24人,中层管理人员的管理幅度为6~9人。如果管理者与被管理者的素质高、管理文化强调民主、集权程度低、下属较分散、岗位层次低、职务复杂性小,则采用较大的管理幅度。由于信息技术的发展,管理幅度和层次逐渐向简单平面化、弹性化、动态化、领导集体化方向发展。

(3)统一指挥原则

该原则包括:一是必须统一指挥,使上下级之间组成一条等级链,它反映了上下级的权力、责任和联系的渠道;二是任何下级只能有一个上级领导;三是等级链还要求上级不允许越过直属下级进行指挥,下级也不允许超越直属上级接受更高一级的命令;四是执行具体专业管理的业务部门,在内部同样要执行统一指挥的原则,在外部,它只能是同级直接指挥系统的参谋或顾问,有权建议,无权指挥。

(4)权责对等原则

该原则是指为了有效地完成任务,组织中从上到下都必须赋予一定的权限及对等的责任,应当有明确的权限及协调合作的流程,各级主管人员的责任和权限都应该用明确的书面方式规定。上级不能因为将例行工作授权而减少责任,下级不能拥有超越职责的职权。应防止有权无责或有职无权的现象。

(5)协调原则

该原则的含义是组织要使每个人或各部门产生协调的愿望,以便为实现组织目标、充分发挥组织的整体功能而贡献力量。需要注意两个方面,一方面是协调组织目的和个人目的,即要使组织目的为成员理解和接受,才能使具有协作愿望的成员能真正的协作起来;另一方面是做好纵向协调和横向协调,纵向协调是沿等级链自上而下的协调,横向协调是同一层次或级别的成员之间的协调。

(6)信息畅通原则

组织各部门和组织成员的工作是靠信息的交流维系着。在一个组织中,信息交流包括自上而下、自下而上及同级之间的信息交流,这是组织成员进行有效协调、控制的基础。信息是组织的血液,有效的组织工作必须保持组织内外部的信息交流畅通无阻。

(7)分工原则

该原则也称部门化原则,其含义是科学地分割组织的任务或工作并形成部门和职位。例如,岗位责任制就规定了生产经营各岗位的分工和职责,再将分工和职责落实到每个员工身上,并作为评价员工成绩的标准。

(8)平衡原则

该原则是指组织向其各成员所提供或分配的诱因应等于或超过成员的个人贡献。其中,诱因是指组织为满足个人的动机或需要而提供的效用,贡献是指有助于实现组织目的的个人活动。平衡原则可以分为对内平衡和对外平衡。对内平衡是指成员谋求满足个人动机或需要的个人目的与组织目的之间的平衡问题,它要求把经济或非经济的诱因有效地分配给每个成员,确保成员积极协作实现组织目的。对外平衡是指组织成员以外的经济、技术和社会等外部环境同组织目的之间的平衡,包括了组织适应外部环境的过程和为适应环境变化而改变组织目的两部分内容。

(9)经济性原则

该原则是指以较少的层次、较少的人员、较少的时间达到管理的效果,即精简一切可有可无的管理机构和多余的不称职的管理人员与技术人员,建立效率高的组织机构和选择合格的人才。

(10)因事设职与因人设职相结合的原则

组织中每个部门、每个职务都必须由一定的人员来完成规定的工作任务。组织设计必须确保实现组织目标活动的每项内容都能落实到具体的职位和部门,做到"事事有人做",而不是"人人有事做"。这样,组织设计自然就要求从工作特点和需要出发,因事设职,因职用人。但这并不意味着组织设计可以忽视人的因素,忽视人的特点和人的能力,组织设计必须要保证有能力的人有机会去做他们真正胜任的工作的同时,使工作人员的能力在组织中获得不断的提高和发展。

(11)集权与分权相结合原则

该原则的实质是例外原则,即高层管理人员不应限于例行的琐事中,而应当将重点放在研究组织发展战略和重大问题的处理上,这就要求管理者处理好集权与分权的关系,做到重大决策和全局性管理实行集权,局部日常管理实行分权。

(12)弹性结构原则

该原则是指一个组织部门的结构,人员职责和工作职位都可以变动,以适应组织内外环境的变化。

3. 企业组织结构的设计

(1)组织结构及其组成

组织结构就是企业据以执行管理和经营任务的体制,是联结组织成员在为实现组织预定目标而协同工作中而反映出来的各种关系的形式和方式。

其基本组成部分是:决策系统、指挥系统、参谋系统、执行系统、监督系统和反馈系统。其中,决策系统是由组织的领导体制、各级决策机构及决策者组成的系统;指挥系统是由厂长(经理)为首的各级生产经营单位及其负责人和成员所组成的垂直系统;参谋系统是由各级职能的参谋机构及其负责人和成员组成的水平系统。

（2）组织结构的设计程序及常见设计错误

组织结构的设计程序是：一建立组织目标，制定衍生目标、计划和政策；二确定实现规定目标需要的活动、并对它们分类；三对活动进行部门划分，并考虑可获得的人力和物力资源；四授予每个部门领导进行活动的必要职权和责任；五通过职权关系和信息系统将这些部门纵横交错地连在一起；六配备职务人员。

组织结构设计常见的错误是计划不正确，没有分清人际关系，没有授权，直线职权与信息系统混淆不清，有权无责，有责无权，错用职权，错误使用服务部门和服务功能，违反统一指挥与程序等。

4. 主要的组织结构

组织结构可分为传统和现代两种组织结构类型。传统组织结构包括直线制、职能制、直线参谋制、直线职能参谋制等。现代组织结构包括矩阵组织结构、事业部制、超级事业部制、多维网络组织结构、水平组织结构等。

（1）直线制

直线制组织表现为组织中各种职位按垂直系统排列，不设职能部门，上级对下级综合管理的一种企业组织结构形式。其优点是机构简化，权力集中，命令统一，决策快速。缺点是没有专业的职能机构和人员，要求经理通晓各种业务，成为全能人物，当企业规模扩大后工作效率会降低。

（2）职能制

职能制组织表现为按管理职能分工，每个执行特定管理职能的人员在其职能范围内对所有作业人员都有指挥和命令的权力。其优点是管理专业化程度高，保证了大型企业的管理效率，其缺点是容易造成统一指挥原则的破坏。

（3）直线参谋制

直线参谋制组织表现为企业既有直线部门，又有参谋部门，直线部门拥有指挥命令权，参谋部门拥有建议权。直线部门是直接从事生产经营的部门，参谋部门则分化为服务参谋部门（如人事部等）和管理参谋部（如计划、控制等）。其优点是保持了直线制统一指挥和职能制专业化分工的优点，并避免了直线制的粗放管理和职能制的多头管理的弊端。

（4）直线职能参谋制

直线职能参谋制组织表现为在直线参谋制基础上，授予某些参谋部门一定的决策、控制和协调权。其优点是有助于发挥某些参谋部门的作用，提高了管理的有效性。

（5）矩阵制

矩阵制组织表现为横向的以任务为导向的项目管理系统和纵向的职能管理系统组成长方形矩阵组织。其优点是便于集中企业的各种专业力量，有利于新技术和新产品的开发；不同部门的专业人员协作有助于提高其工作能力和开阔眼界；具有较强的机动性和适应性，适用于一些临时性的项目或任务编组。其缺点是稳定性较差、权责不清。

(6)事业部制

事业部组织又称分权组织,是按产品地区或市场(顾客)划分的统一进行产品设计、采购、生产和销售活动的半独立经营单位,实行单独核算、拥有一定的经营自主权,并设有相应的职能部门,它是总公司控制下的利润中心,有自己的独立产品和市场。

事业部制的管理原则是“集中决策,分散经营”,最高管理层握有人事决策、财务控制、规定价格幅度、监督等大权,并利用利润等指标对事业部控制。这种组织结构适用于规模巨大、产品种类较多、市场分布较广的企业。

事业部制的优点是提高管理的灵活性和适应性,总公司摆脱了具体管理事务,有利于集中精力作好战略决策和长远规划。其缺点是增加了管理层次、管理人员和管理费用,各事业部相互支援较差,容易滋生本位主义和分散主义。

设置事业部的条件:事业部必须具有相对独立的经营自主权;必须是利润责任单位,具有利润生产、利润核算、利润管理三种职能;必须是产品(或市场)责任单位,有自己独立的产品和市场。

(7)超级事业部

超级事业部又叫执行部,是在分权的事业部制基础上,在企业最高领导和各个事业部之间增加了一级管理机构,负责统辖和协调所属各个事业部的活动,使管理体制在分权的基础上又适当地集中。其优点是可以利用几个事业部的力量开发新产品,可以更好地协调各个事业部的活动,增强企业生产经营的灵活性。

(8)多维组织结构

多维组织结构分别按产品划分事业部(产品利润中心)、按职能划分专业参谋机构(专业成本中心)、按地区划分管理机构(地区利润中心)。

在这种组织形式下,事业部经理不能单独作出决定,而是由产品事业部经理、专业参谋部门和地区部门的代表三方面共同组成产品事业委员会,对各类产品的产销进行领导。这种组织结构适应于多种产品开发、跨地区经营的企业。

(9)水平组织结构

水平组织结构的特点是:①核心作业代替任务,有具体的业绩目标,每个业绩目标由主管人员确定;②采用扁平结构,取消价值增值较少的活动和琐碎的任务;③团队是组织的主要组成部分,团队对目标负责,有共同的宗旨,是学习型组织,实行自我管理;④业绩的主要推动力和衡量标准是使顾客满意;⑤业绩评价和报酬体系注重团队而非个人,发展每个人的多种技能而非专业化技能;⑥团队与团队成员直接与顾客和供应商接触,成员可代表团队意愿;⑦团队成员接受培训,以便他们能独立分析原始数据和作出决策。

(10)网络组织结构

网络组织结构是一种由小型自主创新的经营单位组成的网络组织形态。从西方大企业近年的组织变革来看,这种新的组织模式日渐成型,成了一种企业网络。

该组织结构有一个小型中心组织,依靠其他组织,以合同方式为基础,从事制造、营销等经营活动。该结构有助于组织自身规模的精简,使组织具有更大的灵活性和应变能力。

网络组织结构是信息时代下虚拟公司的组织形式,这种组织形态下的企业有完整的功能,如生产、营销、设计、财务等,但在企业内部却没有这些功能的行政部门,企业仅保留最关键的功能,然后将其他功能虚拟化,以各种方式借用外力进行整合,进而形成企业本身的竞争优势。虚拟公司采用的是借用外部资源整合的策略,而不是以往所说的内部资源选择的策略。

(11)集团控股型组织结构

集团控股型组织结构也称为H型结构,母公司持有子公司或分公司部分或全部股份,下属各子公司具有独立的法人资格,是相对独立的利润中心。

控股公司依据其所从事活动的内容,分为纯粹控股公司和混合控股公司。纯粹控股公司是指以掌握子公司的股份、支配被控股子公司的重大决策和生产经营活动为目的,而本身不直接从事生产经营活动的公司。混合控股公司指既从事股权控制,又从事某种实际业务经营的公司。

基于持股关系,对那些企业单位持有股权的大公司便成为母公司,被母公司控制和影响的各企业单位则成为子公司或关联公司。子公司、关联公司和母公司一道构成了以母公司为核心的企业集团。

(12)现代企业组织结构的分立化和柔性化趋势

现代企业组织结构发展表现为分立化和柔性化的新趋势。前者是使企业中某些部分成为独立的企业,即内部组织外部化和从低一级的责任中心上升到高一级的责任中心,从而增加各公司自主权、减少管理层次、快速传递信息、便于配合协调。后者是摆脱原有形式的束缚,用团队组织取代。

分立化分为横向分立和纵向分立。横向分立就是企业将一些有发展前途的产品分离出来,成立独立的公司,选派有技术、懂管理的人去经营。纵向分立是指企业不仅仅从事多种经营,还需要把不同的竞争分离出去,就是一种产品也可以实行上、下游的分离。被分立的企业通过代工或贴牌的方式与其他企业联系。

柔性化表现为临时团队、工作团队和项目小组等形式。团队有助于让员工打破原有的部门界限,绕过原来的中间管理层次,直接面对顾客和向公司总体目标负责,从而以群体和协作优势赢得竞争主导地位。临时团队是组织小型化相对应的、临时性的,往往是为了解决某一特定问题而将有关部门人员组织起来的“突击队”,等问题解决后团队即告解散。项目小组由一个项目经理、一个市场经理、一个财务经理、一个设计师、一个工艺工程师和若干位不同工种的工人组成,根据需要还可以吸收公司外部一些专家加入。项目小组是一个稳定的组织机构,不随某项任务的完成而撤销。

5. 组织部门的划分

组织部门划分是指将工作和人员组合成可以管理的单位的过程。

(1)按人数部门划分

按人数部门化,即完全按人数的多少划分部门。

(2)按时间部门划分

在正常的工作日不能满足工作的需要时所采用的一种划分部门的方法,适用于最基层的组织。

(3)按职能部门划分

以组织的主要经营职能为基础设立部门,凡属于同一性质的工作都置于同一部门,由该部门全权负责该项职能的执行。其优点是适合社会化大生产专业分工协作的要求,充分发挥分工所带来的效率;可以提高工作熟练程度和业务水平,职工的培训工作简单化。但缺点是各部门之间利益冲突而忽视整体的目标,其所体现的协作功能差,应变能力差。

(4)按工艺部门划分

将企业的产品生产或制造过程分成几个工艺阶段,按阶段来设置部门和机构,要求每个部门只负责整个过程中某一阶段的工作,这样划分易于成本倒推管理和建立内部市场。

(5)按区域部门划分

这是根据地理因素设立的管理部门,它把不同地区的经营业务和职责划归不同部门全权负责。其优点是使组织较易适应环境变化,有较强的应变能力;其缺点是集中管理困难,业务上有重叠。

(6)按产品部门划分

把某种产品或产品系列的设计、制造、销售等管理工作划归一个部门负责,再在这些产品部门下按职能进一步划分。其优点是对规模大的企业便于协作,有助于评价管理绩效,控制各个部门的活动,为培养和训练高级管理人员提供了良好的机会。其缺点是机构重叠,需要更多的管理人员,高层难以集中指挥。

(7)按顾客部门划分

以被服务的顾客或销售渠道为基础来划分部门,它主要用于销售部门等。

三、指挥职能

1. 指挥的概念与职能

(1)指挥的概念

指挥是对组织成员施加影响的艺术和过程,从而使成员情愿地、积极地为实现组织的目标而努力。指挥是由决策、用人、激励、协调和处事构成,起到指导、沟通、先行、激励的作用。

(2)指挥的职能

指挥的职能可概括为处理与人的关系、处理与事的关系、处理与时间的关系。具体说就是:指挥是有目的地引导、指挥和协调人的行为;指挥是面对事务,制定决策,现场指导;指挥是充分有效地安排个人和组织的活动时间以达到组织目标。

2. 指挥的核心

(1)职权

职权是指经由一定的正式程序赋予某一职位的一种权力,是作出决定、给出命令、要求服从的权力。如强制权、奖赏权、法定权,主要是指执行任务时的决定权。职权与相应的职责对等,后者是必须执行的义务或责任。

职权分为直线职权、参谋职权和职能职权。直线职权是完整的职权,有权作出决策、进行指挥、发布命令,主要是指主管人员拥有的权力。参谋职权是一种有限度、不完整的职权,拥有参谋职权的管理者可以向直线管理者提出建议或提供服务,但本身并不具有指挥和决策权。职能职权是指某职位或某部门所拥有的原属于直线主管的那部分职权,多由参谋部门的负责人行使。

(2)指挥的核心是获得权力影响力

职权的贯彻实施决定于下属的接受程度和主动程度,或者说来自于行使职权者的权力影响力,指挥的要害就是获得这种影响力。

所谓权力影响力是指以个人自身的某些特殊条件为基础而形成的影响力,是个人改变个体或团体行为的能力,它只与个人能力有关。当拥有职权的人获得下属的支持后,他就获得了权力影响力,实现了职责、职权和权力影响力的合一。

获得权力影响力的方法是:一与有权势的人组成联盟,一方面自己可以获得更多的核心信息,另一方面,利用对方的权力影响实施自己的职权,这包括与上层领导者结成联盟、与其他重要部门的领导者结成联盟、或与离权力中心近的看似无权但影响力大的人结成联盟;二施惠,即尽量给更多的人以帮助,尤其是雪中送炭;三不激怒他人,而要争取任何人;四从危机中获益,每逢危机来临,要铤而走险,带领别人走出危机;五谨慎寻求顾问,采纳但不依赖顾问的意见;六争取最关键的工作;七不断学习、实践,提高自己的指挥能力。

此外,指挥者获得权力影响力还需要具备一定的素质,这包括充满自信、具有灵活性、善于协商、有雄心壮志、善于协调关系、不传播小道消息、不参与非原则争论等。

3. 分权与授权

分权与授权是指挥成功的关键。

(1)分权

指挥者要善于运用权力,一般有三种运用权力的形式,即集权、分权和民主集中。所谓集权是指决策权集中于组织系统中较高管理层次,少数人控制,统一经营和核算。所谓分权是指决策权分散于组织系统中较低管理层次,员工参与决策和控制,在统一规划下独立经营、独立核算。而民主集中则是采用委员会制,每一层重大决策由该层主管形成委员会讨论,并按多数意见作出相应决策,主管人多时可设常务委员会负责日常重要决策,下级委员会受制于上级委员会,特殊任务可设立特别委员会。

影响分权的因素有:经营环境和业务活动的性质(经营环境不稳定或业务活动灵活性高则要求分权大)、组织规模和空间分布的广度(若组织规模大和空间分布广度大则分权大)、政策的一致性要求(若要求政策一致,则集权大)、决策的重要性(若决策的重要性大,则要求集权,如财政支出金额大)、管理者素质或管理哲学(管理者素质高或管理哲学倾向于民主参与,则分权大)、工作的性质(相关性强则分权)、组织的成长、人才的数量和质量(低层管理人员素质高则分权程度大)、控制的可能性、职能领域(重要的职能部门集权)。

过度集权的弊端是:降低决策的质量和速度,降低组织的适应能力,致使高层管理者陷入日常管理事务,难以集中精力处理企业发展中的重大问题。

(2)授权

分权的实现途径是改变组织设计中对管理权限的制度分配、促成主管人员在工作中充分授权。其中,授权是将分权的工作托付给下属(或他人)代为履行,并授予被托付人完成工作必要的权力,包括分派任务、委托权力、明确责任。

授权的原则包括重要原则、明责原则、适度原则等。重要原则指授予下级权限,要使下级认为是该层次比较重要的权限;明责原则指向被授权者明确所授权事项的责任,目标及权力范围,做到清晰明确;适度原则指授权要做到授予的权力刚好够下属完成任务,即权责对等。

授权的方法有:一充分授权,即高层在向下属分派职责的同时,并不明确赋予下属具体权力,而是让他在本管理者权力许可范围内自由发挥其主观能动性,自己拟订履行职责的行动方案,这要求授权的对象具有责任心和业务能力;二不充分授权,即高层决策者对其下属分派职责时只赋予部分权限,如让下级提出行动方案,由上级审批,或及时报告上级;三弹性授权,即根据工作的内容将履行职责的过程划分为不同的阶段,不同的阶段采取不同的授权方式,这是一个动态授权的过程,有较强的适应性,但要求上下级要及时协调和加强联系;四制约授权,即高层管理者将职责和权力同时分派和委任给不同的下属,使之相互制约,但要防止过分制约。

授权的技能包括:管理技能,即审时度势、评估下级执行任务的能力、有效与下级交流沟通和进行控制的能力;人际关系技能,即处理与下级相互作用及关系的能力。

授权的步骤是:首先,上级分配给下级一项任务和责任;然后,授予下级充分的职权去完成所分配的任务,使他可以毫无困难地让其他人承担义务并从他人那里获取资源;最后,授权者监督受权者的工作情况和权力使用情况,以期望标准与成效一致，并根据检查结果调整所授权力或收回权力。

授权要注意的问题有：①高层管理者应有明确的授权意识，并积极主动地授权；②授权对象应明确自己的职责和权限；③管理者授权后还要主动关心工作的进展情况，帮助部属解决困难问题，实行有效控制，管理者应对授权的失败负责；④高层管理者应充分相信下级能够尽职尽责，要不断地激励下属，增强其信心。

授权成功的条件有：选择正确的人（适合他的发展需要和个人能力）去做所清楚分配的工作；管理者必须经常评估和重新评价其下级的能力，并需不时从下级那里得到反馈；考虑到被授权者还有其他日常职责，需给他充分的时间；信任下级并鼓励下级独立工作而非仅仅监督。

4. 指挥的基本方法

（1）先行

先行就是指挥者必须站在员工之前，鼓舞引导员工，使员工追随指挥者，齐心协力实现组织目标。

先行包括：①设计，即指挥者要设计组织的系统与架构，设计组织的目标；②决策，即为实现组织目标，并尽可能满足组织成员需要，指挥者必须为组织指明方向，构思组织的战略规划，制定组织的战术措施；③榜样，即在困难时刻镇定从容地指挥应付，用自己的榜样稳定群体的情绪，渡过危机。

（2）沟通

沟通包括倾听和正确表达，具体内容参见协调职能。

（3）指导

指导包括：为命令实施创造条件，发布完整、清晰和可执行的命令，进行后继跟踪检查。

（4）浇灌

浇灌就是指挥者创造出一种下属自动合作的感情反应，这种自动合作的情感需要长期浇灌，指挥者必须以自己的行动日复一日、年复一年地来浇灌下属的情感，培育他们的自动合作精神，经过良好浇灌的组织可以产生好的成果，克服所遇到的困难。

浇灌过程中应遵循的守则是：注重友谊和信任、力求公平与一贯、强调积极面、支持下属、让下属参与决策、及时与下属沟通信息。

（5）激励

激励也称为奖惩，就是通过特定的手段使员工的需要和愿望得到满足，以调动他们的工作积极性，使其主动而自发地把个人的潜能发挥出去，奉献给组织，从而确保组织达到既定的目标。激励的理论依据是需求层次论、双因素理论、期望理论、公平理论和强化理论。

激励的方式有：①按照性质分为物质激励和精神激励，物质激励如年终分红、绩效工资、股票期权、收益分享，精神激励如形象激励、榜样激励、感情激励和荣誉激励;②按照方向分为奖励(正向激励)和惩罚(负向激励),奖励就是对组织秩序的维护和调动下属的积极性,以保证组织目标的实现,它起到的作用是惩罚难以估量的;惩罚是指对违背组织规则的人进行制裁,以维护组织秩序,其目的是为了改进员工未来的行为。惩罚要求预先告知惩罚事项、及时惩罚、前后一致和一视同仁。

四、控制职能

1. 控制的含义

控制是指管理者对下属或下属对自己的业绩衡量和采取认为对达到计划目标是必要的纠偏措施。广义的控制包括纠偏和修改标准两方面。控制的作用是限制偏差的累积和适应环境变化。

控制具有六个特征:适应工作,即控制应能反映使用者的需要;快速确定偏差,即在某个过程出故障时,用何方法检查;控制必须具有预见性;必须对控制予以战略定位;控制应具有灵活性、经济性并易于理解;控制应能表明纠偏措施。

2. 控制的步骤

(1)确定控制标准

依据计划建立起一套科学的控制标准,即可考核完整的定量化目标体系,作为最好的控制标准体系。控制的标准要有一定弹性(偏差范围),并可因不可预见的情况发生而修正。

具体标准是实物标准(如物理标准等)、财务标准(如成本标准、资本标准、收益标准等)、无形标准、目标标准等。拟定标准的方法有统计方法、经验估计法和工程方法。

(2)根据标准衡量执行情况

凭借切实可行的测定手段,准确地测定执行情况,再通过与标准的比较得到正确的偏差。

(3)纠正偏差

找出偏差,分析原因,同时找出对偏差负有责任的人,并对偏差采取迅速的纠正措施。

3. 控制的类型

①按控制点的位置划分为预先控制、过程控制和事后控制。

②按控制源划分为正式组织控制、群体控制和自我控制。

③按控制信息的性质划分为反馈控制、前馈控制和现场控制(同步控制)。

④按逻辑发展划分为试探性控制、经验控制、推理控制和最优控制。

⑤按控制手段划分为直接控制和预防性控制。

⑥按控制目的分为正馈控制(改变控制标准)和负馈控制(纠正执行偏差)。

⑦按控制力量来源分为外在控制和内在控制。

⑧按控制问题的重要性分为任务控制、绩效控制(即财务控制)和战略控制。

⑨按控制的对象分为库存控制、进度控制、质量控制、预算控制、人事控制和内外审计。

4. 控制的要求

(1)控制具有目的性

控制必须反映出业务的性质和需要,在众多的目标中,总有一个或几个目标是最关键的,选择出关键目标并加以控制,这要求有健全的组织作保证。

(2)控制具有及时性

这指及时发现偏差,并及时地采取措施加以纠正,做到控制的及时性;在选择控制的方法上,采用前馈和现代化的信息管理系统。

(3)控制具有经济性

要把控制所需要的费用和控制所产生的结果进行经济方面的比较,只有通过控制所获得的价值大于所需的费用时,控制才能实施。

(4)控制具有客观性

尽量建立客观的计量方法,按定量方法记录并评价,避免个人偏见。

(5)控制具有灵活性

控制必须保证在发生未能预测事件、环境突变、计划疏忽、计划变更等之前实施才能有效。

(6)控制具有适应性

控制与计划和组织相适应,既要按计划制定的目标控制,又要反映组织的结构,同职位相适应。

(7)控制的关键点和例外情况

控制的关键点是指控制工作的标准应选择那些计划的关键点,也即有效的控制应着重于那些对计划完成有着举足轻重的关键问题上。例外情况是指在一个职责分明的组织中,每个问题应由相应的职能部门或主管人员去处理,组织的最高主管只处理各部门权限以外的情况。在控制中应把例外情况与控制关键点相结合。

5. 自我控制

随着职工参与管理广为盛行,强调职工的自我控制正在成为控制的重要形式。所谓自我控制就是被管理者自己控制自己的行为。良好的自我控制通过自己管理自己,可以产生组织目标取向的个体行为。如目前美国企业流行的无缺点运动(zero defects)、质量意识控制等。

6. 控制技术与方法

(1)预算法

预算法是用数字编制反映组织未来某一时期的综合计划,其目的是明确工作目标、协调部门关系、控制日常活动和考核业绩标准。

预算法按综合程度分为一般预算和全面预算。按具体内容分为经营预算、投资预算、财务预算和专门预算(如原材料预算、产品预算)。

预算法所涉基本要素是:未来时期所期望的最终计划结果应以货币价值形式表示,这些估计值经过协调后纳入一个可行的平衡规划中,将实际结果与预算估计的结果对比。

预算法的类型有以下几种。

1)全面预算法

全面预算法是以货币等形式展示未来某一特定时期内组织全部经营活动的各项目标及其资源配置的定量说明,是由一系列预算按其经济内容及相互关系有序排列组成的有机体。

全面预算法的编制程序是在预测与决策的基础上由预算委员会确定组织的总目标和分目标,要各部门按具体目标要求编制本部门预算草案,由预算委员会平衡与协调各部门的预算草案并进行汇总与分析上报董事会,最后通过企业的综合预算和部门预算,将批准了的预算下达给各级部门执行。

2)弹性预算法

弹性预算法是根据预算可预见的不同业务量水平,分别确定相应的预算额,以反映在不同业务量水平下所应开支的费用或收入水平。

3)零基预算法

零基预算法即在编制时,对所有的预算支出均以零为基底,从实际需要与可能出发逐项审议各种费用开支的必要性与合理性,从而确定预算成本的方法。

(2)网络计划技术

网络计划技术是一种生产控制,其目标是以最低成本及时生产出数量和质量都符合要求的产品,它包括派发订单、据订单计划生产批量、安排产品的生产顺序、进行生产监控和纠偏,直到产品完成。它由甘特图演变而来,采用计划评审技术(PERT)控制,体现了控制的关键点原理。

网络图是网络计划法的重要组成部分,它由活动、事项和线路三部分组成,其绘图原则是两个节点间只用一条箭线,不允许出现闭路循环,一源一汇,结点编号不重复,对外协作工作要明确在所需工作上,编号由左而右、由上而下。

网络计划的编制程序是确定目标,分解计划项目,确定活动顺序并列表,绘制网络草图,确定作业时间,计算网络时间参数,计算时差以确定关键线路和生产周期,编制正式网络图以下达生产任务。

(3)审计控制法

审计控制法的原则有政策性原则、独立性原则、客观性原则、公正性原则、群众性原则和经常性原则。

审计控制法包括财务审计和管理审计。

财务审计法是由专职机构和人员,依法对省级单位的财政、财务收支及有关经济活动的真实性、合法性、效益性进行审查,评价经济责任,用以维护财经法纪,其方法有审计检查法、审计调查法、审计分析法和抽样审计法。

管理审计是以管理的基本原则为评价依据，系统地考查分析和评价一个组织的管理水平和管理成效，进而采取措施使之克服存在的缺点和问题。

(4)其他控制方法

其他控制方法包括亲身观察法、统计报告法、概率控制法、会计控制法、责任中心法（建立成本中心、利润中心、投资中心分别加以控制）、质量控制法（事先建立质量标准，并将质量标准与实际标准比较）、损益控制法（利用损益表对下属部门进行控制）、投资回收率控制法、财务比率控制法、盈亏控制法（量本利分析）和传统非预算方法（统计数据法、专题报告法、经营审计、视察）等。

五、协调职能

1. 协调的概念

协调是指人与人之间传达思想和交换情报及调整相互间行动从而完成组织目标的过程，即把信息、观念、想法传递给别人并使他人作出适当反应的过程。该过程包括信息源、接受器、信息、渠道、反馈、编码、译码和反射等。

协调的目的在于使员工个人的努力与组织的预期目标一致，协调的作用在于使组织内的每一个成员都能够做到在适当的时候，将适当的信息，用适当的方法，传给适当的人，从而形成一个健全的快速有效的信息传递系统，以有利于组织目标的实现。

2. 协调的障碍与陷阱

(1)协调障碍

协调障碍表现为：语言障碍，产生理解差异；环节过多，引起信息损耗；信息协调中的偏见、猜疑、威胁、恐惧等妨碍协调；地位差异，妨碍交流；信息表达不清，协调要求不明，渠道不畅，影响协调；地理障碍，协调困难；信息超负荷等。

克服协调障碍的方法是：①使组织成员具备协调的操作性知识；②使用简单直接的语言和重复的语言；③反馈以检查接受者是否正确理解信息，并尽量采用双向协调，如建议系统和申诉系统；④数条协调渠道同时使用（如书面与电话结合）；⑤营造一个支持性的、值得信赖的和诚实的组织氛围（不应压制而应耐心处理下级的感觉和情绪）；⑥与下级一起制定共同目标，并定期对其进展进行考察。

(2)协调陷阱

协调陷阱表现为协调主体没能精确指出自己信息的目的，或者对接受者期望太高。

克服协调陷阱的办法是：说明问题、确定协调的主要目的、编辑基本信息、裁剪信息并发给听众、建立联系、衡量结果。

3. 协调的形式

协调，按组织分为正式协调和非正式协调。按信息流动方向分为：一下行协调，指命令、指示和日常信息等，协调渠道有告示、公告牌、公司报刊、信件、员工手册、信息架、广播、内部通话装置和年度报告等;二上行协调,指诉苦、抱怨、质询(咨询)、问卷调查、门户开放政策、出外访问、特别会议、建议系统及其他参与性技术;三横向协调的形式有委员会、会议、集体讨论和书面协调等;四斜向协调,指发生于组织内部既不同系统又不同层次的人员之间的协调,常出现于直线职权和参谋职权之间或非正式组织内。

4. 协调的网络

协调网络即协调渠道的结构和型式,它包括单项协调网和双向协调网。单向协调网因集权和分权可以分为Y型(集权型)和链型(分权型),而双向协调网可以分为集权式的轮型和分权型的星型。

5. 协调的方法

协调方法有发布指示(书面协调)、会议制度、个别交谈(口头协调)和媒介协调(如建立电子媒介网络)。

6. 协调的原则与要求

成功的协调必须遵循几个重要原则,即明确原则、完整性原则和战略上使用非正式组织的原则。

成功的协调要求认真准备和明确目的,协调内容确切,协调要有诚意并取得对方信任,提倡平行协调、直接协调、双向协调和口头协调,设计固定协调渠道以形成协调的常规。

7. 沟通与协调

沟通是人与人之间表达思想感情和交流情报信息的过程。确切地说,沟通是指将某一信息传递给客体或对象,以期取得客体作出相应反应效果的过程。沟通的过程是信息发出、传递、接收和反馈,沟通的构成要素是信息发送者、信息接收者、信息内容和信息传递渠道。

有效沟通要求信息发送方与接收方理解信息一致,所以说协调的前提是沟通。有效沟通的原则有准确性原则、完整性原则和及时性原则。

8. 非正式组织与正式组织的协调

(1)正式组织与非正式组织的含义

正式组织是组织设计建立的合理的组织机构和结构、规范组织成员在活动中的关系。正式组织有明确的目标、结构、职能以及由此而决定的成员间的责权关系,对个人具有某种程度的强制性。正式组织的活动以成本和效率为主要标准,要求组织成员为活动效率和降低成本而确保形式上的合作,并通过对他们活动中的表现予以正式的物质和精神奖励或惩罚,以引导他们的行为。维系正式组织的是理性。

非正式组织是组织成员由于工作性质相近、社会地位相当,对一些具体问题认识一致、观点基本相同,或者在性格、业余爱好以及感情相投的基础上产生一些被大家所接受并遵守的行为规则,使松散、随机性的群体趋向固定的组织。非正式组织主要以感情融洽的关系为标准，要求成员遵守共同的、不成文的行为规范，对于自觉遵守和维护规范的成员，给予赞许、欢迎和鼓励；而对于不遵守和维护规范的成员，则会通过孤立与排斥等手段予以惩罚。因此，维系非正式组织的，主要是接受与欢迎或孤立与排斥等感情的因素。

(2)非正式组织对协调的作用

非正式组织可以满足职工的需要；会使组织成员之间的相互关系更加融洽、和谐，从而易于产生和加强合作精神；会自觉和自发地帮助正式组织维护正常的活动秩序。

但非正式组织的目标如果与正式组织的目标冲突，则会对正式组织的工作产生极为不利的影响；此外，非正式组织要求组织成员保持一致性，往往会束缚成员的个人发展，还会影响正式组织的变革，增加组织的惰性。

(3)有效利用非正式组织进行协调

管理者应当因势利导，最大限度地发挥非正式组织的积极作用而克服其消极作用。

一方面，管理者必须认识到，正式组织目标的实现要求有效地利用和发挥非正式组织的积极作用。为此，管理者必须正视非正式组织存在的客观必然性和必要性，允许乃至鼓励非正式组织的存在，为非正式组织的形成提供条件，并努力使之与正式组织相吻合。

另一方面，考虑到非正式组织可能具有的不利影响，管理者需要通过建立宣传正确的组织文化，以影响、改变非正式组织的行为规范，从而更好地引导非正式组织作出积极的贡献。

9. 直线关系与参谋关系间的协调

(1)直线关系与参谋关系的区别

直线关系实质是指挥和命令的关系，直线人员所拥有的是一种决策和行动的权力；而参谋关系则是一种服务和协助的关系，授予参谋人员的只是思考、筹划和建议的权力。

但尽管参谋机构对直线机构的关系是一种参谋性的职权关系，但在其行使职能职权的场合，职能部门对受其权力影响的直线部门，实际上就构成了一种直线职权的关系。更为常见的是，参谋机构对其内部人员的管理本质上与直线部门内部的管理一样，也都需要依靠直线职权。

(2)直线关系与参谋关系的矛盾

从直线主管方面说，他们认为参谋干预了自己的工作，对他们不满。从参谋人员的角度来说，会因为直线主管的轻视而产生不满；由于参谋人员只有服务和建议的权力，对直线主管的工作没有任何约束力，因此，直线人员对参谋人员作用的忽视，使参谋人员的专业知识不能得到充分的利用。引起直线与参谋矛盾的原因有：直线管理者对参谋人员的抵触、高层主管对直线下属的支持、参谋人员过高估计了自己的作用。

(3)正确发挥参谋的作用

解决直线与参谋矛盾的关键是要合理利用参谋的工作。①明确直线和参谋的关系,划清双方的职权范围和存在价值,从而形成相互尊重和相互配合的关系。②授予参谋必要的职能权力,是指直线主管把原本属于自己的指挥和命令直线下属的某些权力授给有关的参谋部门或参谋人员,使这些参谋部门不仅具有研究、咨询和服务的责任,而且在某种职能范围内具有一定的决策、监督和控制权。③直线管理人员应为参谋人员提供必要的信息条件,以便从参谋人员那里获得有价值的支持。

第五节 组织变革与管理创新

一、组织变革的含义、推动因素与阻力来源

1. 组织变革的含义

组织变革指组织面对外部环境和内部条件的变化而由组织成员推动进行改革和适应的过程。

2. 组织变革的推动因素

组织变革的推动因素包括以下三个。

(1)外部环境的变化

宏观经济政策的改变、产业结构的调整、科学技术发展引起的产品和工艺的变化、国民环保意识的提高、社会家庭结构的变化、通信工具的改变等都是组织变革的外部宏观环境因素。

市场环境的变化,如顾客收入、价值观念偏好的变化、竞争者推出了新产品或产品增加了新功能,竞争者加强广告宣传、降低价格、改进服务等,人力资源、能源、资金、原材料供应的质量、数量及价格的变化,新工艺、新材料、新技术、新设备的出现等都是组织变革的外部微观环境因素。

(2)内部条件的变化

内部条件的变化包括组织自身的成长、技术条件的变化、人员条件的变化及管理条件的变化等。据此,促使组织衰败的因素有:管理者与组织缺乏弹性、对外界环境的变化反应迟钝、决策缓慢、决策质量不高或无法作出决策;企业内部不协调,组织目标与个人目标、各部门之间目标存在分歧;人与人之间沟通不畅,摩擦冲突太多,指挥不灵;员工的价值观念、工作态度产生变化,工作效率不高,怠工、士气低落、不满与抱怨增加;领导者采用了新的思想观念,组织高层制定了新的战略和目标;员工队伍增加了新的成分,思想发生变化及组织成长的每个阶段所具有的特殊矛盾。这些促使组织衰败的因素需要采取适当的组织变革措施来消除。

(3)推动者的影响

组织的内部管理人员、一些专家学者或咨询人员，都可以用他们的技能推动组织变革，而且效果不同，这往往成为组织变革成败的关键因素。

3. 组织变革的阻力来源

(1)利益受损

任何变革都会带来利益分配的变化，进而导致对组织变革的不同态度，如果变革带来的预期收益大于原有收益，组织成员便会支持变革，否则，就会反对变革。但对于普通员工来说，即便可以分享到变革后公司增加的收益，但那是远期的、间接的，而变革所带来的成本是即时的、直接的，许多员工会因此缺乏安全感，而宁愿维持现状。

(2)缺乏了解

许多员工并不清楚公司为什么要变革、怎么变革，必然会对变革持漠然态度。在这种情况下，基层员工就会认为自己被孤立了，认为自己不为组织所认同，自己的价值被公司所轻视，不能得到公司的理解。

(3)惰性作用或习惯作用

人们长期按照过去的工作方式工作，思维方式已经僵化，许多人不愿接受新东西，宁愿保持过去的方式不变，它会使人们自觉或不自觉地产生消极、固执、反对的心理，形成反对组织变革的力量。

(4)心理压力

不习惯变革、反对变革、明争暗斗、争权夺利及其他一些问题都会造成员工的心理压力。对过去的否定、对前景的担忧、其他人的看法，尤其由工作而影响到员工日常生活，心理压力增大，都会影响变革。

(5)评价差异

受到变革影响的人可能对形势的估计和变革的目标有不同的看法，从而对变革持有不同的态度，导致对变革前景的不乐观。

(6)工作失误

工作失误可能引发员工对变革的反感。例如管理层的官僚作风、坚持自己错误的观点与做法、不尊重员工的意见而一意孤行等。

变革的阻力通过以下三种方式表现出来：一极力地阻挠变革的进行，他们公开发表意见，与变革者展开争论，有时可能掺杂着个人情感，表现出对抗性或攻击性的行为；二消极地阻挠变革，他们虽不公开表示反对，却采取不合作的态度甚至采取延缓或封锁消息的方式；三对组织变革漠不关心，他们的观点是变革也好，不变革也好，自己都不关心，只接受结果，这种态度会破坏组织变革的气氛，产生不良的影响。

二、组织变革的模式、内容与策略

1. 组织变革的模式

(1)三阶段变革模式

勒温认为组织变革要经历解冻、改变和再冻结三阶段。解冻,是指刺激组织成员去改变他们原来的态度,改变旧的习惯和传统,要促使组织成员认识到照旧的一套下去不能达到希望的结果。改变,是指明改革的方向,实施变革,使组织成员形成新的态度和行为的过程,在这一阶段,认同和内化起着重要的作用。再冻结,是指利用必要的强化方法使新的态度和行为方式固定下来,并使之持久化。

(2)识别模式

西斯克认为组织有下列四个症候时,就到了非改革不可的时候了:①组织的决策太慢,无法把握良好的机会,效率低或常失误;②组织内部的意见沟通渠道被阻塞,正常的信息传递不灵或失真,进而造成人事纠纷等许多严重后果;③组织的主要职能无效率,如不能完成生产任务、生产成本过高、产品质量不高、销售前景不良、财务状况恶化、人力素质太差、人际关系紧张、员工的积极性不高与工作绩效下降等;④组织的产品、机构、管理与人员缺乏创新精神,组织的发展与成长停滞不前。

(3)四变量模式

莱维持认为组织变革的模式由四个变量构成:一结构,是指组织的权责体系、管理层次和幅度、沟通状况和工作流程等;二任务,是指组织存在的使命,组织任务之间具有一定的层次关系和隶属关系;三技术,是指组织为实现目标所采用的方法和手段;四人员,是指达到组织目标的个体、群体和领导人员等。

这四个变量相互依赖,任何一个变量的改变都会引起其他一个或几个变量的改变,组织变革可以通过改变其中的任何一个变量或多个变量来进行。

(4)动因模式

组织变革的动因模式有四个阶段:一原因,分为内部动因和外部动因;二动机,指组织成长动机和个人成长动机;三选择,指目标选择、途径选择、方式选择和时机选择;四目标,指组织的协调发展和组织对环境的适应能力。

2. 组织变革的内容

(1)技术变革

技术变革包括直接工作技术的改变和管理技术的改革。直接工作技术的改变,包括新机器、新设备、新工艺、新技术的引进和使用;挖掘潜力,进行技术改造;提高和改进产品质量;控制技术和生产进度等。管理技术的改革,包括采用现代化的信息收集和处理系统、现代化的监控处理系统、现代化的办公系统及文件(文字)处理系统、工程管理或程序管理的方法等。

(2)组织结构变革

组织结构变革包括分权程度、管理幅度、协作方式、工作设计、工作进度等的变革,也包括组织结构整体性的变革以及一些组织制度的革新。

(3)人事变革

人事变革就是改变组织成员的态度评价准则、作风、行为以及人与人之间的关系。其主线是组织成员间的权力再分配,可通过鼓励下级人员独立决策和开辟沟通渠道来实现。

3. 组织变革的策略

组织变革的策略包括:变革方针的策略、变革方法的策略和应对阻力的策略。

(1)组织变革方针的策略

组织变革方针的策略包括:①积极慎重的方针,即要做好调查,做好宣传,积极推行;②综合治理的方针,即组织变革工作要与其他工作配合进行。

(2)组织变革方法的策略

组织变革方法的策略有三:①为改良式的变革,是在原有的组织结构基础上修修补补,变动较小;②为爆破式的变革,指涉及组织结构重大的以至根本性质的改变,这种变革期限较短;③为计划式的变革,是通过对组织结构的系统研究,制订出理想的改革方案,然后结合各个时期的工作重点,有步骤、有计划地加以实施。

(3)组织变革应对阻力的策略

组织变革常常会遇到来自各个方面的抵制和反对,常见的抵制有:生产量、销售量和经济效益持续下降;消极怠工、办事拖拉、等待;离职人数增加;发生争吵与敌对行为,人事纠纷增多;提出许多似是而非的反对变革的理由等。

应对组织变革阻力的策略是:①做好宣传,与员工沟通,广泛听取员工意见;②让员工参与制定组织变革的决策;③大力推行与组织变革相适应的人才培训计划,大胆起用具有开拓创新精神的人才;④采取优惠政策,妥善安排被精简人员的工作、生活和出路;⑤在必要的时候展示变革的果敢决心,并采取强硬措施。

三、管理创新

1. 管理创新的含义、特征与类型

管理创新就是组织把关于有效管理的创造性想法转化为实践并取得效果的过程。管理创新具有复杂性、持续性、风险性和效益性的特征。

管理创新按创新规模及创新对系统的影响分为整体创新和局部创新;按创新与环境的关系分为积极攻击型创新和消极防御型创新;按创新的组织程度分为自发创新和有组织创新。

2. 管理创新的内容

(1)管理理念创新

管理理念是管理者或管理组织在一定哲学思想的支配下,由现实条件决定的经营管理思想的感性知识和理性知识构成的综合体,体现在管理的各项活动中,并制约着企业的战略及其实现方式。管理理念创新不可避免地要和原有管理理念冲突,需要大无畏的开拓精神和实事求是的科学精神才能实现。

(2)组织结构创新

随着信息社会的到来,企业面对更加变化多端的环境和市场需求,必须进行组织结构创新。这表现在以下几个方面。①扁平化,是指组织结构趋向于管理层次的减少和管理幅度的扩大。②网络化,组织网络化突破了层级组织的纵向一体化的局限性,正朝着小型、自主和创新的经营单元构成的以横向一体化为特征的网络式方向发展。③多极化,即从集权走向分权,权力向低层管理者转移。④虚拟化,主要表现形式是虚拟组织,即指依靠信息技术手段,将供应商、顾客甚至竞争对手等独立企业连接而成的网络,目的是共享对方的技术,分担成本以及市场渗透,也被称为"影子公司",是一种无边界的组织形式。⑤智能化,即传统组织日渐被能够快速学习与响应的组织所替代。⑥国际化,即组织的国际化趋势越来越明显,跨国公司得到迅速发展。⑦零时化,指企业的竞争模式从基于价格的竞争转向基于质量、品种的竞争,现在更转移到基于时间的竞争。

(3)企业制度创新

企业制度创新包括产权制度创新、经营制度创新和管理制度创新。产权制度创新表现在所有制上,企业日渐变成混合所有制企业。经营制度创新表现在企业的管理者代替企业股东,成为实际经营者,他们决定企业的生产方向、生产内容、生产形式,保证企业生产资料的完整性及增殖,而企业股东转而通过投资组合寻求不低于资本市场的正常利润,关注股票的创业利润、差价收益与红利,日益"用脚投票"。管理制度创新表现在规章制度的创新,尤其是分配制度的创新,不断地追求和实现报酬与贡献的更高层次上的平衡。

此外还有管理方法创新等。

第六节　管理学思想史

管理学是一门系统独立的学科,其发展有一个长期而复杂的历程,大体来说,管理思想的演变经历了古代、传统、古典、行为科学、现代等五个时期。研究管理学思想的演变史,不仅可以吸收经验教训,还可以根据管理发展的趋势,创新管理模式。

一、管理学的产生

1. 管理学产生的历史背景

在管理学正式成为学科之前,已经有形形色色的管理思想,这些思想为管理学的产生奠定了坚实的基础,到20世纪初,随着西方市场经济从自由竞争阶段发展到垄断竞争阶段，管理成为学科的物质条件也日趋成熟。

①科学技术革命使新机器层出不穷，企业规模不断扩张并形成不同形式的大型垄断组织，生产社会化程度日益提高，这些都使公司的所有权和经营权被分开，大公司如何进行社会化的管理成为拥有企业经营权的管理层不得不解决的问题。

②效率更高的机器排斥了大量的工人，导致产业工人的失业、转移和产业结构的调整，因而劳资矛盾日益尖锐，这也要求管理在行为科学上有所突破。

③生产社会化和产业工人从第二产业大量转移到第三产业，促成了专职管理阶层的出现和壮大，需要管理人员不断掌握日益更新的技术，具备指导管理实践的基础知识，并要求建立专门的管理机构，制定一系列管理制度，应用科学的管理方法。

以上因素相互作用，要求管理从经验升华到理论，并因生产力的发展而不断改进，终于导致管理学在20世纪成为一门独立的学科，并不断得到发展。

2. 管理学产生的标志

(1)专职管理阶层的形成

两次重大历史事件引起了管理机构两次革命，并直接导致了一个专职管理阶层的形成。

第一个历史事件是美国西部列车相撞事故。该事件发生于1841年10月5日，在美国马萨诸塞—纽约西部的铁路上发生了两列列车相撞事故，引起改革铁路管理的呼声，州议会决定铁路老板只拿红利，不管企业，并建立各级责任制，选拔有管理才能的人担任企业领导。以此事件为导火索，出现了所有权与经营权相对分离的局面。第二个历史事件是1923年美国通用汽车公司实施事业部制，使得企业所有权与经营权进一步分离。

两次事件使企业的所有者逐渐脱离企业管理成为食红利者，企业的管理权交给了专职的管理阶层，并且这个专职管理阶层日益壮大。

(2)《科学管理原理》的出版

大批专职管理者在获得企业管理权后，急需掌握一门独特的管理科学指导管理实践，其中的一些佼佼者开始潜心研究管理的奥秘。1911年美国管理大师、管理科学家泰罗在大量科学试验的基础上出版《科学管理原理》，正式标志着管理学由经验变成了独立的科学。

二、古代管理思想

习惯上将工业革命前的管理思想称为古代管理思想，东西方古代管理思想交相辉映，各具特点。

1. 西方古代管理思想

西方古代管理思想偏重于对物的管理，在行政管理、财务管理、家庭手工业管理方面有一定的特色。

在行政管理方面，最早的西方古籍《圣经》曾经记载希伯来人的领袖摩西通过制定法令以昭示民众、建立等级以分权授权、例外管理以处理重要事物等三项措施，保证了以色列民族突破重重险关，迁出埃及。

在财务管理方面，意大利人帕西奥利于 1494 年最先描述了复式记账的技术，为当时的大型贸易商号提供了记录商业交易和财务管理的方法。

在家庭手工业管理方面，由拥有原料并负责出售的商人负责记账，家庭作为生产单位负责整件产品从头到尾的生产，以商业资本控制分散的家庭生产，这种家庭手工业管理模式在工业革命前已广为流行。

2. 中国古代管理思想

中国古代管理思想偏重于对人的管理，中国是四大文明古国之一，建有长城、大运河、都江堰等伟大工程，同时也是古代世界中维持大一统式行政管理最为长久的国家，有着丰富的管理思想遗产，其管理思想散见于杰出历史人物的代表作中。

(1)顺道而治

中国古代管理思想重视顺应天理，尊重客观规律，即顺道而治。春秋时期，道家创始人老子提出“无为而无不为”，主张“无为而治”的管理思想；战国时，著名的哲学家荀子就说过“天道有常，不为尧存，不为桀亡”。

(2)人和管理

中国古代管理思想尤其主张人和管理。春秋时代，著名政治家管子在其《管子·霸言》中就有“以人为本，本理则固，本乱则危”的思想；春秋时期，儒家创始人孔子把仁爱与德治作为基本的管理方法，提出“己欲立而立人，己欲达而达人”，“己所不欲，勿施于人”，宣扬“爱人”的管理主张。战国时期，孟子提出了“民为本、君为轻、社稷次之”的思想。

(3)科层组织

中国古代管理思想强调建立等级管理秩序，即礼治。三千多年前的《周礼》为周朝制定了一套官僚组织制度，封官定职，层次分明，职责清楚；春秋时军事家孙武在《孙子兵法》中提到军、旅、卒、伍的军队编制，层次关系明确，编制比较完备；孔子则专门对礼治著书立说，提出三纲五常的管理思想；老子提出基层组织应该是封闭的“小国寡民”式的小团队管理思想，他说作为基层的小型管理团队应该是“使有什佰之器而不用，使民重死而不远徒；虽有舟舆，无所乘之；虽有甲兵，无所陈之。使民复结绳而用之。至治之极。甘其食，美其服，安其居，乐其俗。邻国相望，鸡犬之声相闻，民至老死，不相往来。”战国时的《墨子》也提出了劳动分工的思想。

(4)任人唯贤

用人是中国古代管理思想的精华，礼贤下士，任人唯贤，成为中国千古盛传的佳话。据《尧典》记载，尧在选贤任能的问题上与氏族首领讨论，主张对有过政绩而道德高尚的人都可以委以重任，并提出了对官员的考绩制度；《墨子·尚贤》中有“察其所能而慎予官”的思想；韩非子则提出用人的“法术势”思想。

(5)利益相关

中国古代管理思想家,很早就重视人本管理中的目标融合原则,即利益相关原则。《吕氏春秋》认为人的本性是相安相利,但若任欲望无限发展,则出现相危相害等。

(6)鼓励竞争

中国古代管理思想家鼓励人凭智慧和才德竞争。春秋时代的孔子认为好争是人的本性,为了防止无序竞争,提出了"三纲五常"的礼教思想;孙子兵法提出了战争中的取胜之道。

(7)赏罚分明

中国古代管理思想中,奖惩成为用人的重要方法,对于奖惩制度,中国历朝都有明确的规定,以对官员的绩效考评作为其升贬的重要依据。三国时诸葛亮就提出"诛罚不避亲戚,赏赐不避仇怨"的思想,赏罚分明才能号令下属。

(8)忠孝文化

中国古代管理思想重视组织文化在管理中的重要作用,强调文化氛围的潜移默化作用,孔子提出忠、孝、仁、义、礼、智、信的组织文化思想,构成东方管理文化的精髓。

(9)诚实守信

中国古代管理思想讲究守信的重要性,重信义、守承诺是最基本的立身之本,中国人喜与熟悉的、守信用的协作商做生意,就是建立在信用基础之上的,因此中国很早就提出了小胜凭智、大胜凭德的思想,这种品牌理念是中国出现了许多百年不衰的老字号企业的原因所在。

(10)实事求是

实事求是就是求实的思想。春秋时,齐国政治家管子早就提出了量力原则和时空原则,与现代管理的弹性原则和随机制宜原则类似。

(11)重视预测

讲究预测、决策和计划的重要性,提出了凡事预则立、不预则废的思想,孙子兵法说知己知彼,百战百胜,事无备则废。

(12)理财有道

中国古代管理思想十分重视理财,很早就提出了会计的原则,到宋朝更提出了四柱结算法,即"进、缴、存、该"四柱,已经与现代复式记账法非常类似;不仅如此,中国古代还提出了财务职能与会计职能的分离的思想,建立了对会计的监督制度;提出了降低成本、以钱生钱的利润观念,这些观点见之于《太平经国之书》(南宋,郑伯谦)、《史记,货殖列传》(西汉,司马迁)等书。

(13)管物立规

对财务的保管和收纳支出早有制度,并有专门的官员分类管理,以使钱、物、账一致,入库手续严格,物资领取规定有申请预报制度等。

(14)法治思想

尽管中国古代管理思想中,人治思想占统治地位,但法治思想也早有渊源,如西周穆王统治时期就制定了《吕刑》,它与前朝的《禹刑》、《汤刑》、《九刑》一脉相承,说明中国古代的法典早在五千年以前就已出现,商朝的刑法比夏朝完整和严酷得多,西周的国家机构和法律规定比前代更趋完善,建立了一套远比商代完备、以宗法等级制和分封制结合为特征的管理体系。到战国时期,还出现了以韩非子为代表的法家思想,提出了明法原则。

三、传统管理思想

习惯上将工业革命开始直到自由竞争市场结束的这段时间所产生的管理思想称为传统管理思想,这段时间,家庭手工业被工厂(企业)所取代,管理思想出现新的变化,东西方管理思想在此时期虽各有发展,但整体上却呈现西学东渐的趋势。

1. 西方传统管理思想

西方传统管理思想主要体现在工厂化管理、两权分离、劳动分工、成本会计、质量控制、人事管理、激励与组织理论等几个方面。

①随着产业资本取代商业资本成为生产的组织者和领导者,生产管理和财务管理等管理职能得到高度重视,工厂化管理日益受到重视。

②这一时期的大部分时间,工厂的所有者同时是管理者,企业的业绩决定于所有者个人的经验和气质,到后期,由于机器普遍集中使用,生产规模日益扩大,市场扩展到全球各地,企业逐渐演变成特殊的具有法人资格的法律实体,其股票出售给广大投资者,使得拥有企业所有权的股东逐渐退出企业管理。

③劳动分工的思想已经普遍得到认可。英国经济学家亚当·斯密在其《国民财富的性质与原因的研究》中提出了一系列劳动分工的思想,该思想主要表现在两个方面:一方面是生产与控制分开,必须对工人进行业绩控制,同时被控制人不能对控制人产生影响;另一方面必须按工种进行劳动分工,其好处是提高工人熟练程度、缩短作业时间、更好地利用机器、节省原材料、缩短工作切换时间。法国管理学家查尔斯·巴贝奇在其《论机器和制造业的经济》一书中进一步论述了劳动分工,提出了劳动分工易于诱发改革技术和工具的思想,主张以专业技能作为工资与奖金的基础等。

④在人事管理方面,英国管理学家罗伯特·欧文认识到工人培训、提高工人福利条件的重要性。

⑤在激励管理方面,英国经济学家詹姆斯·斯图亚特提出刺激性工资和工作方法研究等管理思想。

⑥在组织管理方面,英国管理学家亨利·普尔提出了成本会计,美国管理学家伊莱·惠特尼提出了质量控制等管理思想。

2. 中国传统管理思想

相比西方传统管理理论的成熟而言，中国传统管理思想由于工业化到来较迟，因此进展较慢，在深受西方传统管理思想的影响下，打上了中国古代管理思想的烙印。

一方面，中国企业非常重视生产管理和产品质量管理，尽力降低成本，提高商品竞争能力，为此制定各种严格的规章制度，并保证执行，这就带有西方传统管理思想的特色。另一方面，中国企业也特别强调以人为本，这着重体现在知人善任、职工选拔与培训、劳动监督和管理，以及培养自己独特的企业精神上。

例如，天津东亚纺织有限公司招收工人就经过一系列程序：草选、填写申请书、体力测验、心理测验、面谈、人格总评、试用、正式录用等；然后再对工人进行培训，采用定额管理和奖惩制度，试用计件工资等；组织非正式组织等业余团体，鼓励工人参加业余活动，并进行管理文化的训练；公司的职工工资有固定工资、津贴、额外工资、奖金等，推行职工股东化，兴办福利事业等。

四、古典管理阶段

古典管理发轫于20世纪初到第二次世界大战之前，这个时期，市场竞争由自由竞争向垄断竞争过渡，企业规模更加扩大，生产技术更为复杂，竞争空前激烈，传统管理所积累下来的经验迫切需要理论化、标准化和制度化。

1912年，弗里德里克·W·泰罗经过诸如生铁搬运等一系列试验后，出版了《科学管理原理》一书，这标志着古典管理阶段的开始。古典管理理论以经济人假设为基点，采用标准化和机械化模式管理，集中于作业管理和研究，在作业管理上以泰罗的科学管理理论为代表，在经营管理和决策（即管理过程）上，以法约尔的经营管理理论为代表，在组织管理上以韦伯的行政组织管理理论为代表，形成了三大分支。

1. 泰罗的科学管理理论

美国人弗雷德里克·W·泰罗，出生于美国费城的一个律师家庭，自幼爱好科学研究和实验，1875年因眼疾而终止了在哈佛大学法律系的课程，1878年进入费城的米德瓦尔钢厂当机工，并继续在夜校学习，获得工程学位后被提升为总工程师。泰罗的科学管理理论主要体现在作业管理上，他提出了标准化操作、计件工资制、职能工长制等思想。

①标准化操作。泰罗认为必须使用最适合于该项工作的最适合的标准化工具、机械、材料以及相应的作业环境；必须选择最适合于同时又乐意于该项工作的工人（即第一流的工人），并对其进行标准化动作培训，使其减少不必要的动作，尽快完成工作；必须在规定时间，制定最适合于这项工作的标准工作定额，标准工作定额要考虑工人的劳动强度、休息时间、其他工作配合时间。

②实行有差别的、刺激性的计件工资制度，雇主和工人应通过思想革命实现旨

在提高劳动生产率的紧密合作，这样才能既实现生产成本的降低，又提高工人的工资。

③建立职能工长制，将计划、执行和控制的职能分开，企业的最高管理者只负责对例外事项的决策与管理。

泰罗由于其在科学管理中的创始地位，而被誉为科学管理之父。与泰罗同时代对科学管理理论有贡献的人中，还有亨利·L·甘特、吉尔布雷斯、莫里斯·L·库克、哈林顿·埃默森等。其中，甘特十分强调工人士气的重要性，确定了根据工龄、劳动熟练程度制定基本工资及改进操作方法的奖励制度，发明了甘特图，即标明了计划和控制工作的线条图用于改善管理的方法。吉尔布雷斯是动作研究的创始人，被誉为动作研究之父，他通过即时轨迹摄影将动作分解为基本动作，确定有效动作及其时间，使标准动作和定额的制定更加科学。哈林顿·埃默森提出了提高管理效率的12条基本原则。

泰罗的科学管理理论首次将管理从经验引向科学，创立了一整套具体的科学管理方法，实践证明应用其理论大大提高了美国的劳动生产率。

但是泰罗的理论将工人的工作动机当成是谋取经济利益，将员工看成是会说话的机器，只能按照管理人员的决定、指示、命令进行劳动，忽视企业成员之间的交往和感情、态度等社会因素对生产效率的影响；而且泰罗所制定的标准作业法、标准作业时间、标准工作量都是以身体最强壮、技术最熟练的工人进行最紧张的劳动时所测定的时间定额为基础的，而大多数工人既无法忍受，也无法坚持；此外，泰罗理论没有解决企业作为一个整体的经营和管理问题，无法解决生产过剩和劳资紧张的矛盾。

2. 法约尔的经营管理理论

法国工程师法约尔的理论着重以大企业为对象，研究其经营管理方面的问题，他被誉为经营管理之父（或管理过程之父），其代表作是1916年发表的《工业管理和一般管理》，阐明了管理和经营的区别，以及管理的一系列原则。

①管理不同于经营，经营包括技术活动、商业活动、财务活动、安全活动、会计活动和管理活动，其中管理活动包括计划、组织、指挥、协调、控制。

②管理的主要原则是劳动分工、权利与责任、纪律、统一指挥、统一规划、个别利益服从整体利益、按劳付酬、集权、等级序列、秩序、公平、保持员工稳定、创新精神、集体精神、跳板原则（相当于泰罗的例外管理）。

在法约尔之后，在经营管理上另一个有较大贡献的人是福特，福特建立了世界性的销售组织，在其销售耐用、可靠、便宜的汽车上，出现了持续的供不应求的现象，为了进一步扩大生产，他实行了生产线制度，即福特制，这是将机器和操作人员按详细规划的作业顺序排列，每个工人被指定只作高度专业化的工作，从而大大降低了生产一辆车的时间。职工的工资由计件工资制转化为计时工资制。

法约尔经营管理理论具有较强的系统性和理论性，他所提出的管理原则，经过多年的研究和实践证明仍然是正确的。该理论的局限性是管理缺乏弹性,以至于实际管理工作者无法完全遵守。

3. 韦伯的行政组织管理理论

德国社会科学家马克斯·韦伯,著有《新教伦理和资本主义精神》、《社会和经济组织的理论》。其主要贡献是提出了科层制式的行政组织结构,代表了工业化发展的普遍要求,他也被称为组织管理之父。其主要观点如下。

①组织必须有共同目标,根据组织目标将组织活动分为若干个基本作业,这些作业还可以再继续分解为更低一级的作业。

②为每个作业规定明确的职位、责任和权力,从而按等级原则将这些职位联系起来,形成一个指挥体系或阶层体系。

③组织中人员的任命完全根据职务的要求,通过正式的考试和教育培训来选拔。

④管理人员有固定的薪金制度、奖励制度和升迁制度,使之成为职业管理人员。

⑤管理人员必须遵守组织规定的规则和纪律,在工作中不受个人情感的影响。

⑥组织中人员的关系完全以理性准则为指导,这种态度不仅适用于组织内部,而且适用于组织与外界的关系。

⑦科层制是指符合现代社会发展的具有专业化、综合化的分层设职的行政组织制度,是权力合法型的非人格化的理想组织体系。韦伯认为,科层制是人们进行强制控制的合理手段,是达到目标、提高效率的最有效形式。这种组织形式在精确性、稳定性、纪律性和可靠性方面都优于其他组织形式,能适用于各种管理工作及各种大型组织,如教会、国家机构、军队、政党、经济企业和各种团体。

五、行为科学的管理思想

古典管理思想倾向丁盲日增加产量,这导致产品的严重过剩,而把工人看成经济人的假设也使劳资矛盾日益尖锐,需要转换到将人假设为社会人,从心理学、社会学等行为科学的角度研究管理问题,这是两次世界大战时期以社会人为假设基础的行为科学管埋理论产生的历史背景。行为科学管理理论发展的鼎盛时期是在二战之后的20年,这一阶段,也是西方经济发展的黄金时期。行为科学管理理论主要包括人际关系理论、激励理论和领导效能理论。

1. 人际关系理论

乔治·埃尔顿·梅奥(Etton Mayo)、罗特里斯伯格(Frity J. Roethlis Berger)为人际关系理论的创始人。从20世纪20年代后期开始,两人在美国西方电气公司所属的霍桑工厂进行了著名的霍桑试验(包括工厂照明试验、继电器装配室试验、访谈研究、接线板小组观察研究),该实验使他们认识到员工的生产效率不仅受到生理方面、物理方面等因素的影响,更重要的是受到社会环境、社会心理等方面的影响，他们以试验结果为依据提出了人际关系学说，其理论主要反映在梅奥的《工业文明的人类问题》、《工业文明的社会问题》，罗特里斯伯格的《职工的生产率中的人的因素》等书上。

人际关系理论的主要观点是：①员工是社会人，生产效率决定于员工的积极性、员工的家庭和社会生活以及企业中人与人之间的关系；②企业中存在非正式组织，企业除正式团体外，还存在非正式团体，后者通过不成文的规范左右着员工的感情倾向和行为；③员工的工作态度和士气是影响工作效率的关键因素，管理者要学会与被管理者交谈沟通，建立良好的人际关系，使正式组织的经济需要与非正式组织的社会需要取得平衡。

2. 激励理论

激励理论主张从人的需要、人性角度出发研究激励员工的方法，包括需求激励论、人性假设理论、群体行为理论、强化理论、期望理论。需求激励论有马斯洛的需求层次论、阿尔德佛的 ERG 需要理论、麦克利兰的成就激励论。人性假设理论有 X 理论、Y 理论、超 Y 理论、阿吉瑞斯不成熟－成熟理论。群体行为理论有卢因的团体力学理论、利兰·布雷得福（Leland Bradfurd）的敏感性训练理论。强化理论有斯金纳的强化理论、班杜拉的自我强化理论。期望理论有波特－劳勒的期望激励模型、维鲁姆的期望效价理论、赫兹伯格的激励－保健双因素理论、亚当斯的公平理论等。

3. 领导效能理论

领导效能理论提出了领导人的素质和领导作风方式理论，该理论包括领导境遇理论、领导行为连续带理论、领导方式系统理论、领导四象限模式、管理方格论、领导行为权变理论（包括菲德勒领导权变理论、罗伯特·豪斯的领导路径目标理论、领导生命周期理论）等。

美国人弗雷德·E·菲德勒是权变领导理论的奠基人，开创了西方领导科学理论研究的新阶段，对领导科学和管理学的发展产生了重要影响。菲德勒认为，领导是一种人际关系，它是指某一个人指挥、协调和监督其他人完成一项共同的任务。他将领导方式划分为任务导向型和人际关系型，前者明确指令下属做什么和怎样去做，后者与组织成员共同分担领导工作和责任，吸收他们一起规划并实施组织目标，应当根据领导者的个性及其面临的组织环境采取不同的领导方式。

六、现代管理理论思想

从 20 世纪 60 年代开始，随着信息技术的广泛应用和后工业化社会的到来，管理学迎来了一个多元化的大发展时期。1961 年 12 月，著名管理学家孔茨在美国《管理学杂志》上发表了《管理理论丛林》，他把众多的管理理论比喻成众多数目的丛林，分为管理科学学派、管理过程学派、经验主义学派、社会系统学派、决策理论学派、数量分析学派等六大"丛林"。到 1980 年，孔茨认为，这些"丛林"又枝叶繁生，至少可以划分十个学派，尽管各种学派彼此相互独立，但它们都是以决策人为基本假设的，这标志着现代管理理论的形成。

1. 现代管理理论产生的历史背景和主要流派

(1)现代管理理论产生的历史背景

①二战后，工业生产的机械化、自动化水平不断提高，电子计算机进入工业领域后，工业生产在集中化、大型化、标准化的基础上，又出现了多样化、小型化、精密化的趋势；另一方面，工业生产的专业化协作、联合化不断发展改变了孤立、片面、单因素的管理方式，而代之以全过程、全因素、全方位、全员式的系统化管理。

②管理思想的发展越来越借助于多学科交叉作用，经济学、数学、统计学、社会学、人类学、心理学、法学、计算机科学等各学科的研究成果越来越多地应用于企业管理。

(2)现代管理理论的主要流派

现代管理理论诸流派以决策人假设为依据，由古典管理理论和行为科学管理理论两大流派延伸出来。前者以物为研究对象，重视运用现代自然科学，特别是技术科学(如运筹学、系统科学、信息技术等)的新成就，解决管理的自然属性问题，其代表是管理科学学派、决策理论学派、权变理论学派、管理过程学派等。

后者以人为研究对象，重视运用现代社会科学，特别是行为科学的新成就，解决管理的社会属性问题。其代表是社会系统学派、经验管理学派、经理角色学派等。

2. 管理科学学派

管理科学学派源于泰罗的科学管理理论，其主要特征是将运筹学用于管理。第二次世界大战期间，为保证战争后勤工作的秩序和合理性，运筹学得以运用，战后大规模的经济重建使运筹学方法用于非军事的生产管理领域，这进一步带来了统计学、规划论、排队论、对策论、决策论、模拟技术等与计算机技术的结合运用。管理科学学派的分支是数学模型学派(或称数理理论学派)、系统管理理论学派和运筹管理理论学派。

(1)数学模型学派

数学模型学派侧重于定量研究，为管理决策寻求有效的数量解，当企业的各子系统之间的关系用数学模型表述后，就可以分析和选择可行的管理决策方案。

数学模型学派的主要观点如下。①依靠建立一套决策程序和数学模型以增加决策的科学性，力求减少决策的个人成分。在管理决策中利用数学工具建立数学模型，研究各因素之间的相互关系，决策的过程就是建立和运用数学模型的过程。主要的数学模型有盈亏平衡点模型、库存模型、线性规划模型、目标规划、整数规划、动态规划、决策模型、网络模型、排队模型、模拟模型、马尔柯夫过程、对策论等。②强调用数学说话，寻求将众多方案中的各种变数或因素加以数量化，用数量表示最优化的答案，各种可行方案要以经济效果作为评价的依据。③广泛使用电子计算机，现代组织管理涉及的信息量不断加大，使处理信息的工作量加大。充分利用电子计算机等现代科学技术可使决策建立在准确、及时和充分的基础之上。

(2)系统管理理论学派

系统管理理论学派是在系统论、控制论和信息论的影响下出现的应用系统理论的范畴、原理全面分析和研究组织的管理活动和管理过程的管理理论学派。该学派的代表人物是卡斯特(F. E. Kast)、罗森茨韦克(J. E. Rosenzweig)等人，代表作有《系统理论与管理》、《组织与管理：系统与权变的方法》等。

该学派主要观点如下。①企业是由人力、物资、设备、财务、任务、信息六个要素组成的具有组织结构的系统，它被分为许多子系统，如技术子系统、财务子系统、情报子系统、生产子系统等。在研究企业各子系统的工作时，应把该子系统内部因素与外部环境结合起来系统分析，以求各部门的工作能保证整个企业取得最优的效果。②企业系统处于不断变化之中，所以研究系统管理，不仅要考虑系统的静态结构，更要研究系统的动态变化。③系统管理离不开数学方法、模型理论和计算机手段以及行为观点，系统分析可以提供解决问题的方法，例如，对流程进行图解，应用电子计算机模拟等。

(3)运筹管理理论学派

运筹管理是指对一个组织所有各项活动的管理，包括生产和其他方面的活动，由于组织中的管理工作对象有各种各样不同的情况，运用数学或其他的科学方法也随之不同，这就产生了各种不同的管理方法和技术，形成了运筹学的许多新分支。例如，规划论主要用来研究如何统筹安排，合理地调度人员、设备、材料、资金、时间等，规划论又可分为线性规划、非线性规划和动态规划。库存论用来研究在什么时间、以什么数量、从什么地方供应各种资源的问题，从而满足需要，保证组织有效地运转，使各种资源的库存和补充的总费用达到最少。网络分析是利用网络图对各项工作进行计划和控制的理论研究，实质是将甘特图转化为用于计划和控制的电子计算机化的网络计划方法，这包括运用于一次性工作的计划评审技术和适用于有现成有效资料可供利用的项目的关键线路法。其他还有排队论、对策论等分支。

3. 决策理论学派

决策理论学派是研究关于企业管理中决策行为理论的学派，其创始人赫伯特·西蒙(Herbert A. Simon)和马奇(J. G. March)等人吸收了行为科学、系统理论、运筹学、统计学和计算机科学等学科内容。

决策理论学派认为管理的实质就是决策，决策贯穿管理全过程，决定整个管理活动的成败。决策过程包括收集情报、拟订计划、选定计划等阶段。而组织是由决策者组成的系统，在这个系统中，决策可以从决策中心向上、向下、水平方向传递，以满意准则代替古典决策理论的最优决策。该理论提出了程序化决策和非程序化决策的相应决策程序，即由高层决策者进行非程序化决策(包括组织设计和再设计)、确定组织的目标,中层决策机构一般从事程序化决策,基层决策机构从事作业的程序化决策。该理论还提出了狭义的统一指挥,即下级可以接受来自几个上级的命令,只是在这些命令发生冲突时,才只听从一个上级的命令。

4. 社会系统学派

社会系统学派的创始人是巴纳德(C. Z. Barnard),其代表作为《经理的职能》。该学派认为,社会的各个组织都是一个协作系统,即由相互进行协作的各个人组成的系统,包含三个要素:协作意愿、共同目标、信息联系。巴纳德制定了组织中信息沟通的准则是明确、短捷、连续、完整和权威的信息沟通渠道,以及信息沟通中心是称职的各级管理人员。巴纳德认为非正式组织与正式组织相互创造条件,经理在协作系统中是相互联系的中心,其作用是建立维持一个信息联系的系统,并对协作的努力进行协调,包括采用适当的激励方式以及成员的选聘和训练,规定并解释组织目标,以便组织能够为此运转。

5. 经验管理学派

德鲁克(Perter Drucker,也译作杜拉克)是现代最著名的经验主义管理学家,其代表作是《管理、任务、责任和实践》、《管理实践》、《有效的管理者》等,被称为"现代管理之父",或"大师中的大师"。戴尔也是经验管理学派的代表人物,其代表作是《企业管理的理论与实践》、《伟大的组织者》。

经验管理学派认为管理是一种特定的人群团体用以确定、阐述和实现其目的和目标的技能,随其应用的人群团体的类型而有所不同,应从企业管理的实际出发,以大企业的经验为主要研究对象,加以概括和理论化,向企业管理人员提出实际的建议。管理人员面对两项别人无法替代的特殊任务,第一项是造成一个生产统一体,第二项是把当前利益和长远利益协调起来。经理的工作就是激励、指挥和组织人们去做他的工作,因此沟通能力十分重要。德鲁克还进一步提出了目标管理的新模式。

6. 权变理论学派

权变理论学派的代表人物是劳伦斯(Paul R. Lwarence)、摩斯(J. Morse)、洛奇(J. Lorsch)、卢桑斯(Fred Luthars)、伍德沃德(Joan Woodward)、亨利·明茨伯格(Henry Mintzberg)等。该学派认为,在企业管理中要根据企业所处的内外条件随机应变,通过大量的事例研究和概括,把各式各样的企业归纳为几个基本类型,并为每个类型找出一种管理模式。强调管理行为、方法是与企业所处环境特点密切相关的。管理应适合当时、当地环境和形势,要因事、因地、因时、因人制宜。某一种形式的领导方法在不同环境条件下就会产生不同的结果。学术界一般认为卢桑斯的"如果—就要"关系理论是权变理论的思想基础。

权变理论发展至今集中体现在行为理论和组织设计方面。在行为理论中,人性假设理论就有超 Y 理论和 Z 理论。领导效能理论中有菲德勒模型、领导路径目标理论、领导生命周期理论。组织设计中明茨伯格确定有战略层、中间层、基层、专家智囊团、辅助人员五个组织，并提出组织结构的五个基本类型，即简单制、机械官僚制、专职官僚制、分部制和专题组制等。伍德沃德将生产系统按技术复杂过程分为单件小批量、大件大批量、连续流水线作业，认为相似的生产工艺技术有相似的管理，如大件大批量生产企业采用古典管理原理原则，单件小批量生产企业和连续流水线作业适宜用利克特的民主参与型管理，不存在普遍适用的组织结构。劳伦斯和洛希认为有效的组织结构应与外部环境相适应，如稳定而细分性低的环境采用以工作为中心的一体化管理，反之则采用以人为中心的差别化管理。

权变理论是整体化的，它不顾各个不同的思想学派和学科的差别，集中融合它们的观点和概念，在不同的环境下提出管理中的不同处方。权变理论要求管理人员根据情境变化，而灵活领导。

7. 管理过程学派

管理过程学派也称作业学派，它将管理人员的职能看作是管理过程，管理的各个职能应该相互联系、交错运转，形成一个完整的体系。孔茨(Haroid Koowtz)和奥唐奈(Cyril . O. Donnell)等是该学派的代表人物。

8. 经理角色学派

经理角色学派以分析一个正式组织的主要负责人或经理所担任的角色为中心，考察经理的职务和工作，其代表人物是明茨伯格(Henry Mintzberg)。

七、现代管理理论的新发展

1. 现代管理理论新发展的历史背景

进入20世纪80年代以后，知识经济迅速的发展、新时期组织管理的实践，促成现代管理新思想不断涌现，各个管理学派互相渗透，相互融合，企业管理有趋向全面管理、综合管理、创新管理的势头，预示着企业管理进入了一个新的发展阶段。出现这样一种动向并非偶然，它有着深刻的历史背景。

(1)管理环境日益复杂

20世纪80年代以后，西方国家经济周期越来越短，企业经营环境越来越复杂多变，管理面对的客观条件更加复杂和捉摸不定，竞争也由企业之间的竞争转为企业沿价值链分工并联合的价值链竞争，管理人员的任务越来越艰巨，依靠以前的管理理论和方法去解决复杂多变的管理问题往往事倍功半。管理者日益发现唯有依靠人的因素，充分调动全体员工的积极性和创造性，集中大家的智慧，形成统一的价值观念、行为准则，企业才能获得技术、质量、服务、生产效率等方面的优势。。

(2)企业的所有权和经营权日益集中于专业管理集团

20世纪80年代以后，企业所有权与经营权在分离的基础上又出现合一的新趋势，表现在拥有强大无形资产的企业专业管理层不仅完全掌握了企业的经营权，而且还通过设置CEO剥夺董事会部分权力，甚至日益以少数股权操控企业董事会和股东大会，企业的实际出资方(股东)只关心股票差价收益和分红，并动辄用脚投票,逐渐放弃了对企业所有权的实际控制,企业治理转向以内部对人控制和外部治理为主。

(3)管理界日益重视文化管理

20世纪80年代以后,作为管理强国的美国先后遭遇日本和中国经济竞争力的冲击,美国管理界一方面越来越重视跨企业的价值链分工与合作,另一方面也意识到文化管理的日益重要性。

(4)科学技术的发展推动针对无形资产的集中管理

20世纪80年代以后,一方面社会生产力的发展进入到智力发展阶段,原先由劳动者、劳动工具和劳动对象构成的生产力要素,逐步由信息、技术和管理等智力生产要素所取代,社会便进入高技术竞争时代,市场进入品牌战略时代,无形资产成为企业制胜的关键;另一方面,电子计算机趋向高速化、多功能化、微型化以及在各个方面广泛普及,使得越来越多的科技成果被应用到企业中,产品更新换代周期大大缩短,新产品不断出现,花样翻新。这一切不仅使企业内部条件发生了变化,也使得整个社会的生产方式、工作方式、管理方式、生活方式以及人们的需求结构和观念都发生了一系列的变化,如何不断地创新无形资产并快速地将无形资产变现,成为跨企业的价值链管理的核心问题。两方面原因使得统筹价值链管理的战略企业日益转向对无形资产进行集中管理。

(5)企业组织出现了新的发展趋势

未来企业组织的发展趋势是扁平化,减少管理层次和规模以降低成本;多极化,由集权走向分权;网络化,信息渠道四通八达;智能化,使知识量剧增;未来企业是学习型组织;虚拟化,是依靠信息技术而结成的临时网络;国际化,实现全球经济一体化。

2. 文化管理理论

文化管理理论有威廉·大内的Z理论、沙因的组织文化理论、彼得·圣吉的学习型组织理论。

(1)威廉·大内的Z理论

美国管理学家威廉·大内从1973年开始研究日本企业的管理方式,在其1981年出版的《Z理论——美国企业界怎样迎接日本的挑战》一书中提出了著名的"Z理论"。大内在Z理论中指出,一切企业的成功都离不开信任、敏感与亲密,而它们与生产率又是密切相连的,主张以坦白、开放、沟通作为基本原则在企业中实行民主管理。大内把企业分为A型和J型,前者倾向于短期雇佣、迅速的评价和升迁、专业化培养、实施明确的控制、个人决策和个人负责、关注局部,后者倾向于终身雇佣、缓慢评价和升迁、非专业化培养、实施含蓄的控制、集体决策和集体负责、关注全局。

大内提出Z型组织虽然产生于日本,但却符合美国的基督教文化传统背景,并吸收日本企业管理方式的长处,是一种既有高效生产率又有高度职工满足感的新型组织，这种组织形式是适合美国的成功模式。

美国企业转化为Z组织的方法是：一领导者和各级管理人员共同研讨制定新的管理战略，明确管理宗旨；二通过创立高效合作、协调的组织结构和提供激励措施来贯彻管理宗旨；三培养管理人员掌握弹性的人际关系技能；四把工会包含在变革计划之内，取得工会的参与和支持；五确守稳定的雇佣制度；六制定一种缓慢的长期评价和提升制度；七经常轮换工作，以培养人的多种才能，扩大雇员职业发展的道路；八认真做好基层一线雇员的发动工作，为基层的改革做好准备；九找出可以让基层雇员参与管理的领域，实行参与管理；十建立员工个人和组织的全面整体关系，使企业内的整体关系得到发展。

（2）沙因的组织文化理论

艾德加·沙因提出了组织文化本质的概念，对组织文化的构成因素进行了系统分析，并对组织文化的形成与演化过程提出独到的见解。

沙因认为，组织文化是一个特定组织在处理外部适应和内部融合问题中学习到的，由组织自身所发明创造并且发展起来的一些基本的假定类型，这些基本假定类型能够发挥很好的作用，并被认为是有效的，由此被其成员所接受。

（3）彼得·圣吉的学习型组织理论

美国麻省理工学院教授彼得·圣吉是学习型组织理论的倡导者。学习型组织理论是他在1990年出版的代表作《第五项修炼——学习型组织的艺术与实务》提出的。

所谓学习型组织是指通过培养弥漫于整个组织的学习气氛、充分发挥员工的创造性思维能力而建立起来的一种有机的、高度柔性的、扁平的、符合人性的能够持续发展的组织，这种组织具有持续学习的能力，具有高于个人绩效总和的综合绩效。

学习型组织理论是以五项修炼为基础的，这五项修炼如下。

①自我超越，即强调组织成员应能不断认识自己，认识外界的变化，不断给予自己新的奋斗目标。做事要精益求精，集中精力，培养耐心，并客观地观察现实，永远努力地发展自我，超越自我。

②改善心智，要求组织成员要善于改变传统认识问题的方式和方法，要用新的眼光看世界，不断适应内外的变化，改变自己的思维定式以及由此决定的假设、成见甚至图像、印象。

③共同愿景，是强调把企业建设成为一个生命共同体，它包括远景（企业将来要实现的蓝图）、价值观（实现蓝图应该遵循的一些基本原则）、目的和使命（组织存在的理由）、目标（在短期内达到的里程碑）等内容，要使组织拥有一种能够凝聚全体成员，并坚持实现的共有的目标、价值观与使命。

④团体学习；或称深度汇谈，是使组织成员学会集体思考，以激发群体的智慧，开展团队学习后，由于团队成员理解彼此的感觉和想法，因此，能凭借完善的协调

一体感，提高综合效率。当团体在真正学习的时候，不仅团体整体能产生出色的成果，个别成员成长的速度也比其他的学习方式要快。

⑤系统思考，这是五项修炼的核心，是指树立系统观念，妥善运用完整的知识体系和实用的工具，认清整个变化形态，并了解如何有效地掌握变化，开创新局面，强调要把企业看成一个系统，并将它融入社会这个大系统中。考虑问题既要看到局部，更要看到整体；既要看到当前，又要看到长远。要把系统原则融入行为之中，必须能用广角镜观察世界。圣吉认为，系统思考是最困难也是最关键的修炼，所以，他将其著作命名为《第五项修炼》就是要突出系统思考修炼的重要意义。

3. 管理再造理论

管理再造理论有哈默和钱皮的企业再造理论和萨维奇的虚拟型组织理论。

（1）哈默和钱皮的企业再造理论

企业再造理论是美国麻省理工学院的教授迈克·哈默与詹姆斯·钱皮提出的关于企业经营管理方式的理论和方法。他们对"再造"的定义是：将组织的作业流程做根本的重新思考与彻底翻新，以便在成本、品质、服务与速度上获得戏剧化的改善。其中新思想是强调组织流程必须采取激烈的手段，彻底改变工作方法，强调组织流程要"一切重新开始"，摆脱以往陈旧的流程框架。

（2）萨维奇的虚拟型组织理论

美国管理学家查尔斯·M·萨维奇1991年出版了《第五代管理》一书，书中明确提出通过建立虚拟组织、动态协作团队和知识联盟来创造财富的观点。所谓虚拟组织，就是不仅把公司成员，而且把供应商、公司顾客以及顾客的顾客都看成是一个共同体，倾听他们的意见，充分调动内外各种资源。建立虚拟组织，要更多地依靠人员的知识和才干，而不是他们的职能。

4. 波特的竞争战略理论

迈克尔·波特是美国哈佛大学商学院教授，他提出了企业竞争战略理论并引发了美国乃至全世界竞争力问题的大讨论。波特在其《竞争战略》一书中提出了三种基本战略，即成本领先战略、差异化战略和专一化战略，他认为企业的其他战略都是在这三种基本战略的基础上制定的，这些基本战略的共同目标就是确立企业在竞争中的优势。

①成本领先战略。该战略就是通过追求规模经济、专有技术、优惠的原材料以及其他一些因素，使企业生产经营的总成本处于行业的平均水平之下，从而获得较大的利润和市场份额。

②差异化战略。该战略是通过生产出该产业中其他企业所没有的独特产品，以形成独家经营的市场优势。它依赖于基础产品本身、销售交货体系、营销渠道以及一系列其他因素。实现差异化战略可以有许多方式，如设计品牌形象、独特的技术、独特的技能、独特的顾客服务、商业网络及其他方面。

③专一化战略。该战略是着眼于在行业内的一个狭小空间内作出选择，主要

是将企业的经营目标集中到某个特定的顾客群或者一个细分的市场，在那里建立起自己的产品在成本或产品差异上的优势地位。

波特的竞争战略理论开创了企业经营战略思想的崭新领域，对全球企业的发展和管理理论研究的进步，都作出了重要的贡献。

5. 创新管理理论

创新管理理论主要由CIS企业形象设计、信息管理、工艺创新以及企业知识管理等构成。

(1)CIS企业形象设计

CIS意为企业识别系统，具体由MI、BI、VI和AI构成。MI为理念识别，具体由企业精神、企业宗旨、经营理念、经营作风和行为规范等内容构成，它是CIS的核心内容。BI为行为识别，具体由生产行为、服务行为、促销行为、公关行为、组织行为、人员培训等内容构成，实际是企业的行为规范。VI为视觉识别，具体为公司的识别标志，包括色彩、图形、文字、广告符号等，是市场和消费者识别公司产品和服务的主要标志。AI为听觉识别，如广告语、口号、格言、训词、主题歌曲、音乐氛围等。

在这四大识别系统中，MI为内部系统，VI、AI皆为外部识别系统，BI兼有内外两种功能。理念识别、行为识别、视觉识别、听觉识别四个组成部分，将企业精神、企业经营理念融于其中，通过形象的外部传递而形成一种社会的认同效应，从而促进市场的营销活动。

(2)知识管理

知识管理就是对一个组织所拥有的和所能接触到的知识资源进行识别、获取、评价，从而充分有效地发挥作用的管理过程，它要求管理模式由层次式的监督与控制转变为引导与激励的扁平式管理，要求组织建立起良好的关系，鼓励员工进行知识共享和传递，运用集体智慧提高组织创新能力和应变能力，对市场需求的变化作出快速反应，并运用知识资源预测市场的变化和发展方向。

对于知识管理，许多世界驰名的公司，如可口可乐、通用电气、惠普等，已率先展开，并建立起较为完善的知识管理体系。具体做法是：设立知识主管管理知识资产，也称智力主管、学习主管；加强无形资产管理；以顾客为中心，开展知识管理，建立顾客信息管理系统；建立企业培训体系，开发人力资源等。

第二章 企业组织行为

第一节 企业个体行为

企业中的个体是企业最基本的组成单元，个体间的差异存在于个性、需要、动机、感知、学习、工作态度、价值观、认知决策过程等诸方面。本节主要从知觉、个性与态度三个方面来探讨个性差异的产生及表现，深入分析对绩效影响最大的激励因素，并介绍和这些因素有关联的一些经典理论。

一、基本概念

1. 知觉

知觉指的是个体为自己所在环境赋予意义并解释感觉印象的过程，是人脑对作用于感官的客观事物的整体反映。知觉研究证明，不同个体对同一件事物的理解不同。

影响知觉形成的因素有知觉者、知觉目标或对象以及知觉发生的情境。知觉来源于外界的刺激，在选择性感知的基础上，经过知觉归类，最终形成对事物的某种具体的感知。

社会知觉是人们在社会情境中对人心理、行为及特性及推断的过程。依据知觉对象，社会知觉包括对他人的知觉、人际知觉、角色知觉和自我知觉。

社会知觉偏差在管理活动中十分常见，主要包括刻板印象、晕轮效应、近因效应、第一印象、投射效应和对比效应等。

2. 个性

个性，也称人格，就是人的独特的、较稳定持久的、习惯性的行为模式或倾向，是人的一组相对稳定的特征，这些特征决定着特定的个人在各种不同情况下具体的行为表现。个性是具有一定倾向性的心理特点与行为模式的综合。决定个性的主要因素有五类：遗传与心理、文化、群体和家庭、角色以及情境。

近年来的研究表明，外倾性、随和性、责任心、情绪稳定性和经验开放性这五项维度构成了个性因素的基础。迈尔斯·布里格斯个性指标将个体区分为外向型和内向型、感觉型和直觉型、思考型和情感型、判断型和知觉型。

3. 态度

态度是关于喜欢或不喜欢的客观事物、人和事的评价性陈述和行为倾向。态度可被定义为对周围环境中的人或事的反应是赞许还是否认的倾向。态度包括认知、情感和目的三个组成部分。态度是人在后天环境的作用下形成的,与个体对人或事的信念和概念有关,与个体对人或事的感情有关,与个体对人或事的行为目的有关。

态度产生行为意图,而行为意图产生实际行动。态度与行为在一般情况下是一致的,人们也总是在寻找态度之间以及态度和行为之间的一致性,但二者并不总是一致,即存在认知失调。

一个人拥有多种态度,与企业管理行为相关的态度研究主要包括工作满意度、组织承诺、工作参与和工作压力等。

4. 激励

(1)激励的概念

在管理学上,激励是指领导者运用各种手段或创设一定条件,激发下属的动机,使其充分发挥内在的潜力,努力实现所期望的目标的过程。

激励的基本概念即为激发动机。激励代表了行为方向、幅度与持续期这三种因素之间的关系,其表达式为

$$M = f(E_f \times A_p \times P_s)$$

式中的三个自变量 E_f、A_p、P_s 分别代表对行为的方向、幅度和持续期的选择。对激励概念的广义解释,即通常所说的调动人们的积极性,分三层含义:对于个体,为激发动机(motive);对于群体,为鼓舞士气(morale);对于组织,为塑造文化(culture)。可以表述为

$$M = 2m + 1c$$

(2)激励过程的基本模式

激励过程主要有下列三种基本模式,如图 2-1、2-2、2-3 所示。

1)激励过程模式 1

激励过程模式 1 如图 2-1 所示。该模式的基本组成部分是需要、愿望或期望,行为,目标,反馈。人们总是具有不同强度的多种需要、愿望或期望,这些需要、愿望或期望使人们产生了一种感到不舒服的紧张;而某些特定的行为可以减少这种紧张感;然后,把行为实现目标的情况反馈到下一过程的需要、愿望或期望方向。

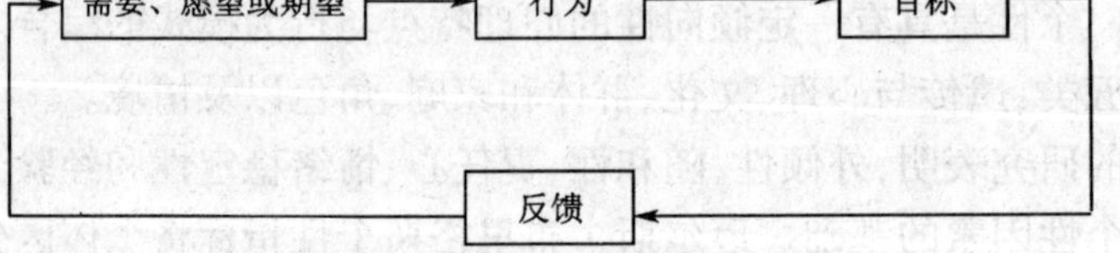

图 2-1 激励过程模式 1

2）激励过程模式 2

激励过程模式 2 如图 2-2 所示。该模式的基本组成部分是需要，动机，行为，目标。这个目标有得到满足和受到挫折两种结果。无论是得到满足还是受到挫折，都会产生积极行为和消极行为两类结果。

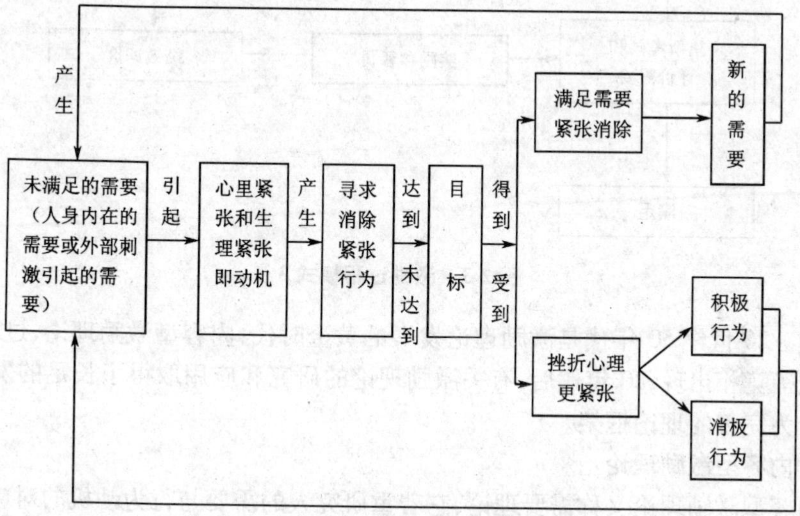

图 2-2　激励过程模式 2

3）激励过程模式 3

激励过程模式 3 如图 2-3 所示。该模式是把需要、动机、目标和报酬观念结合起来的多阶段的激励模式。这一模式把激励过程分为七个阶段。一需要的产生，在个人内心引起的不平衡（心理紧张状态）。二个人寻求和选择满足这些需要的对策方法，以恢复心理和生理的平衡状态。三个人将按目标去行动和工作，去实现所选择的战略并满足需要。决定行为选择和实现行动之间的是一个人的能力，个人可能具备也可能不具备达到所选择目标的能力。四评价个人在实践目标方面的绩效。五根据对绩效的评价给予奖励或惩罚。六根据奖励或惩罚来重新考核和评价需要。七如果这个激励过程需要得到满足，就会有平衡感和满足感，需要没有被满足，激励过程还得重复，可能选择另一个不同的行为。

以上三种激励模式虽然各有不同之处，但是激励过程的主要组成部分仍是基本相同的。这个激励过程都是从人的需要开始，到实现目标和满足需要告终。应特别注意的是，在现实生活中，激励过程一般不是非常清晰的，而是比较复杂和多变的。

二、激励理论

需求理论是有关激励的最早思想之一，直到 20 世纪 40 年代才引起人们研究

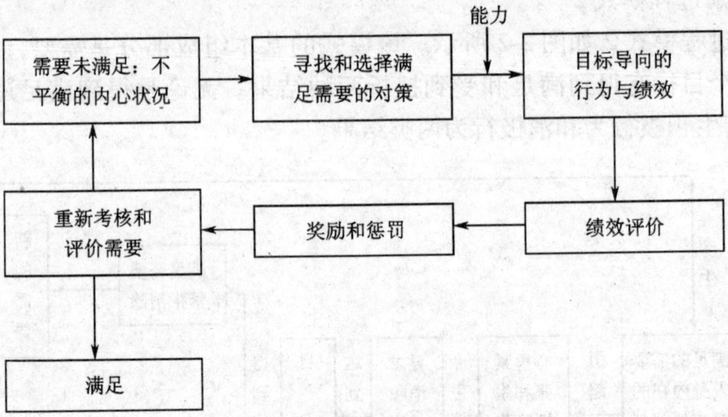

图 2-3　激励过程模式 3

的兴趣。20 世纪 50 年代是激励理论发展的黄金时代，内容型激励理论、过程型激励理论等竞相出现，80 年代后，有关激励理论的研究和应用取得了长足的发展，形成了较为完善的理论框架。

1. 内容型激励理论

内容型激励理论又称需要理论，它着重研究人的需要与行为动机的对应关系，目的是通过满足个体的需要来激励相应的行为动机。

(1)需要层次理论

需要层次理论是美国心理学家马斯洛于 1943 年提出的。需要层次理论把人的多种多样的需要归纳为五类，并按照它们产生的先后次序分为五个等级。

1)生理需要

这是人类最原始的基本需要，包括饥、渴、性和其他生理机能的需要，这些需要如果不能得到满足，人类的生存就成了问题。从这种意义上说，它是推动人们行动的最强大的动力。

2)安全需要

安全需要是指要求摆脱失业的威胁，要求在将来年老和生病时有所保障，要求避免职业病的侵袭，希望解除严酷监督的威胁等。马斯洛认为整个有机体是一个追求安全的机制，人的感受器官、效应器官、职能和其他能量是主要的寻求安全的工具，可以把科学和人生观总地看成是安全需要动机的一部分。

3)社交需要

马斯洛提出的社交需要有两方面的内容。一是爱的需要，即人都需要伙伴之间、同事之间的关系融洽和保持友谊和忠诚，希望得到爱情，人人都希望爱别人，也渴望接受别人的爱。二是归属的需要，即人都有一种要求归属于一个群体的感情，希望成为群体中的一员并相互关心和照顾。社交需要比生理需要细致，它和一个人的生理特征、经历、教育、宗教信仰都有关系。

4)尊重需要

人希望自己有稳定的社会地位,有对名对利的欲望,要求个人的能力和成就得到社会的承认等。尊重需要可以分为内部尊重和外部尊重。内部尊重是指一个人希望在各种不同情景中有实力、能胜任、充满信心、能独立自主。换言之,内部尊重就是指人的自尊。外部尊重指一个人希望有地位,有威信,受到别人的尊敬、信赖和高度评价。马斯洛认为,尊重需要得到满足,能使人对自己充满信心,对社会满腔热情,体验到自己生活在世界上的用处和价值。但是尊重需要一旦受到挫折,就会使人产生自卑感、软弱感、无能感,会使人失去生活的信心。

5)自我实现的需要

自我实现的需要指实现个人的理想、抱负、发挥个人的能力于极限的需要。也就是说,人必须干称职的工作,是什么样的角色就应该干什么样的事。自我实现的需要是实现自己潜力和继续自我发展的需要,是需要层次中最高的需要。

马斯洛认为,上述五种需要是按照次序逐级上升的。当下一级的需要获得基本满足之后,追求上一个需要就成为驱动行为的动力。但是这种需要层次逐级上升并不是当一种需要百分之百满足后,下一种需要才会出现。事实上,社会中的大多数人在正常情况下,他们的每一种需要都是部分地得到满足,而且越是高级的需要,得到满足的程度也越小。此外,需要层次从低级向高一级上升,并不是突然的、跃进的现象,而是从无到有、从少到多逐步发生。应当指出,马斯洛虽然主张人的需要的发展趋势大体上是按上述的次序进行的,但也承认例外的情况。有些人的需要可能并不按照上述顺序进行,比如具有崇高理想的人,具有病态人格的人等。

人的需要是千差万别的,在实际管理中很难操作。马斯洛的需要层次论的贡献在于,他以结构的观点和方法论,将人千差万别的需要归结为若干种基本需要,并且这些基本需要有其内在联系的相对重要性。恰如马斯洛所言:“人类的基本需要是一种有相对优势的层系结构”。需要层次理论如图 2-4 所示。

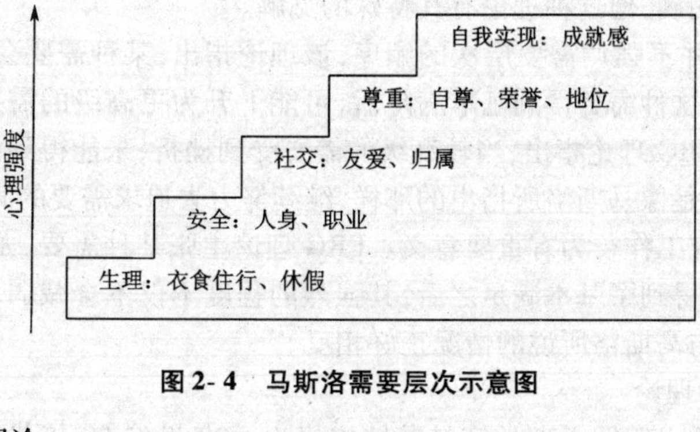

图 2-4 马斯洛需要层次示意图

(2)ERG 理论

美国耶鲁大学教授阿尔德弗于 1969 年提出了一种新的需要层次理论。他把人的需要归纳为存在需要(Existence)、关系需要(Relation)和成长需要(Growth)。

由于这三类需要的英文名称的第一个字母分别是 E、R、G，因此被称为 ERG 理论。

1）存在需要

这类需要关系到机体的存在或生存。它们包括衣食住行以及工作组织为使其得到这些因素而提供的手段，如报酬、安全条件、福利等。这实际上相当于马斯洛理论中的生理需要和安全需要。

2）关系需要

这是人际关系的需要。这种需要通过工作中或工作以外与其他人的接触和交往得到满足。这种需要相当于马斯洛理论中的交往需要和一部分尊重需要。

3）成长需要

这是个人自我发展和自我完善的需要。它通过发展个人的潜力和才能而得到满足。这相当于马斯洛理论中的自我实现需要和尊重需要。

ERG 理论与马斯洛理论的对应关系如图 2-5 所示。

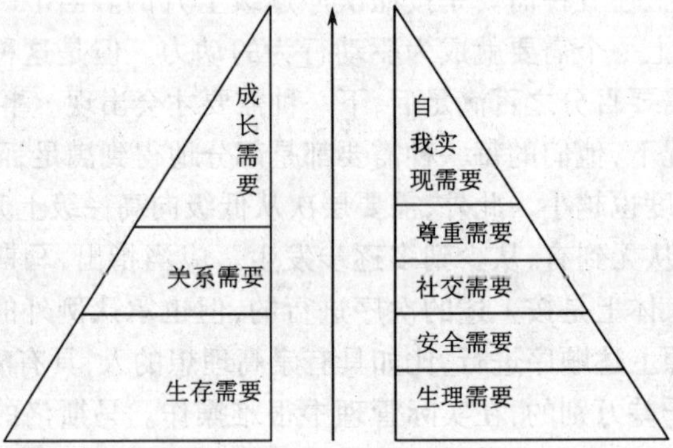

图 2-5 ERG 理论与马斯洛理论的对应关系

虽然 ERG 理论在需要的分类上并不比马斯洛理论更完整，在概念上的论述也并不比马斯洛明确，但这种理论有其特殊的见解。

ERG 理论并不强调需要层次的顺序，该理论指出，某种需要会在一定时间内发生作用，而当这种需要得到基本满足后，可能上升为更高级的需要，也可能没有上升的趋势。ERG 理论指出，当较高级的需要受到挫折，未能得到满足时，会产生倒退现象，而不是像马斯洛所指出的那样，继续努力去追求需要的满足。明确这种倒退现象对研究工作行为有重要意义。ERG 理论主张某种需要，尤其是关系需要和成长需要，在得到了基本满足之后，其强烈的程度不仅不会减弱，往往会更为增强。这种情况与马斯洛所说的情况正好相反。

（3）双因素理论

双因素理论由美国心理学家赫茨博格提出。20 世纪 50 年代后期，赫茨博格在一些工厂企业里进行调查研究，向一批会计师、工程师征询意见。根据对调查所得的大量资料分析，他发现使职工感到不满意的因素与使职工感到满意的因素是不同的，前者往往是由外界的工作环境引起的，后者通常是由于工作本身产生的。赫茨博格把调查结果列成图 2-6 的形式。

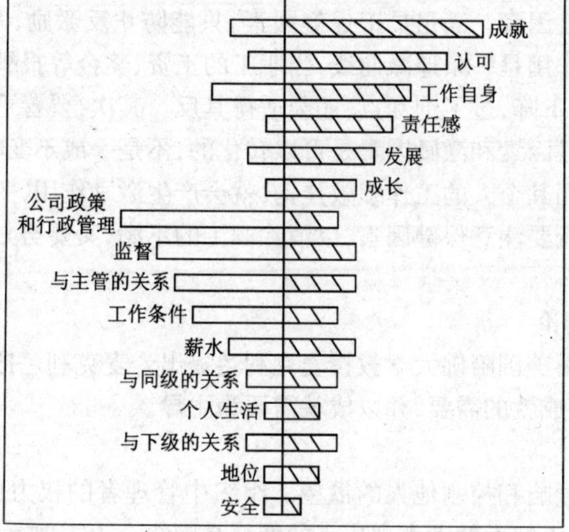

图 2-6　双因素理论实验中的调查结果

赫茨博格从 1 844 个案例的调查中发现，造成职工非常不满意的原因，主要是由于公司政策、行政管理、监督、与主管的关系、工作条件、与下级的关系、地位、安全等方面的因素处理不当。赫茨博格把这一类因素称为“保健因素”，即这些因素改善了，只能消除员工的不满，还不能使职工变得非常满意，也不能激发起积极性，促进生产率的增长。另外，他又发现，使职工感到非常满意的因素主要是工作富有成就感，工作成绩得到社会承认，工作本身有挑战性，负有重大的责任，在职业上能得到发展和成长等。他把这一因素称为“激励因素”，即这类因素的改善能够激励职工的积极性和热情，从而会经常提高一个人的生产率。他认为传统的满意—不满意的观点（即满意的对立面是不满意）是不正确的。满意的对立面应该是没有满意，不满意的对立面应该是没有不满意，如图 2-7 所示。

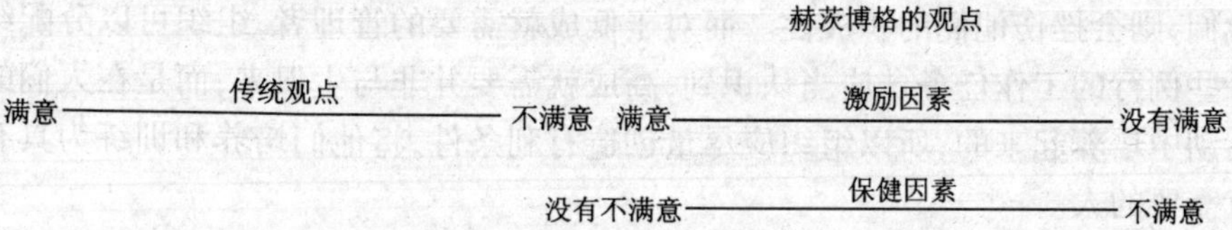

图 2-7　传统观点同赫茨博格观点对比

因此,赫茨博格认为,只有靠激励因素来调动职工的工作积极性才能提高生产率。至于保健因素,所起的作用是维持性的,处理得当可消除不满。所以在管理中要正确处理保健因素与激励因素的关系。首先,不应该忽视保健因素,但是又不能过分重视改善保健因素。满足员工保健因素,只能防止反激励,并没有构成激励。而且保健因素的作用是一条递减曲线,当职工的工资、奖金等报酬达到某种满意程度后,其作用就会下降,过了饱和点,还会适得其反。其次,要善于把保健因素转化为激励因素。保健因素和激励因素是可以转化的,不是一成不变的。例如,职工的工资、奖金,如果同其个人的工作绩效挂钩,就会产生激励作用,变成激励因素。因此,有效的管理,既要注意保健因素,以消除职工的不满,又要努力使保健因素转变为激励因素。

(4)成就需要论

成就需要论由美国哈佛大学教授麦克利兰提出。麦克利兰把人的高级需要设定为权力、合群和成就的需要,并以成就需要为主导。

1)权力需要

权力需要是影响和控制他人的欲望。组织中管理者的权力可分为两种:一是个人权力,追求个人权力的人表现出来的特征是围绕个人需要行使权力,在工作中需要及时反馈和倾向于自己亲自操作;二是职位权力,职位权力要求管理者与组织共同发展,自觉地接受约束,从体验行使权力的过程中得到一种满足。

2)合群需要

合群需要指建立友好和亲密的人际关系的欲望。注重合群需要的管理者容易因为讲究交情和义气而违背或不重视管理工作原则,从而会导致组织效率下降。

3)成就需要

成就需要是追求卓越以实现目标的内驱力。具有高成就需要的人,对工作的成功有强烈的要求,他们乐于甚至热衷于挑战性的工作。这种人喜欢长时间工作,即使失败也不过分沮丧。

以上三种需要的排列层次和所占比例是因人而异的。

成就需要论对于我们把握管理人员的高层次需要具有积极的参考意义。对于具有高成就需要的管理者,组织可以分配给他们具有挑战性和一定风险的工作任务,以满足其成就需要,激发其工作积极性。相反,如果将毫无挑战性的工作分配给他们,则会挫伤他们的积极性。而对于低成就需要的管理者,组织可以分配给他们一些例行的工作任务。应当认识到,高成就需要并非与生俱来,而是在人们的实践活动中培养起来的,所以组织应尽量创造有利条件,将他们培养和训练为具有高成就需要的人。

2. 过程型激励理论

过程型激励理论侧重于研究激励理论的整个认知过程以及这种认知过程是如何与积极行为相关联的。

(1)期望理论

1964 年弗鲁姆在其《工作与激励》一书中提出了工作激励的期望理论。其期望理论模型是围绕效价(valence)、工具性(instrumentality)和期望(expectancy)这三个概念建立起来的,因此也被称为 VIE 理论。

1)效价

效价是指个人对某种结果效用价值的判断,是某种目标、某种结果对于满足个人需要的价值,或者说,效价是某种结果对个人的吸引力。同一种目标、同一种结果对于不同的人来说,其效用价值各不相同。只有效价为正值时,才能对人起到激励作用,使其为达到该目标而努力。

2)工具性

工具性是与效价有关的另一因素。个人所预期的结果有两个层次:一阶结果和二阶结果。二阶结果是个人在某一行动中希望达到的最终结果,一阶结果是指为了达到二阶结果必须达到的最初结果。因此,一阶结果被认为是达到二阶结果的工具或手段。工具性是对一阶结果和二阶结果之间内在联系的主观认识。一般来说,一阶结果是指工作绩效;二阶结果则可能是各种各样的,如加薪、提升、得到同事的好评等。一个人希望得到提升,他认为工作有突出表现是达到这一结果的重要因素,他就会努力工作,希望能以出色的成绩得到提升。这里提升是二阶结果,工作成绩是一阶结果,对工作成绩与得到提升之间关系的认识就是工具性。

3)期望

期望是指一个人对自己通过努力达到某种结果可能性的大小,即概率的主观估计。期望与工具性的区别在于期望是对努力与一阶结果关系的估计,而工具性是对一阶结果与二阶结果之间关系的认识。期望是一种主观概率,它的数值在 0 ~ 1之间。概率越接近 1,则对人的激励水平也越高。

如果一个人认为某种目标或某种结果对他有重要价值,而且他估计通过自己的努力有很大把握达到这个目标,他的积极性就会受到激发,他会努力去实现这个目标。效价和期望缺一,均不能激发一个人的工作积极性。

(2)公平理论

公平理论是美国行为学家亚当斯提出来的。这一理论也称为社会比较理论,它认为人与人之间存在社会比较,且有就近比较的倾向。

亚当斯通过大量的研究发现,职工对自己是否受到公平合理的待遇十分敏感。他们的工作动机不仅受其所得报酬的绝对值的影响,而且更关心自己收入的相对值。这里的相对值,是指个人对某工作的付出和所得与他人的付出和所得进行比较,或者把自己当前的付出和所得与过去进行比较时的比值。通过比较,便产生公平或不公平感,用方程表示如下:

$$\frac{O_p}{I_p}=\frac{O_r}{I_r}\cdots\cdots\text{公平(公平感)}$$

$$\frac{O_p}{I_p} < \frac{O_r}{I_r} \cdots\cdots \text{不公平(吃亏感)}$$

$$\frac{O_p}{I_p} > \frac{O_r}{I_r} \cdots\cdots \text{不公平(负疚感)}$$

式中,I 代表投入,是指个人对自己或他人的努力、资历、知识、能力、经验、过去成绩、当前贡献的主观估计,也就是参与者认为自己所做出的值得或应该获取回报的贡献;O 代表所得结果,是指投入后所得到的奖酬;下标 p 代表当事者,r 代表参照者,即所选择的比较对象。人们在考虑自己总的投入量时,是把所有投入因素分别乘以相应的重要性加权,再相加起来的。用数学公式表示为

$$I = \sum_{k=1}^{n} W_k I_k$$

式中,I_k 是各投入因素的量;W_k 是相应的重要性加权系数。

亚当斯公平理论的一个重要前提,是把所有的社会交往都视为一种广义的交换过程。在企业里,职工们以自己贡献的劳力和技能,交换到企业付给的奖酬。他们会把这些奖酬和自己的贡献作纵向比较(和过去条件下的自己)以直接判断此交换的公平性;同时还常会找一个与自己的交换对象也发生交换关系的第三者,如同一企业的另一职工,与他进行间接的横向比较。

当事者 p 通过与参照者 r 比较,感到自己的投入和所得之比与 r 的投入和所得之比相等,便认为公平,因而心情舒畅,努力工作。当事者 p 感到自己的收入比例小于 r,于是产生吃亏感。这时,当事者往往会采取下列方式以求恢复公平感:①采取相应对策,改变自己的收入比例,如减少工作投入、降低工作质量与数量等,以求达到平衡;②采取进一步行为,减少参照对象的收益或增加其投入,改变他的收入比例,以达到平衡;③改变参照对象,即所谓"比上不足,比下有余",获得认识上的新平衡;④发牢骚,泄怨气,甚至放弃、破坏工作,退出交换关系。

亚当斯方程式表明:一个人所获得奖酬的绝对值与他的积极性的高低并无直接的、必然的联系,真正影响人的工作积极性的是他所获得奖酬的相对值。一旦有了不公平感,奖酬的绝对值乃至它的存在本身,对激励都不起作用。

3. 调整型激励理论

(1)强化理论

强化理论也称为操作性条件反射理论,是美国当代著名心理学家、哈佛大学心理学教授斯金纳在巴甫洛夫的条件反射论、华生的行为主义论和桑代克的尝试学习论的基础上,提出的一种新行为主义理论。

所谓强化是指随着人的行为发生的某种结果会使以后这种行为发生的可能性增大。从这种意义上说,强化是人的行为激励的重要手段。强化过程即操作性条件反射,包含有三种要素:第一要素是刺激,指的是所给定的工作环境;第二要素是放映,也就是工作中表现出的行为和绩效;第三要素是后果,也就是奖惩等强化物。

这三个要素对于被强化者未来的行为模式有着显著的影响。

利用强化的手段改造行为，一般有四种方式，其区别如图 2-8 所示。

	令人愉快或希望的事	令人不愉快或不希望的事件
事件的出现	正强化 （行为变得更加可能发生）	惩罚 （行为变得更不可能发生）
事件的取消	自然消退 （行为变得更不可能发生）	负强化 （行为变得更加可能发生）

图 2-8　四种不同的强化类型

1）正强化

使用某种有吸引力的结果或奖酬，如认可、赞赏、提升、加薪等，对某一行为进行奖励和肯定，使其重现和加强。

2）负强化

减少或消除施于其身的某种不愉快的刺激，从而使其改变后的行为再现和增强。负强化和正强化的目的一样，都是维持和增加某一有利的行为。

3）自然消退

自然消退有两种方式：一是对某种行为不予理睬，以表示对该行为的轻视或某种程度的否定，使其自然消退；二是对原来用正强化建立起来的、认为是好的行为，由于疏忽或情况改变，不再给予正强化，使其出现的可能性下降，最终完全消失。

4）惩罚

惩罚是用批评、降薪、罚款等带有强制性、威胁性的结果，来创造一种令人不愉快乃至痛苦的环境，或取消现有的令人满意的条件，以对某一不符合要求的行为的否定，从而消除这种行为重复发生的可能性。

应当指出，上述四种强化类型中正强化是影响行为发生的最有力工具，因为它能增强或增加有效的工作行为。惩罚和消退只能使职工知道不应做什么，但并没有告诉职工应该做什么。负强化则会导致不相容的回避性反应，从而产生正面结果。

在某一行为发生之后，能否把握好强化的施予时机和程序将直接影响到强化措施的效果。原则上说，施予强化越及时，效果越好。

强化的模式主要包括前因、行为和后果三部分。前因是引起行为而创造的一种外界环境的刺激因素，它不仅为人提供了环境条件，而且也指明了哪些行为将得到强化。行为就是指未达到目标的工作行为。后果是当行为达到了目标时对这种行为给予肯定和奖赏。强化的综合模式如图 2-9 所示。

（2）挫折理论

挫折的产生是不以人的意志为转移的，然而由此导致的挫折感及其对行为的影响却是因人因情而异的。一般有两类：一类是建设性的心理自卫，采取积极进取的态度；另一类是破坏性的心理自卫，即采取消极的态度，甚至是对抗的态度。

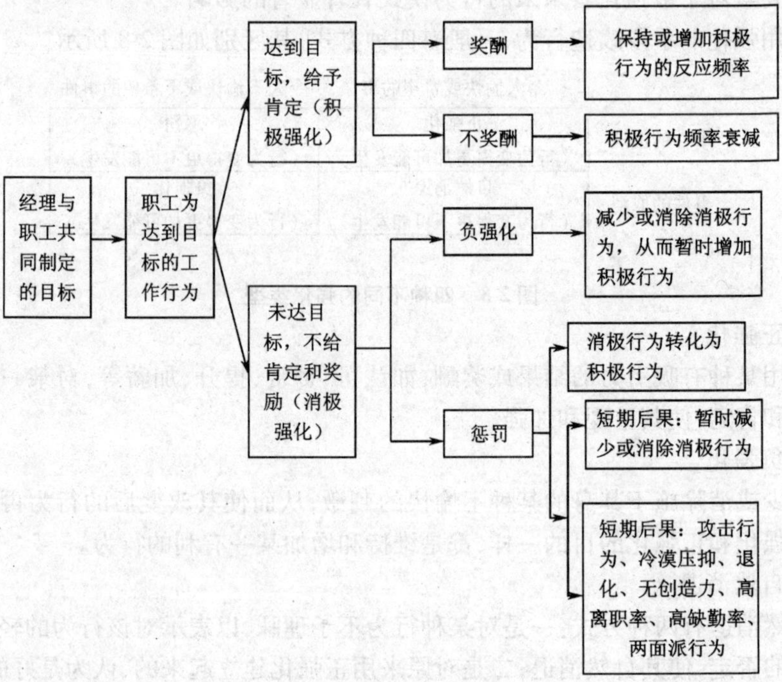

图 2-9　强化的综合模式

1)建设性心理自卫

①增强努力,指当个体在追求某一目标受挫时,不放弃原有目标,而是加倍作出努力,尝试其他方法和途径,最终达成目标。

②重新解释,即重新解释目标,指当个体达不到既定目标时,则延长完成期限、修订或重新调换目标。

③补偿,即当个体追求实现某一目标受挫时,则改为追求其他目标,以补偿和取代原来未能实现的目标。

④升华,就是当遭受挫折时,把敌对、悲愤等消极因素转化为积极进取的动力,从而取得更有意义的成就,这是建设性程度最高的情况。

2)破坏性心理自卫

①推诿,指的是人们受到挫折后会想出各种理由原谅自己或者为自己的过失辩解。

②逃避,指人受到挫折后不敢面对挫折情况,而是逃避到较安全的地方或进行幻想。

③忧虑,指一个人连续遭受到挫折,便慢慢失去了自尊和信心,不知所措,终于形成一种由紧张、不安、焦急、恐惧感交织而成的复杂情绪状态。

④攻击,也称为侵犯、侵略,是一种无理智的、消极的、带有破坏性的公开对抗

的行为。

⑤冷漠，当一个人受到挫折后压力过大，无法攻击或攻击无效，或因攻击而招致更大的痛苦，于是便将他愤怒的情绪压抑下来，采取冷漠行为。从表面上看，似乎对挫折漠不关心，但是实际上受挫折的人的内心痛苦可能更深，严重者将变成忧郁性精神病人。

以挫折理论为指导，在管理上可采用下列方式对待人们因挫折感而导致的破坏性心理自卫行为。第一，采取宽容态度。对受挫折者的消极行为应采取宽容的态度，应给予理解和谅解，耐心疏导；否则，不但不能收到良好的效果，严重者还可能加剧破坏性心理自卫并降低心理承受能力。第二，改变环境。包括调离原工作和生活的环境，到新的环境里去；改变环境气氛，给受挫者以同情和温暖。第三，精神发泄法。这是一种心理疗法，就是要创造一种环境，使受挫折的人可以自己表达他受压抑的情感，发泄他们心中的怨气。第四，心理咨询。心理咨询是心理学家帮助治疗"心病"的方法。对于受挫折者，心理学家可以通过与其进行有效磋商和交换意见，以提高他们的认识水平，帮助他们消除心理上的痛苦，从而在工作上取得更大的成就。

4. 综合型激励理论

综合型激励理论试图将各种激励理论归纳起来，来探讨激励的全过程。这里主要介绍波特和劳勒的综合激励模式。1968 年，美国学者波特和劳勒以期望理论为基础，提出了综合激励模式（如图 2－10 所示）。它表明：先有激励，激励导致努力，努力导致绩效，绩效导致满足。这一模式包括以下主要变量。

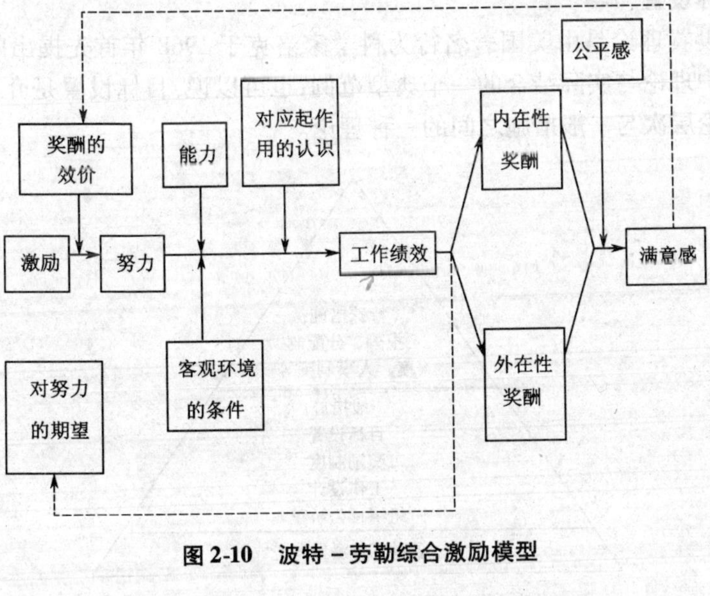

图 2-10　波特－劳勒综合激励模型

(1)努力程度

不同的激励决定了一个人的努力程度、努力方向以及坚持努力的持续时间。而一个人每次行为的最终结果又会以反馈的形式影响个人对这种奖酬的估价(如图 2-10 中虚线所示)。同时,第一次的工作绩效也会以反馈形式影响个人对成功可能性的估计(如图 2-20 中虚线所示)。

(2)工作绩效

工作绩效不仅决定于个人的努力程度,而且依赖于一个人的能力与素质以及对自己所承担的角色应起作用的理解程度和客观条件。

(3)奖酬

奖酬包括内在性奖酬和外在性奖酬,它们和公平感一起影响个人的满意感。内在性奖酬更能带来真正的满足,并与工作绩效密切相关。此外,公平感也受到个人对工作绩效自我评价的影响。

(4)满足

满足是指个人实现某项预期目标时所体验到的满意感受。满足依赖于所获得奖酬同所期望获得结果的一致性。期望 > 结果,产生失望;期望 = 结果,获得满足。

综合激励模式是把激励过程看成是外部刺激、个体内部条件、行为表现、行为结果相互作用的统一过程。这一模式说明了个人工作定式与行为结果之间的相互关系,也明确指出了满足与绩效的关系。

三、激励理论的应用

1. 目标设置

目标设置理论是由美国著名行为科学家洛克于 1968 年首先提出的。它是组织行为学中理论与实际结合的一个典型范例,也可以说,目标设置是介于图 2－11 所示的理论层次与一般措施之间的一种理论。

图 2-11　工作激励理论应用的各种层次

洛克认为,目标设置是管理领域中最有效的激励方法之一,职工的绩效目标是工作行为最直接的推动力,因此,为职工设置适当的目标是管理工作的一项重要任务。图 2-12 是对洛克目标设置理论的模型描述。

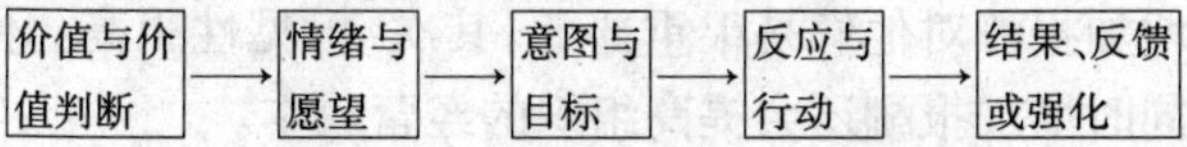

图 2-12　洛克的工作激励目标设置理论

在洛克之后,不少学者对目标设置问题进行了研究,研究的结果都证明了目标的设置对人的工作绩效有明显影响。在概括这些研究成果的基础上提出了目标设置的原则:目标应当是具体的;目标应当是难度适中的;目标应当是被个人所接受的;达到目标的进程必须有及时客观的反馈信息;个人参与设置的目标要比别人为他设置的目标更为有效。

2. 奖励制度

各种组织,尤其是企业,都要制定奖励制度。奖励制度是否得当,直接影响着企业职工的工作积极性。一般来说,制定奖励制度必须遵守两个重要的原则:一是组织为成员提供的奖励必须对成员有较高的价值,即组织成员认为这种奖励对他有重要意义;二是组织制定的奖励制度要使成员得到的报酬与他们的工作绩效相联系,即工资奖金与绩效挂钩。

(1)奖励制度的维度

确定各种奖励制度的统一维度,才能根据这些维度对奖励制度作出适当的评价。组织行为学提出了下述维度。

①重要性。要使奖励制度发挥积极作用,首先受奖励者要认为这种奖励对他们有重要价值,否则不会起到激励人积极工作的作用。因此,组织制定的奖励制度应被多数人认为是有重要价值的。

②数量上的灵活性。制定奖励制度要适应组织成员的不同特点,并根据组织成员工作绩效的高低给予奖励,这种奖励制度必须在数量上有灵活性的特点。

③使用的频率。一般来说,奖励使用的次数越多,对职工工作绩效的影响也会越大。因此,最理想的奖励方式应是能被经常使用而又不失去重要性的奖励制度。

④可见性。要使奖励与工作绩效相联系,必须使奖励具有高度的可见性。所谓可见性,不仅是自己可以看到,而且也要别人看得见。具有高度可见性的奖励会满足人的荣誉感和自尊心。

⑤低成本。从组织的角度来看,奖励的成本越低越好,这样可以增加组织的效益。

完全符合上述五个维度的奖励制度是不存在的。因为这五个维度本身就存在着矛盾。在制定奖励制度时只能在权衡各种维度利弊的基础上择优选择。

(2)常用的激励方式

各种组织,尤其是企业组织最常使用的奖励方式有五种,即增加报酬、提升、津贴、地位和身份象征以及特殊奖励证书。下面根据上述五个维度分别比较这些奖励方式。

①增加报酬。增加报酬是组织较为普遍使用的奖励方式,它有许多优点。首先,多数人认为增加报酬对他们是很重要的;其次,可见性很高。但是增加报酬的频率不会很高,同时增加报酬还会提高组织的经营成本。

②提升。一般来说,人们都认为提升是重要的奖励方式,而且提升往往与增加报酬相联系,提升的可见性也很高。但是提升的灵活性较小,频率也较低。由于提升与增加工资、津贴等同步进行,因此成本也较高。

③津贴。津贴在国外包括养老金、人寿保险、健康保险等。在我国也有很多种形式,如劳保制度、退休工资、物价补贴、住房补贴等等。津贴虽然很重要,但是在我国的可见性不高,而成本却较高。

④地位和身份象征。在国外的大公司中,有许多地位和身份象征,如专用办公室、专用停车点、私人秘书等。从重要性来看,地位象征是因人而异的,它的灵活性和频率相对较低,所花的成本与其他奖励方式相比属于中等水平。

⑤特殊奖励证书。这主要指组织为其成员颁发的奖状和授予的某种荣誉称号,用以表彰该组织成员在组织中的长期服务或卓著成绩。这种奖励方式成本较低,灵活性较高,可见性也较高,但是次数较少,人们对这种荣誉称号一般比较重视。

3. 工作设计

工作设计问题主要是组织向其成员分配工作任务和职责的方式问题。工作设计是否得当对激发职工的动机,增强职工的工作满意感以及提高生产率都有重大的影响。哈克曼和奥尔德姆通过大量的问卷调查,于1976年提出了他们的工作特征模型。从图2-13可以看出,该模型由三部分组成,即"核心工作特征"、"关键心理状态"与"个人和工作的结果"。

(1)关键心理状态

要激发职工积极的工作动机,对工作产生满意感,应具备三个必要条件:第一,职工个人必须体验到他所从事的工作具有重要意义;第二,要提高工作动机和满意感,职工个人必须体验到他对工作及结果负有的个人责任;第三,要及时了解工作的结果。这三个必要条件都是人的内在心理因素,因此被称为关键心理状态。

(2)核心工作特征

哈克曼和奥尔德姆提出了五种核心工作特征。

①技能多样化,是指在完成工作中要求多种技能的程度。它不仅包括工作的横向数量,而且包括工作的纵向水平。

②任务完整性,是指工作要求完成完整任务单元的程度。

③任务意义,是指该项工作对组织内外其他人的工作和生活产生重大影响的程度。

④自主性,是指个人能够自主安排自己完成任务进程的程度。

⑤反馈,是指个人得到自己工作效果的明确信息的程度。

哈克曼和奥尔德姆进一步把上述五个工作特征加以综合,形成一个单维度的指标,这个指标被称为激励潜在分数(MPS),从而提出下述公式为,

$$MPS = \frac{(SV + TI + TS)}{3} \times A \times F$$

式中,MPS 为激励潜在分数,SV 为技能多样化,TI 为任务完整性,TS 为任务意义,A 为自主性,F 为反馈。

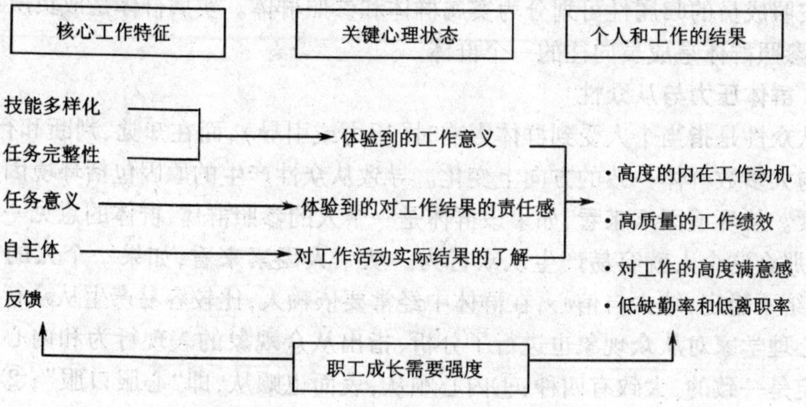

图 2-13　工作激励的工作特征模型

(3)个人和工作的结果

具有上述五种特征的工作会引起上述三种关键心理状态,而这样的心理状态将会导致一定的个人结果和工作结果。从个人结果来看,会产生高度的内在工作动机和对工作的高度满意感。从工作的结果来看,则会出现高质量的工作绩效和较低的缺勤率和离职率。

第二节　企业群体行为

一、群体概述

1. 群体概念

群体(group)的定义:为实现特定目标,两个或更多的人相互影响、相互依赖而形成的组合。

群体按照不同的标准可以划分为不同的类型。

依据群体的构成方式和原则可划分为正式群体和非正式群体。正式群体是指组织结构确定、职务分配明确的群体。在正式群体中,一个人的行为是由组织目标

所规定，并指向组织目标。非正式群体是指那些既没有正式结构，也不是由组织确定的联盟。这些群体是员工为满足社会交往需要，在工作环境中自然形成的。非正式群体通过满足其成员的社会需要而发挥着非常重要的作用。

依据群体是否实际存在可划分为假设群体和实际群体。假设群体是为满足分析研究等需要而人为划分的。例如按收入多少划分的高收入群体和低收入群体。实际群体是指生活中实际存在的群体，例如一个班级就是一个实际群体。

按照群体内成员多少可划分为大群体和小群体。大群体中成员间接联系较多，彼此间缺乏直接的依赖关系。小群体中成员对彼此直接的影响很大。

按照成员的归属性可划分为实属群体和参照群体。实属群体是成员所在的群体，而参照群体是成员向往的一个群体。

2. 群体压力与从众性

从众性是指当个人受到群体影响时（压力或引导），而在知觉、判断和行为上，朝着与大多数群体一致的方向上变化。导致从众性产生的原因包括环境因素和个性因素。从环境因素来看，如果该群体是一个人的参照群体，群体的意见一贯比较一致，那么这个人就容易产生从众行为。从个人因素来看，如果一个人的智力较差，情绪不稳定，缺少自信心，在群体中经常要依赖人，比较容易产生从众行为。

心理学家对从众现象也进行了分析，指出从众现象的表现行为和内心反应并不一定是一致的，大致有四种：①内心顺从，表面也顺从，即“心服口服”；②内心顺从，表面不顺从，即“心服口不服”；③表面顺从，内心不顺从，即“口服心不服”；④内心和表面都不顺从，即“心口皆不服”。

3. 群体规范

群体规范是指群体所确定的、对其成员起约束作用的行为准则。群体规范是使群体成员不断强化行之有效的行为而确立起来的，它可以来自领导的明确要求、来自历史上的关键事件、来自群体内部的行为模式，甚至来自新成员带来的期望等。群体规范的存在能为群体达到四种截然不同的目的，其中的每一种都有助于确保群体成员之间采取积极、一致的行为。

①群体规范具有表现群体核心的、最重要价值的作用。群体成员可以借此来指导自己的行动，并指导自己与群体外部人群的关系。

②群体规范有助于群体持续平稳运行，方式是通过建立共同的基础以使群体成员的行为变得更加可以预测。这就节省了相当数量的认知评论以及对社会接受性的检测，并且有助于简化群体的工作方式，使其工作更有效率。

③群体规范有助于一个群体界定哪些是成员间的适当行为。这有助于避免人与人之间关系变得尴尬或难堪。通过这种途径，该群体就可以避免或对抗可能威胁、破坏整个群体合作的事情发生。

④群体规范可以帮助一个群体自下而上地生存下去，方式是通过帮助该群体保持鲜明的特征，并在群体受到威胁时拒绝其成员所表现出来的任何越轨行为。

通过保护自己的特性,群体成员对自己的作用以及群体本身的作用会更加自信。

4. 群体凝聚力

群体凝聚力是指使成员维持在群体内的合力,通常表现为成员对群体的向心力。这种向心力也可以说成是群体对成员的吸引力,即群体成员与整个群体的吸引力和群体成员之间的吸引力。这种吸引力达到一定程度,而且群体成员资格具有一定价值时,可以将其看成一个具有高度凝聚力的群体。图 2-14 表示出了影响群体凝聚力的各种因素。

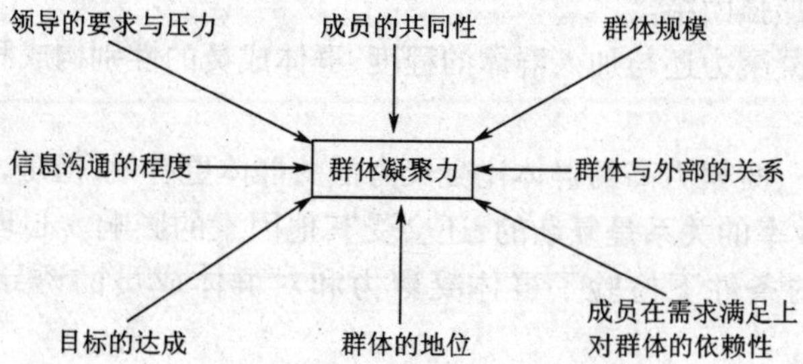

图 2-14　影响群体凝聚力的因素

(1)成员的共同性

群体成员若是具有相同的背景、共同的爱好和兴趣、共同的利益等,凝聚力就大。其中,共同利益和共同目标是最为关键的因素,一个好的群体需要有一致的明确目标与利害关系。

(2)群体规模的大小

群体之所以能存在的必要条件之一是群体成员要互相交往和互相作用。群体规模小,则彼此作用与交往的机会多,容易凝聚。因此,在通常情况下,群体的大小与凝聚力成反比。

(3)群体与外部的关系

一个与外界相对比较隔离的群体,它的凝聚力较好。其次,群体存在外部压力时其凝聚力增强,因为外来的威胁会增强群体成员间相互合作的需要。

(4)成员对群体的依赖

个人参加一个群体是因为他觉得群体是一个有助于满足其经济和社会心理需要的群体。一个群体对个体需求的满足程度越高,对个体的吸引力越大。

(5)群体的地位

在一个组织中各个群体往往可排列出等级地位。一般来说,群体在诸群体间所处的等级地位越高,其凝聚性越强。

(6)目标的达成

达成群体目标的情况会对其成员产生影响。成功地达成目标与凝聚力是相互关联的,达成目标会增强凝聚力,而有高凝聚力的群体又是达成目标的重要条件。

但当群体的目标与组织的目标不一致时，凝聚力多半会产生有害的作用。

(7)信息的沟通

一个凝聚力高的群体，信息一定互相畅通。在一个噪声很大的工厂，一个肃静沉闷的办公室，或一条长装配线上的工人，由于信息不沟通，群体的凝聚力不会很好。

(8)领导的要求与压力

领导对群体的凝聚力也有重要的影响。当领导强制群体成员遵守组织规定时，群体成员会加强团结。

另外，群体凝聚力还与加入群体的程度、群体成员的性别构成和从前的成功经验等方面有关。

一般情况下，凝聚力高的群体比凝聚力低的群体更有效，但是，研究表明，群体凝聚力与生产效率的关系是复杂的，还会受其他因素的影响。心理学家沙赫特等人在严格控制的条件下检验了群体凝聚力和对群体成员的诱导对于生产率的影响。

这个实验和其他一些研究都证明，群体凝聚力越高其成员就越遵循群体的规范和目标，群体规范也是决定群体凝聚力与生产率关系的重要因素。

二、群体决策

1. 个体决策与群体决策

个体决策具有职责清晰、快速、坚持始终如一的价值观等优点。

群体通过集思广益，能够提供更加丰富的信息和知识；群体能够给决策过程带来一致性，增加观点的多样性，提供更多的方法和选择。事实证明，群体决策几乎总是能使卓越的个体决策者表现得更为卓尔不凡，群体也因此制定出更高水准的决策。群体能增加对决策的认可程度，那些参与群体决策的成员更愿意热情地支持决策，并且鼓励别人也接受它。

选择个体决策还是群体决策要视情形而定。相比之下，当决策不是那么重要或并不需要下属对决策成功不遗余力时，决策最好由个人制定。同样，当上级掌握了足够的信息，或者即使不咨询下属，下属也会对最终结果尽心尽力时，个体作出决策将是最佳的选择。反之，则最好选择群体决策。

一般来说，是采用群体决策还是个体决策，关键问题是看效率与效果孰轻孰重，就效果而言，群体决策能够提供更多选择，更富有创造性、更准确并且更有质量，因为群体决策更加出色。但是，个体决策比群体决策更有效率。由于群体决策需要花费大量的时间和资源才能作出最终决策，其效率自然也就降低了。

2. 群体思维与群体转移

(1)群体思维

群体思维是指群体寻求一致性的规范，使群体无力采取行动来客观地评估备选方案，由于群体压力的作用，致使少数人的和不受欢迎的观点难以充分表达出来，群体思维主要有四个特征。

①群体成员对于任何反对他们所提假设的意见都视为不合理。

②群体成员对那些不时质疑群体共同观点的人施加压力，使其支持大多数人的观点。

③那些持有怀疑或不同看法的人，往往通过保持沉默甚至降低自己看法的重要性，来尽力避免与群体观点的不一致。

④群体往往将成员的沉默解释为对大多数观点的支持。

以上这些特征将导致在进行群体决策时存在很多局限性，这些局限性包括：对问题的评估不完整；信息搜集不充分，处理信息存在选择上的偏见；观点的发展有局限，对观点的评估不完整，没有正确评估所持观点的风险以及没有重新正确评价被否决的观点等。

但是并不是所有的群体在群体思维面前都是一样的脆弱。有五个因素对群体思维的出现与否有一定的影响，这些因素分别为：群体凝聚力、领导者行为、群体自身与外界的隔离、时间压力和是否遵守系统的决策流程。管理者在领导一个群体进行决策时，如果想尽量减轻群体思维的影响，就应该充分注意这些因素。首先，强凝聚力群体比松散的群体进行的辩论更多，并且产生更多的信息，但是凝聚力提倡意见一致，因此管理者们在与一个凝聚力性群体共事时，应当提高警惕。第二，管理者应努力追求一种开放型的领导风格，这包括鼓励成员积极参与，避免在会议刚开始时阐述某人观点，鼓励所有成员发表各自观点并且强调最终作出好决策的重要性。第三，管理者们应避免群体与外界信息隔绝，因为隔离的群体易失去客观性，鼠目寸光。第四，管理者不要过于看重时间限制。当群体制定决策时，如果群体成员感到时间压力难以忍受，他们将投机取巧必然导致错误或者肤浅的共识。最后，管理者应该鼓励使用系统的决策流程。遵从理性化的决策过程，促进建设性批评意见的形成，全面分析所有可能的最终决策。

（2）群体转移

事实证明，在比较群体决策和群体内部成员个人决策时，两者之间存在差异。在有些情况下，群体决策比个体决策更保守。更多情况下，群体决策倾向于冒险。

群体转移是指群体讨论会使群体成员的观点朝着更极端的方向转移，这个方向是在讨论之前他们就已经偏离的方向，保守的会更保守，激进的会更冒险，群体讨论会进一步夸大群体的最初观点。

事实上，群体转移可以看作是群体思维的一种特殊形式，群体的决策反映了群体讨论过程中形成的占主导地位的决策规范。群体决策时变得更保守，还是更冒险，决定于群体讨论前占主导地位的群体规范。对于为什么会出现冒险转移现象，人们有多种解释，最有道理的一种说法是，群体使责任分散化。群体决策时的任何一个人不用单独承担最后的决策后果。因为即使决策失误，也没有一个成员能够承担全部责任，因此群体决策会更冒险。

总之，群体决策容易夸大每个群体成员最初的观点，朝着更冒险的方向转移。群体决策究竟转移到更保守还是更冒险，决定于讨论前群体成员的倾向。

3. 群体决策的技术

群体决策的最常见形式是发生在面对面的互动群体中。但互动群体会对成员个人形成压力，迫使他们达成从众的意见。头脑风暴法、德尔菲法、名义群体法和电子会议法是一些能够减少传统互动群体的固有问题而达到有效决策的方法。

(1)头脑风暴法(Brain Storming)

头脑风暴法的含义是克服互动群体产生阻碍创造性方案形成的从众压力。其方法是：利用一种观念的形成过程，鼓励群体成员畅所欲言，不允许别人对这些观点加以评论。

在典型的头脑风暴法讨论中，6～12 人围坐在一张桌子旁，群体领导清楚明了地把问题解释清楚，让每个人都了解。然后，在既定的时间内，大家畅所欲言，尽可能地想出各种各样解决问题的方案。在这段时间里，任何人都不得对发言者加以评论。所有的观点都记录在案，直到最后允许成员来分析这些建议和方案。

(2)德尔菲法(Delphi Method)

这是一种集中各方面专家的意见预测未来事件的方法，最初是由美国兰德公司和道格拉斯公司共同提出的。这种方法的程序如下。

①就预测内容写成若干条含义明确的问题，规定统一的评估方法。

②根据情况，选择有关方面的专家数十人，将上述问题邮寄给他们，征求他们的意见。各专家互相之间不沟通，对专家的姓名要保密，避免因专家意见彼此不同而产生消极影响。

③将专家的意见收集起来，对每一问题进行统计处理，找出答案中的中位数和分布情况。

④将统计结果再反馈给专家，每个专家根据统计结果、考虑其他专家的意见，对自己的建议进行修改，但全部过程都需要保密。

⑤将修改过的意见再寄给专家。这样经过几次反复，就会取得比较一致的意见。

由此可见，德尔菲法也可称之为有控制的反馈法。采用这种方法要求征求意见的问题明确具体，问题不可过多，如实反映专家的意见，问题不能带有编拟者的主观倾向性。这种方法的好处在于：一方面被调查者彼此不见面，不了解真实姓名，避免产生相互之间的消极影响；另一方面，经过几次反馈，意见比较集中，便于决策者下决心。

(3)名义群体法(Nominal Group Technique)

名义群体法是指在决策过程中对群体成员的讨论或人际沟通加以限制。像传统会议召开一样，群体成员都出席，但群体成员首先进行个体决策。具体方法是在问题提出之后采取以下几个步骤。

①群体成员聚在一起，但在进行讨论之前，每个群体成员写下自己对于解决这个问题的看法和观点。

②经过一个阶段的沉默后，每个群体成员都要向群体中其他人阐明自己的一种观点，依次进行，每次表达一种观点，直到所表达的观点都被记录下来，通常使用记录纸或记录板。在所有的观点都记录下来后，再进行讨论。

③接着群体开始讨论每个成员的观点，并进一步澄清和评价这些观点。

④然后每个成员独自安静地对这些观点进行排序。最终决策结果是选择排序最靠前、最集中的那个观点。

名义群体法的主要优点在于允许成员正式地聚集在一起，但是又不像互动群体那样限制个体的思维。

(4)电子会议法(Electronic Meeting)

最新的一种群体决策方法是名义群体法与复杂的计算机技术的结合，我们称之为电子会议法。

只要技术条件具备，这个概念就非常简单了。50人左右围坐在马蹄形的桌子旁，每人前面除了一台计算机终端以外，一无所有。问题通过大屏幕呈现给参与者，要求他们把自己的意见输入计算机终端即可。个人的意见和投票都通过计算机交流，并显示在会议室的投影屏幕上。

电子会议的主要优势是：匿名、可靠、迅速。与会者可以采取匿名的形式，把自己想表达的任何想法表达出来，参与者一旦把自己的想法输入键盘，所有的人都可以看到，与会者可以坦率地表现自己的真实态度，而不用担心受到惩罚。而且这种方法决策迅速，因为没有闲聊，讨论不会离开主题，大家在同一时间可以互不妨碍地相互交谈，而不会打扰别人。

三、沟通

1. 沟通的定义

人际间的冲突最经常的起因可能是沟通不足，某种意义上说，抑制一个群体取得成功绩效的主要因素之一就是缺乏有效的沟通。沟通是指通过人与人之间意义的传递，交流信息和观点，并使传递的意义得到理解。沟通包括两个方面：意义的传递与理解。

2. 沟通的功能

在群体或组织中，沟通主要有四项功能：控制、激励、情绪表达和信息传递。这四种功能无主次之分。要使群体运行良好，就需要在一定程度上控制员工、激励员工、提供情绪表达的手段，并作出决策。可以认为在群体或组织中的每一次沟通都可以实现这四项功能的一种或几种。

3. **沟通的过程模型**

沟通发生之前,必须有一个传递的目的。它在信息源(发送者)与接收者之间传递。信息首先被编码(转化为信号形式),然后通过媒介物(通道)传递至接收者,由接收者将收到的信号转译过来(解码)。这样信息的含意就从一个人那里传到另一个人那里。

图 2-15 描述了沟通过程,这一模型包括了七个部分:沟通信息源、编码、信息、通道、解码、接收者、反馈。

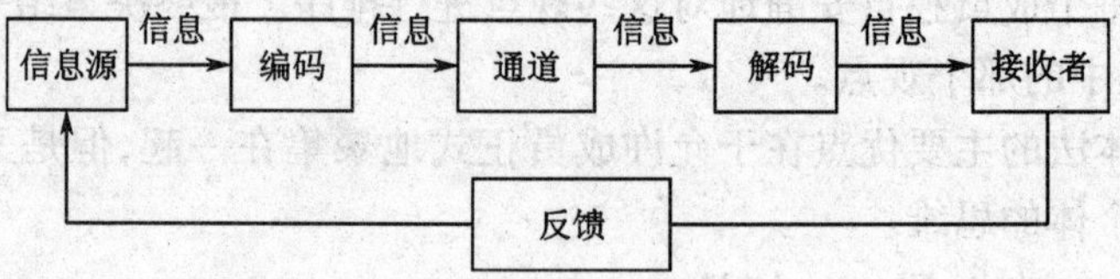

图 2-15　沟通过程模型

信息源把头脑中的想法进行编码而生成信息。信息实际上是经过信息源编码后的实体产品。当我们说话的时候,说出的话就是信息;当我们写的时候,写的内容就是信息;做手势的时候,手臂动作、面部表情就是信息。通道是指传递信息的媒介物,它决定于信息源。信息源必须确定何种通道是正式的,何种通道是非正式的。正式通道由组织建立,它传递那些与工作相关的活动信息,并遵循组织中的既定网络。另一种信息形式,如个人和社会的信息,在组织中通过非正式渠道传递。接收者是信息指向的客体,但在信息被接收之前,接收者必须先将通道中加载的信息翻译成他能理解的形式,就是对信息进行解码。沟通过程最后一环是反馈,反馈传送是否成功以及传送的信息是否符合本意,并进行核实,它可确定信息是否被接收者有效地理解。

4. **沟通的基本原理**

(1)沟通方向

沟通的方向可以是垂直的,也可以是水平的。垂直维度还可以进一步划分为自上而下和自下而上两种。

1)自上而下的沟通

在群体或组织中,从一个较高层次向另一个较低层次进行的沟通称为自上而下的沟通。群体的领导者和管理者给下属指定目标、介绍工作、告知政策与程序背后的逻辑依据、指出需要注意的问题、提供工作绩效的反馈,这些都是自上而下的沟通。

2)自下而上的沟通

自下而上的沟通是在群体或组织中从较低层次向较高层次的沟通。员工利用它向上级(管理层)提供反馈,汇报工作进度,并告知当前存在的问题。在组织中自下而上沟通的例子有:下级准备工作绩效报告供上级审阅,意见箱,员工态度调查，申诉程序，主管与部属之间的讨论，非正式的建议座谈会。

3）水平沟通

水平沟通是发生在同一工作群体的员工之间、同一等级的工作群体成员之间、同一等级的管理者之间以及任何等级相同的人员之间的沟通。水平沟通在节省时间和促进合作方面是十分必要的。

（2）常见的沟通方式

群体中的成员传递信息的基本方式有三种：口头方式、书面方式和非语言方式。

1）口头方式

信息传递的主要方式之一是口头沟通，发言、正式的一对一讨论或群体讨论，非正式的会议和小道消息，都是口头沟通的常见形式。

口头沟通的优点是快捷和反馈及时，语言信息的发出和反馈几乎同时发生。如果接收者存在疑问，发出者能及时接到反馈并迅速予以更正。

口头沟通的主要缺点：信息传递经过的人越多，被曲解的可能性越大。每个人都按自己的方式理解并解释传送信息，当信息的最终接收者收到时，信息的内容与它的本意已大相径庭了。在一个组织中，当信息通过组织各层逐级传达时，信息非常容易被曲解。

2）书面方式

书面的沟通方式包括备忘录、电子邮件、传真、组织的刊物、张贴于布告板上的通知或者其他通过文字或符号传达意思的工具。选择文字作为沟通的工具主要是因为它具体而直观，而且能被永久保存，一旦有疑问，非常便于查询。这些特点对冗长而复杂的信息尤其重要。书面沟通最重要的优点在于沟通的过程本身。与口头沟通相比，书面沟通在用词的选择上通常更谨慎；在用文字方式传达信息时，还必须更深入全面地思考要传达的内容，因而，书面沟通更全面，更有逻辑，也更清晰。

当然，文字信息也有缺点，一是需要时间，二是缺乏及时的反馈。口头沟通时，信息接收者能及时对他的想法进行反应。书面沟通却不同，它没有内在的反应机制，其结果是既不能保证信息已被接收，更不能保证接收者能正确理解信息。而语言沟通者仅要求接收者对他收到的信息进行一下总结并反馈，就能确认信息是否被接收并理解。

3）非语言方式

许多有意义的信息并不通过语言文字的方式传递，我们称之为非语言沟通。每次我们传送口头信息给某人时，也传送一个非语言信息。在一些场合中，非语言信息可以单独存在。非语言信息包括身体动作、语言的声调和强弱、面部表情以及信息发送者和接收者之间的身体距离。

身体的每一个动作都有一种意思，没有一种动作是偶然发生的，一个身体动作本身并没有一个精确或通用的意思，但当它与语言联系在一起时，就能很好地将信息发送者的意思完整地传递。

个体之间的距离也有表达含义。人们认为适当的空间距离很大程度上取决于文化标准。在一些欧洲国家被认为是正常的商业交往距离，在北美被认为是表示亲密。

(3)沟通网络

沟通网络指的是信息流动的通道。

1)正式沟通网络

在正式的沟通中，信息的流动总是要经过某些人和机构传递，这就形成了由各种通道构成的网络。这里以美国心理学家莱维特的实验为例列举五种正式沟通的网络。

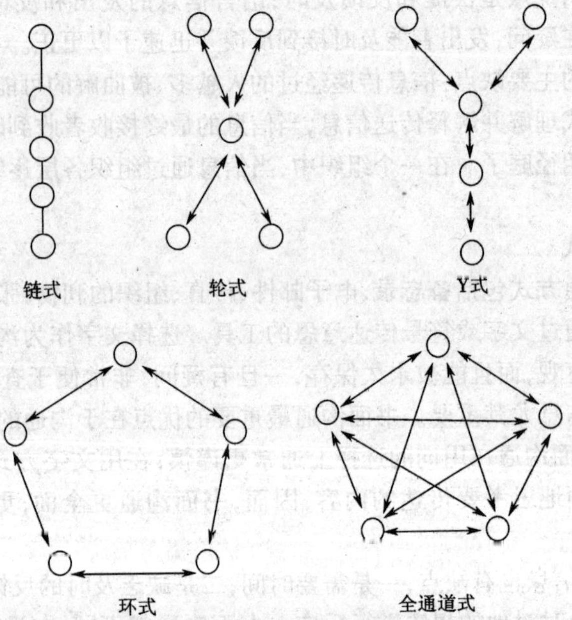

图 2-16　五种正式沟通的网络

链式严格遵循正式的命令系统，轮式把领导者作为所有群体沟通的核心，全通道式允许所有的群体成员相互间进行积极地沟通。

每一种网络的有效性决定于群体所关注的目标。比如，关注速度时，轮式和全通道式是最有效的；关注精确度时，选择轮式或链式；轮式结构有利于领导者的出现；如果注重的是成员的满意度，则全通道结构最佳，轮式结构最差。最后的结论是，没有一种沟通网络在所有的情况下都是最好的。

2)非正式沟通网络

在群体内部和群体之间，正式沟通并不是唯一的沟通系统。非正式沟通的渠道有以下四种方式。

①单线式:即消息由一连串的人传到最终的接收者。

②流言式:即消息由一个人主动传播给其他一些人。

③偶然或机遇式:指消息由一个偶然机会传递给他人,他人又随机传播给其他人,无一定路线。

④集束式:即消息被有选择地传播给朋友或有关的人,他人接收后也如法炮制。这种方式最为普遍。

(4)有效沟通的障碍

1)过滤

过滤指发送者有意操纵信息,以使信息显得对接收者更为有利。比如,一名管理者告诉上级的信息是上级想听到的东西,管理者就是在过滤信息。过滤的主要决定因素是组织结构中的层次数目。组织垂直的层次越多,过滤的机会也就越多。

2)选择性知觉

在沟通过程中某接收者会根据自己的需要、动机、经验、背景及其个人特点,有选择地去看或听信息。解码的时候,接收者还会把自己的兴趣和期望带入信息之中。这就是选择性知觉。

3)性别差异

男人和女人出于不同的原因使用口头沟通。因此性别是男女之间有效沟通的障碍。研究表明,男人用谈话强调状态,而女人用谈话建立联系。也就是说,男人听和说是一种状态和独立,女人听和说表示一种亲密和联系。因此,对于许多男人来说,谈话主要是在等级社会保持独立和地位的一种方法;对女人而言,谈话是获得支持和肯定的一种谈判方式。

4)情绪

在接收信息时,接收者的感觉也会影响到他对信息的解释。不同的情绪感受会使个体对同一信息的解释截然不同。极端的情绪体验,如狂喜或悲痛,都可能阻碍有效的沟通。这种状况常常使我们无法进行客观而理性的思维活动,而代之以情绪化的判断。

5)语言

同样的词汇对不同的人来说含义是不一样的。年龄、教育和文化背景是三个最主要的因素,它们影响着一个人的语言风格以及他对特定词汇的界定。在大型组织中,成员分布的地域十分广泛(有些人甚至在不同国家工作),而每个地区的员工都是用该地特有的术语或习惯用语。同样的语言,对不同的管理层有着不同的含义。群体中的每个人可能说同一种语言,但在语言的使用上却并不一致。如果我们每个人能知道如何修饰语言,将会极大地减少沟通障碍。问题在于,组织中的成员常常不知道他所接触的其他人与自己的语言风格不同,发送者认为自己使用的词汇或术语与接收者使用的相同。这就是障碍产生的根本。

6)非语言暗示

非语言暗示是人们传递信息时的重要方法。非语言暗示总是伴随着语言沟通,只要两者是一致的就会彼此增强效果,接收者不存在理解上的障碍。然而当非语言暗示与语言信息不一致,信息接收者就会困惑不解,沟通障碍由此产生。

四、冲突

1. 冲突概述

冲突作为一种广泛的社会现象,存在于人类社会活动的各个层面、各个领域和所有的行为主体之中,并以各种形式存在。在组织中冲突是不可避免的一种现象。

冲突是指行为主体之间由于目的、手段分歧而导致的行为对立状态。可以从三个方面来理解:冲突是特殊的关系行为;冲突的行为主体可以是个体、群体或组织;冲突是分歧的表面化,即分歧外化为行为。

冲突有其自身的特性,主要有以下方面。

(1)客观性

客观性指冲突是客观存在的、不可避免的社会现象,不以人们的意志为转移的社会心理现象,并且是组织的本质之一。任何组织只有冲突程度和性质的区别,而不可能不存在冲突。

(2)二重性

二重性指冲突会对组织产生破坏性的影响,也有可能因为冲突的发生而使组织保持旺盛的生命力,善于自我批评和不断创新,即冲突可分为"破坏性冲突"和"建设性冲突"。因此,组织既要限制破坏性冲突,也要促进建设性冲突。

(3)程度性

程度性是指冲突具有程度高低的差异,与达成组织目标的功效和能力存在着对应的关系。冲突程度过高或过低都会阻碍组织的工作绩效。当冲突达到最佳程度时可以激发创造力,培养创新的萌芽,使组织保持旺盛的生命力。

2. 冲突的过程

冲突是一个动态的过程。根据美国行为学家 Louis R. Pondy 提出的"五阶段模式",认为冲突的发展经历了五个阶段。冲突的产生是一个逐步产生、发展和变化的互动过程。

阶段Ⅰ:潜在冲突期

冲突过程的开始存在一些潜在的对立或不和谐因素,使冲突处于潜伏状态,这些因素并不一定会导致冲突,但它们是冲突产生的前提条件。一旦这些条件积累到一定程度,冲突就会出现。

阶段Ⅱ:认知冲突期

在此阶段,冲突主体将意识到客观存在的双方对立或不一致,从而产生相应的知觉。冲突主体体验到紧张、焦虑、挫折,冲突问题与矛盾变得明朗,潜在的冲突向显在的冲突转化。

阶段Ⅲ：行为意向期

在这阶段，冲突各方在认知的基础上，依据自己对冲突的判断和分析，开始酝酿和确定自己在处理冲突中的行为策略。

阶段Ⅳ：冲突行为期

进入此阶段后，行为意向转化为明显可见的实际行动，潜在的冲突变成明显可见的公开冲突。此时的冲突往往带有刺激性、对立性和互动性，是人们通常最易认识、感受和强调的冲突状态。

阶段Ⅴ：冲突结果

经过一系列的发展、变化后，冲突产生一定的结果，可能是功能正常的结果，即冲突提高了群体的工作绩效；也可能是功能失调的结果，即冲突降低了群体的工作绩效。同时冲突的最后结果又会直接或间接地影响冲突主体，并反馈形成新冲突的前提条件，产生新一轮的"潜在冲突"。

3. 冲突的影响

（1）建设性冲突对组织产生积极的影响

①在某种情况下，消除组织中的分裂因素，使组织中存在的问题明朗化，使组织成员取得更加一致的意见，组织内重新形成团结的气氛，有利于组织内部"气氛清新"。

②冲突之后，组织可能产生新的领导，因为在冲突的压力之下，发现原来的领导者不合适。这可能使组织面貌发生有益的变化。

③冲突的结果，可能使人们发现组织内目标和制度的不合适，从而旧的目标和制度可能会被修改，提高组织绩效。

④冲突可以促进创新。由于不同意见、观点的交锋，使人们的认识深化，引发创造性的思想。

⑤冲突迫使人们表明自己的观点来支持自己的论点，促进了意见的交流。

⑥冲突能增强群体成员的归属感和群体的凝聚力。冲突使个人的意见得以表达，群体成员感觉到自己的价值和存在意义，从而产生更强烈的群体归属感，群体的凝聚力也会增强。

（2）破坏性冲突对组织产生消极的影响

①冲突会导致人们消极的情绪状态和心理压力，影响身心健康。

②剧烈的冲突常常造成组织资源的错误分配，给组织的整体效果带来损失。

③当争执者的立场走向极端时，组织系统不能处于正常状态，人与人之间的沟通和协调不能正常进行，往往作出不正确的决定。

④曲解了组织目标，给组织造成损失。

4. 冲突的处理策略

冲突贯穿于组织过程中，人们从各种各样的冲突中得到学习和成长。为了有效地解决组织中的人际关系冲突，托马斯提出了一种两维模式，用于分析冲突的可能解决方案和结果。

(1)竞争策略

依据这种策略，双方都会坚持自己的观点，为满足自身的利益而无视他人的利益，行动的出发点只为坚持自己的利益，迫使对方放弃。这种策略很难使对方心悦诚服，但在某些场合是适合采取竞争策略的，如在应付危机或双方实力相差很大时往往有效。

(2) 回避策略

冲突各方采取中立的态度，既不合作又不坚持，将自己置身于冲突之外，不关心事态的发展，回避紧张和挫折的局面。当冲突双方的关联性低时，回避可以避免冲突，减少消极后果；但当双方关联性高时，回避会影响工作目标的实现，降低绩效。

(3)迁就策略

当事人一方愿意牺牲自己的利益而满足他人的要求。实行迁就策略者，要么是为了从长远角度出发获取对方的合作，要么是不得已屈从于对方的势力和意愿。迁就的方式容易被人视为软弱、谦卑，但在某些场合下是有效的。如情感冲突中，迁就能改善双方关系等。

(4)折衷策略

冲突双方都作出让步，寻求一种权宜的可被接受的解决方法。通过一系列的谈判、让步、讨价还价来部分满足双方要求和利益的冲突管理策略。

(5)合作策略

此种策略是对自己和他人的利益都给予高度关注，在高度的合作精神和坚持的情况下采取的策略。它以最大限度的扩大合作利益为出发点，代表了冲突解决的双赢局面。

第三节　企业领导行为

领导行为与个体行为、群体行为和组织行为都有密切的关系。人们通常认为一个企业绩效的高低，很大程度上取决于其领导的优劣。由于领导者对其下属的行为、态度和绩效影响很大，所以领导问题一直是组织行为学研究的重点之一。

一、领导

1. 领导与领导者

领导是指引和影响个人或组织，在一定条件下实现某种目标的行动过程。这个定义突出了领导的几个重要之处：领导是在“指引”和“影响”的概念上衍生的；领导是与某种目标的实现相联系的；领导是一个行动过程，通常这一过程会达到某种结果,这结果既有侧重工作的成分(如生产率、质量等组织绩效),又有侧重个人的成分(个人的工作满意度、出勤率等)。

致力于实现领导过程的人就是领导者。应该区别领导者与管理者。我们把组织中具有法定的领导地位和影响的个人称为领导者,而把领导者和所有从事管理工作的职能人员称为管理者。由此可见,管理者的范围大大超过了领导者的范围。

2. 领导与权力

权力是指个体或群体A对个体或群体B施加影响,并使B按照A的意愿行事的能力。领导与权力的区别首先在于目标的相容性不同,权力不要求构成权力关系的双方目标一致,而领导则需要领导者和被领导者双方的目标具有高度的一致性;其次影响的方向不同,领导侧重于自上而下对下属施加影响,尽量减少横向的和向上的影响,权力则不然;最后研究重点不同,领导研究的是领导方式,而权力则主要关注赢得服从的权属方面。

二、分析领导过程的参照框架性模型

领导过程的参照框架性模型如图2-17所示。其中方框A是指领导者的个人特征,如个性、技能、风格等,是用客观立场与方法评测而得到的真正特征。方框B与C则分别为被领导者(下级)的真正特征(需要、动机、个性、经验、能力等)和工作情境的真正特征(工作、群体、组织等)。领导者表现出的领导行为并不直接决定于A、B、C三种要素的真正特征,而决定于领导者对这三种要素特征的主观感知

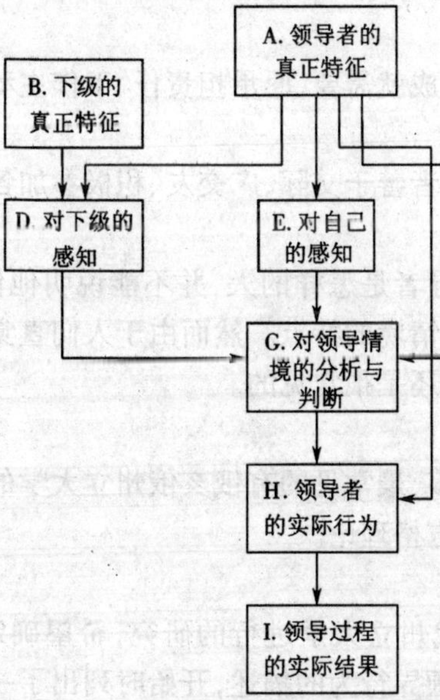

图2-17　领导过程的参照框架模型

(分别由方框D、E、F代表,这是那些真正的实际特征与领导人自己的个性、喜恶、偏见等共同作用的产物)以及在此基础上经过分析后所获得的主观判断(方框G)。从这种判断出发而表现出的领导行为(方框H)便导致了实际的领导结果(方框G)。从这种判断出发而表现出的领导行为(方框H)便导致了实际的领导结果(方框I)。此结果从下级个人来看,即他们的满意感和绩效;从组织来看便是整个组织的工作绩效。

此模型表明了领导过程的综合性与应变性,也证实了组织行为学奠基者之--勒温(K. Lewin)著名的"领导效能函数"的正确性。该函数表达式为

领导效能 $=f($领导者、被领导者及环境的特征$)$

有了这个模型,我们便能清晰地认识有关领导问题的各理论的特点。

三、领导理论

1. 特质理论

领导者需要调整自己的行为以满足不同的情境要求,具备有一定灵活性的领导风格;但是领导者具备某些先天的特性对其领导起着重要作用。这些领导特性可以归纳为六大类。

①身体型特征,如身高、体重、外貌等。

②社会背景型特征,如社会经济地位、学历等。

③智力型特征,如判断力、果断性、知识广博精深、口才流利等。

④个体特性,如自信、机灵、见解独到、正直、情绪均衡稳定、不随波逐流、作风民主等。

⑤与工作有关的特性,如高成就需要、愿承担责任、工作主动、重视任务的完成等。

⑥社交性特征,成功的领导者善于交际、广交友、积极参加各种活动、愿与人合作等。

特质论只能说明成功的领导者是怎样的人,并不能说明他们的真正领导行为模式,因为它忽略了被领导者与情境的特点。然而由于人们直觉上对其感兴趣,按个人特性来描述领导者的做法,还是很常见的。

2. 行为理论

对领导行为方式的研究很多,最常见的有俄亥俄州立大学的研究、密歇根大学的研究以及被普遍应用的管理方格理论。

(1)俄亥俄州立大学的研究

20世纪40年代末在俄亥俄州立大学进行的研究,希望确定领导行为的独立维度。他们收集了大量下属对领导行为的描述,开始时列出了一千多个因素,而最终归纳为两大类,即结构维度和关怀维度。

1)结构维度

结构维度指的是领导者更愿意界定和建构自己与下属的角色,以达成组织目标。它包括组织、工作关系和工作目标等行为。高结构维度的领导者向小组成员分派具体工作,要求员工保持一定的绩效标准,并强调工作的最后期限。

2)关怀维度

关怀维度是指领导者尊重和关心下属的感情与看法,更愿意与之建立相互信任的工作关系。这种类型的领导表现出对下属的生活、健康、地位和满意程度十分关心。一个具有高关怀维度的领导者愿意帮助下属解决个人问题,他和蔼可亲又平易近人,一视同仁地对待每位下属。

以这些概念为基础的大量研究发现,在结构维度和关怀维度方面均高的领导者(高—高领导者)常常比其他三种类型的领导者(低结构化、低关怀维度、或二者均低)更能使下属取得高工作绩效和高满意度。但是,双高风格并非总能产生积极效果,比如,当工人从事常规任务时,高结构维度的领导行为会导致投诉率高、缺勤率高和流动率高,员工的工作满意度也很低。领导者的直接主管对其进行的绩效评估等级与高关怀维度成负相关。俄亥俄州立大学的研究表明,一般来说,"高结构—高关怀"的领导风格能产生积极的效果。但同时也有足够的特例表明这一理论还需要考虑情境因素。

(2)密歇根大学的研究

在俄亥俄州立大学研究的同一时期,密歇根大学调查研究中心也进行着相似的研究——确定领导行为特点及其与工作绩效的关系。密歇根大学的研究小组也将领导划分为两个维度,称之为员工导向和生产导向。员工导向的领导者重视人际关系,他们总会考虑到下属的需求并承认个体间的差异。相反,生产导向型的领导者更强调工作的技术或任务事项,主要关心的是群体任务的完成情况,并把群体成员视为达到目标的手段。密歇根大学研究者的结论,对员工导向的领导者十分有利。员工导向的领导者与群体提高生产率和高工作满意度成正相关;而生产导向的领导者则与群体低生产率和低工作满意度联系在一起。

(3)管理方格

布莱克和莫顿(Black & Mouton)发展了领导风格的二维观点,在"关心员工"和"关心生产"的基础上,提出了管理方格理论,他们充分概括了俄亥俄州立大学的关怀与结构维度以及密歇根大学的员工导向和生产导向维度。

管理方格图(Managerial Grid)如图 2-18 所示,它是在两个坐标轴上分别划出了 9 个等级,从而生成了 81 种不同的领导类型。但是,方格理论主要表明的并不是得到的结果,而是为达到这些结果领导者应考虑的因素。

布莱克与莫顿认为,领导者可以自由选择任何一种两维度不同组合的领导风格。他们找出了五种典型风格并分别命名以显示它们的特征。

①9.1 组合,称为"权威服从"型风格,特征是领导者通过权力与控制的运用,

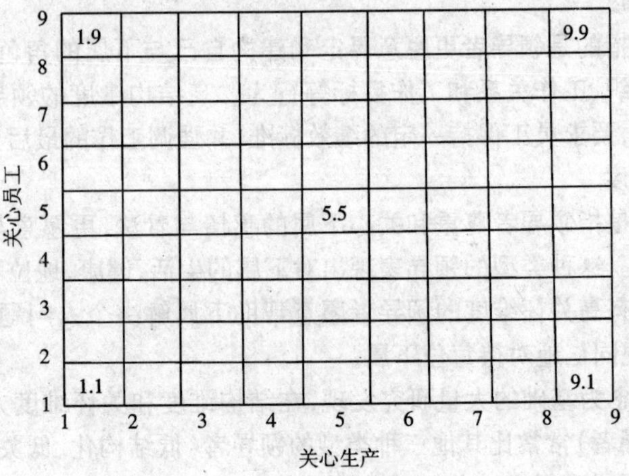

图 2-18 管理方格图

着重抓生产。

②1.9 组合,称为"乡村俱乐部"型风格,领导者着重保持与同事及下级间的良好感情而不惜使生产受损。

③1.1 组合,称为"贫乏管理"型风格,特征是领导者几乎放弃其职责,既不管生产,也不关心员工。

④5.5 组合,称为"组织人"型风格,是中庸之道。

⑤9.9 组合,称为"团队管理"型风格,特征是让群体成员广泛参与为所设目标而奋斗的活动。

管理方格理论认为既重视人、又重视生产是最有效的风格。

3. 权变理论

人们越来越清楚地认识到,为了预测领导成功而对领导现象进行的研究,远比分离出几种特质和行为更复杂,由于未能在特质和行为方面获得一致,使得人们开始重视情境的影响。

对影响领导效果的主要情境因素进行分离的研究很多。为了说明问题,人们经常使用的中间变量有:所要完成的任务类型、领导的直接管理风格、团队规范、时间要求、组织文化等。目前,有四种权变理论(Contingency Theories)获得了广泛认可。

(1)费德勒模型

第一个综合的模型是由佛莱德·费德勒提出的。费德勒的权变模型认为,有效的群体绩效决定于以下两个因素的合理匹配:与下属相互作用的领导风格以及情境对领导者的控制和影响。

费德勒相信影响领导成功的假拟因素之一,是个体的基本领导风格。因此,他首先试图发现这种基本风格是什么。为此,他设计了 LPC(Least-Preferred Coworker)

问卷。费德勒认为,LPC 分高的人表现了侧重关系的风格,LPC 分低的人则侧重任务。

1) 领导情境有利性的确定

LPC 分高和低的人分别在不同情境下较有成效,费德勒提出从下列三方面去确定情境的特征。

①上、下级关系。领导者对下属信任、喜欢和尊重的程度,这是最重要的考虑因素。

②任务的结构性。这分配给下属的任务的结构化程度。若目标明确,职责分明,有现成程序、规则可依循以完成任务,即为结构性高的任务。这是判断领导情境性质的次重要因素。

③岗位职权。领导者拥有的权利变量(如聘用、解雇、加薪的影响程度)。这是确定情境性质相对最不重要的因素。

三种情境搭配八种组合(见图 2-19),其中上下级关系好、任务结构性高而职权又大,具有最大的情境控制与影响力,属最有利的领导情境;反之,上下级关系不好、任务结构性低而职权又小,对情境控制与影响最小,属最不利的情境。

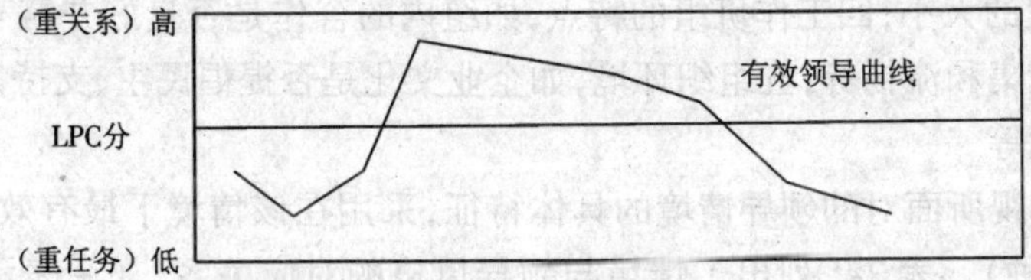

上下级关系	好				不好			
任务结构性	高		低		高		低	
岗位职权	大	小	大	小	大	小	大	小
情境	1	2	3	4	5	6	7	8

图 2-19　费德勒的应变领导观

2)风格—情境匹配的概念

费德勒发现,三种情境因素的重要性并不相同。对情境控制力影响最大的是上下级关系,它若不好,控制力降低。次重要的是任务结构性,它若也偏低,对情境的控制力将进一步削弱,控制力更恶化。职权大小最不重要,但它若偏小,与上述二重不利叠加,则控制力最小,领导起来更困难。

如图 2-19 所示,费德勒以大量的研究证明,在情境从很有利到较有利时(情境 1 至 3)或很不利时(情境 7 和 8),重任务的(LPC 分低)领导风格较有效;情境有利性中等(情境 4 至 6)时,则重关系的(LPC 分高)领导风格较有效。根据这些发现,费德勒主张设法使人们的领导风格与相应最有效的情境相匹配,使各自发挥所长,做到人尽其用。

(2)路径—目标

路径—目标理论(Path-Goal Theories)是罗伯特·豪斯提出的一种领导权变模型。这一模型从俄亥俄州立大学的领导研究成果和期望理论中吸收了重要元素。该理论的核心在于,领导者的工作是帮助下属达到他们的目标,并提供必要的指导和支持,以确保他们的个人目标与群体或组织的总体目标相一致。“路径—目标”的概念来自于这样的信念,即有效的领导者通过明确的指示实现工作目标的路径,来帮助下属,并为下属消除“旅程”中的各种路障和危险,从而使下属的工作更加顺利。

根据路径—目标理论,领导者的行为被下属接受的程度决定于下属将这种行为视为获得满足的直接源泉还是手段。

与费德勒的领导行为观点相反,豪斯认为领导者是灵活的,同一领导者可以根据不同的情境表现出不同的领导风格,应采取哪一种(或哪一些)领导风格,应考虑如下客观条件:一下级特点,主要是技术熟练程度和他们需要的基本倾向(重成就还是重情谊等);二任务性质,主要是结构性高低(目标明确否,程序有条理否等);三职权的大小;四工作班组的特点,如组内的合作是否良好并富有经验,沟通网络是否密集和流畅等;五组织环境,如企业文化是否提倡民主、支持参与,是否重视创造成就等。

领导应视所面对的领导情境的具体特征,采用在该情境下最有效的领导风格(一种或数种)。表 2-2 列出了情境与领导风格的对应关系。(+表示宜采用,-表示不宜采用)

表 2-2　不同情境下的有效管理风格

情境特征	指导型	支持型	参与型	成就型
任务				
结构型	-	+	+	+
非结构型	+	-	-	+
下级				
技术熟练	-	+	+	+
不熟练	+	-	-	+
高成就需要	-	-	-	+
高情谊需要	-	+	+	-
正式职权				
充分	-	+	+	+
有限	+	+	+	+

续表

情境特征	指导型	支持型	参与型	成就型
工作班组				
有力沟通网络	+	–	+	+
有合作经验	–	–	–	+
组织文化				
支持参与	–	–	–	+
成就激励	–	–	+	–

(3)领导生命周期理论

该理论是由科曼(A. K. Kormax)提出,后由赫塞(Paul Hersey)和布兰查德(Ken Blanchard)发展的一种流传较广的领导权变理论,该理论认为领导者的关系行为和任务行为的水平要适应跟随者的准备状态和成熟度。准备状态指完成某一具体任务的能力和意愿。四种领导方式分别和四种准备状态对应:如果下属既无能力,也无意愿完成任务,应采取指示的方式;如果下属有意愿但无能力完成任务,应采取推销的方式;如果下属有能力但无意愿完成任务,应采取参与方式;如果下属既有能力也有意愿完成任务,应采取授权的方式,如图 2-20 所示。

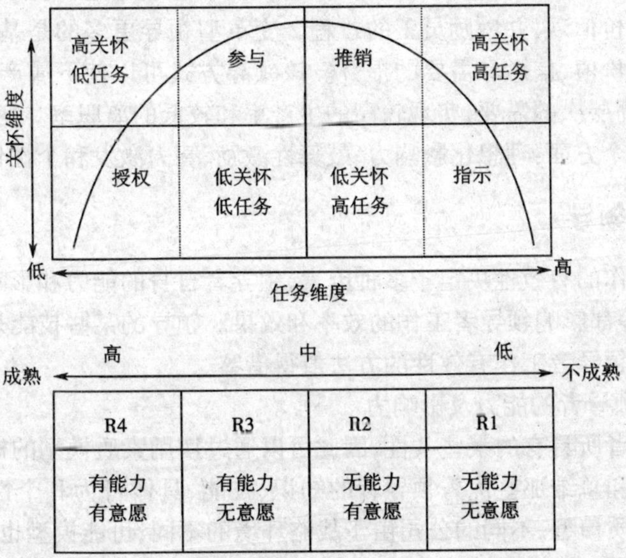

图 2-20　领导生命周期理论

随着下属由不成熟走向成熟,领导行为应按照下列程序逐步推移:高工作与低关系→高工作与高关系→低工作与高关系→低工作与低关系。

4. 领导理论新发展

随着全球化进程和跨国公司的增多,领导理论也有了新的发展。

(1)魅力型领导

马克思·韦伯认为魅力型领导具有杰出的天赋——魅力气质,使他们能够刺激下属获得出色的成就。1977 年,豪斯(Robert House)指出,魅力型领导者有三种个人特征,即高度自信、支配他人的倾向和坚定自己的信念。随后,本尼斯(W. Bennis)在研究了 90 名美国最有成就的领导者之后,发现魅力型领导者有四种共同的能力:有远见并能清晰表达、承担个人风险、对下属的需要敏感、表现出不同寻常的行为。

魅力型领导者对下属造成的实质性影响可以表现在以下三方面:首先,领导者清晰地描述一个有吸引力的愿景,将组织的现状与更美好的未来联系在一起,然后领导者向下属表达较高的绩效期望并相信下属能达到这些目标,提高下属的自尊和自信水平。其次,领导者通过语言和行动灌输一套新的价值观体系,并用自己的行为给下属树立榜样。最后,魅力型领导者表现出动情的、超乎传统的行为来表现出他们的勇气和对愿景的坚定信念。

(2)变革型领导

变革型领导是与交易型领导相对的。交易型领导是领导与下属之间的关系是以一系列的交换和隐含的契约为基础的,该理论认为下属完成特定任务就该给其奖励,过程就像领导和下属的一种交易活动。变革型领导是一种领导者向员工灌输思想和道德价值观,并激励员工的过程。变革型领导更多的是基于领导者对他们的追随者的价值、信念和需要的提升。该领导方式可以使下属产生更强的归属感,满足下属高层次的需要,实现较高的生产率和较低的离职率。变革型的领导行为一般分为四个方面:理想化影响力、鼓舞性激励、智力激发和个性化关怀。

四、有效领导

领导者工作的有效性决定于多种因素,领导者自身的能力和影响力、下属的特点、组织环境等都影响领导者工作的效率和效果。领导的某些技能是可以培训的。以下几点提高领导者工作有效性的方法值得借鉴。

(1)提高领导者的能力及影响力

由于领导者所具有的某些共性,因此可以通过使用素质模型的概念及方法,观察、分析、归纳和总结那些优秀领导者的知识、技能、具体行为和个性特点等,建立一套领导者素质模型,不同的公司由于战略环境的不同,可能模型也不同。以此为依据,培养和提高领导者高效完成工作的匹配能力,如组织协调能力、应变能力、创新能力等。同时,必须合理发挥职位权力与个人权力的作用,善于将两者综合应用,提高领导者的影响力。

(2)培养和选择有效下属

领导的效率和效果都决定于下属的活动。下属的个性、能力、经验等直接影响着领导者的有效性,因此,应根据工作的需要培养和选择有效的下属,提高领导的有效性。

(3)加强对领导者的培训

一般组织会花费很大数额的资金来培训和开发领导，培训能重点强化领导的三方面关系：与人的关系、与事的关系和与实践的关系。那么培训的主要三个方面为：培养领导者对人的洞察力；培养领导具有一种判别标准，决定哪些事情优先做，哪些事情稍后做，哪些事情不必做；培养领导者高效合理地利用时间。

第四节 企业组织行为

一、组织

组织是为完成某些特定目的对人们的系统性安排，是一种由人组成的、具有明确目的和系统性结构的实体。

组织具有以下三个特征：每个组织都有一个明确的目标，组织是适应特定目标需要形成的；组织由人组成，组织中的个体是组织形成的最根本单元；组织建立了一种系统性结构，用以规范和限制组织成员的行为。

二、组织文化与伦理

1. 组织文化的概述

组织文化是指在一定历史条件下，某一组织（包括企业、学校、医院等）在其发展过程中形成的共同价值观、精神、行为准则及其在规章制度、行为方式和物质设施中的外在表现。

组织文化的形成是 个历史过程，它是随着组织创始人的倡导、各种规定和活动的制度化以及组织成员对于其行为的共同理解等逐步形成和发展起来的。组织文化的最初源头是组织的创始人，之后经过组织对人员的识别挑选、高层人员的身体力行以及全体成员的实践传播等逐步发展成熟。组织文化对于组织的发展具有十分重要的积极意义。

(1)组织文化的积极作用

1)导向作用

组织文化使得组织中的个体目标与组织的整体目标一致，对组织个体和整体的价值取向、行为起着目标导向作用。

2)凝聚作用

发展组织成员对组织的集体认同感，使之不自觉地接受组织的共同理念和价值观，形成组织对成员的吸引力和成员对组织的向心力，通过巨大的内聚作用增强整个组织的凝聚力。

3)激励作用

建立了一种精神目标,可以形成组织成员的统一意志,产生热爱组织的荣誉感、自豪感,从而激发出巨大的工作热情。

(2)组织文化的负面作用

1)阻碍变革

组织文化是组织过去精神及价值观的积淀,当其与提高组织有效性的要求相悖时,便成为阻碍组织变革的屏障。组织总是处在一个动态的、变化的环境中,根深蒂固的组织文化会对组织的某些行为产生束缚,使组织难以适应环境的变化。

2)桎梏个性

统一的价值观和行为方式会促进组织成员个性多样化和创新能力的发展。组织文化强调的认同性与归属感在一定程度上也会导致不同背景员工的个性优势丧失。

3)影响兼并和收购

不同组织具有不同的组织文化,组织文化以其独特的稳定性和个性特征使该组织区别于其他组织。组织文化的差异性和独特性会造成两种不同的组织在兼并和收购过程中及其后整合中的矛盾,产生文化上的不认同和巨大的文化沟通压力,最终可能导致并购失败。

2. 组织文化的结构和内容

组织文化的结构包括表层文化、中介文化和观念文化。表层文化指工作场所、办公设备、建筑布局、社区及生活环境等物化的文化;中介文化包括制度文化、管理文化和生活文化(统称为社会文化);观念文化指组织的目标、宗旨、精神、道德及组织中的团体意识等的精神文化。

组织文化主要包括以下内容:组织价值观和组织哲学、组织发展目标和发展战略、组织道德、组织管理制度、组织形象、组织公共关系及组织内部人际关系、组织人才发展条件、组织文化客观载体和组织亚文化。

3. 组织文化的类型

组织文化在不同的外部环境和内部条件下,可以呈现出不同的类型。美国学者特伦斯·迪尔和阿伦·肯尼迪在《公司文化》一书中,把组织文化分为四种类型。

(1)硬汉文化

这种文化可以用"强悍"来形容,往往产生在风险高、决策结果反馈快的企业,如电影公司、广告公司等。这种企业内部充满了竞争,因为要在短期内获利,员工合作精神差,不重视长期投资,人员流动率高,很难建立坚强而一贯的企业文化。

(2)努力工作—尽情享乐文化

这是一种"行动文化"。公司成员精力充沛,拼劲十足,但工作之后尽情玩乐,工作与玩乐共重。大多数商业公司、推销公司属于此类。这种公司往往风险不大,但工作紧张,很合年轻人的胃口。这种文化在遇麻烦时会采取短期行为,缺乏长期深远的打算。

(3)长期赌注文化

这是一种风险很大、反馈很缓慢的文化,其价值观集中在对未来投资,需要人们具有坚强的自信和长期经受考验的能力。属于此类文化的大都是基础工业企业。这类文化尊重权威和专家,不能容忍心理不成熟的人和工作不认真的现象。这种文化有助于产生高质量的发明创造和重大技术突破,但行动速度缓慢,对迅速变化的环境不会作出灵敏的反应。

(4)过程文化

这是一个低风险、慢反馈的领域(包括银行、保险公司等)产生的文化。由于反馈慢,员工对自己工作效果好坏全无观念,因此会促使他们把注意力放在"如何做"上面,而不是"做什么"。在这种文化下,工作井然有序,完全照章办事,因而容易抑制人的创造性,最终产生僵化体制和官僚主义。

一般情况下,企业不会仅仅是一种文化类型。常见的是多种类型的混合,只是有所侧重而已。不同的文化类型就会有不同的习惯作风和行为方式。

4. 组织文化的传播方式与途径

(1)组织文化的传播方式

组织文化的传播方式主要有三种:一是通过不同文化主体的人相互交流与沟通进行传播;二是利用某些媒介如组织口号、宣传册等进行传播;三是在某种外界文化刺激下,进行文化创造和文化发展。

(2)组织文化的传播途径

组织文化传播可以通过以下几种途径。

1)礼仪和仪式

组织通过组织文化的外显形式——礼仪和仪式来内化企业的价值观。

2)组织神话和英雄人物

组织借助组织神话和英雄人物的感召力,来传承组织文化。

3)故事

组织利用组织内部发生的,能够体现组织的价值观、反应组织情境的经过加工的故事来完成文化的潜移默化。

4)组织内部文化网络

此种渠道是组织内部非正式信息的主要传递手段,是组织内部文化形成与传播的重要途径。

5)组织文化物质载体

使用标语、宣传册、雕塑等可将组织文化形象地表达出来,此种形式可成为组织文化的重要传播渠道。

6)语言

组织语言能够识别和解释组织文化或亚文化，通过组织语言的学习，组织成员可以更好地接受组织文化。

5. 组织文化的管理

组织文化建设的方式方法与程序是管理组织文化的重要方面。组织文化建设分为研究树立（选择价值标准）阶段、培育强化（强化员工认同）阶段、分析评价（提炼定格）阶段、确立与巩固（建立制度和领导垂范）阶段以及跟踪与反馈（丰富和发展）阶段。组织文化建设的方法主要有示范法、激励法、感染法、自我教育法、灌输法和定向导引法等。

在组织文化的管理中，要不断监测和评价外部和内部环境的变化，调整或修正企业文化；要认定已有的规范、价值观和信念，并将这些同所期望的规范、价值观和信念对比，要对其社会化进行系统的计划和实施。高级管理人员高度重视并身体力行，相关部门承担具体管理企业文化的职责。

6. 组织伦理

组织伦理是指以组织和组织成员为主体，在制度和法规之外用来调节组织与自然、社会、其他组织以及组织成员之间相互关系的行为规范的总和。它是协调组织内外关系、规范组织行为、促进组织健康发展的强有力的精神力量，是组织文化的重要组成部分。

三、组织的发展与变革

1. 组织发展

组织发展是要培养企业管理者的一种创新品质以及提高适应环境、解决问题的能力。它是一个人们之间相互作用的、以有计划的再教育手段来实现变革的动态过程。

组织发展的内容包括以人为中心的发展、以任务和技术为中心的发展以及以组织结构为中心的发展。

2. 组织变革

组织是一个开放的系统，与其所处的复杂环境不断发生动态的相互影响。不断变化的内外部环境要求组织调整和完善自身的功能和结构，以提高在复杂多变的环境中生存与发展的能力。

组织变革是指组织有目的地对组织系统进行调整和革新，采纳新思想或新的行为准则的过程，目的是提高组织对环境的适应性，取得进一步发展和增强组织的应变能力。

组织变革的动因是多方面的。斯蒂芬·罗宾斯认为，科学技术的发展、政府政策的调整、宏观经济环境的变化、劳动力性质改变、组织活动范围的扩大及社会竞争加剧等外在因素是组织变革的动因。而现代组织理论的研究表明，组织结构、目标、职能的改变,组织沟通反馈障碍,组织成员价值观的改变,组织为了求得生存继续发展,是组织进行变革的内在动因。

一般来说,组织成员对变革持支持和欢迎态度,因为作为存在于组织中的个体,他们也希望组织能够更好地适应变化的环境,提高效率,增加利润水平,同时获得自身利益的提升。但是变革必然会引起原有规章制度、管理模式等的改变,从而导致组织成员的不习惯、不适应,在心理和行为上产生抵制,形成变革的阻力。个人的心理因素、经济因素等会使得组织成员对变革产生抵制,来自组织的结构、资源限制、社会原因等影响因素也会给组织的变革带来压力。

组织变革的方法需要组织根据所处的具体环境变化,在分析组织自身的具体情况作出合适的选择。具体措施包括调整组织结构、工作再设计、技术变革、教育和培训、提供支持与激发承诺、强制等。面对复杂多变的环境,组织要有机地结合几种方法来对组织进行变革,保证变革的成功,促进组织的发展。

第三章 企业战略管理

第一节 概述

一、战略的概念

战略一词,原为军事用语,指作战的谋略。《辞海》对战略的解释是:"军事名词。对战争全局的筹划和指挥。依据敌对双方的军事、政治、经济、地理等因素,照顾战争全局的各方面,规定军事力量的准备和运用。"

随着社会的发展,战略一词逐渐被广泛地用于军事之外的领域,战略一词也有了新的含义。因此,《辞海》中对战略又有如下解释:"战略泛指重大的、带全局性或决定全局的谋划"。

在企业经营和管理中,战略是指最高管理层为求得企业长期生存和不断发展而进行的长远性、总体性筹划,它包括企业所确定的一定历史时期的经营总目标和实现这一目标的基本途径和手段。

二、企业战略的构成要素

关于战略的构成要素不同的学者有不同的见解。一般认为,企业战略包括下列四个要素。

1. 经营范围

指企业从事生产经营活动的领域,反映企业与其外部环境相互作用的程度。企业经营范围的确定,应该着重考虑与企业最密切相关的环境,根据企业所处的行业、生产的产品和市场来确定经营范围。

2. 资源配置

指企业中各种资源和技能配置的状况。资源配置是企业战略中最重要的方面。资源是企业一切生产经营活动的基础。资源贫乏或配置不合理,将限制企业的经营范围,影响企业战略目标的实现。研究发现,大多数成功的企业在针对外部环境的变化考虑采取相应的战略行动时,都要对已有的资源配置进行不同程度的调整,以支持企业总体的战略目标。

3. 竞争优势

指企业通过确定资源配置与经营范围,所形成的在市场上与其他竞争对手不同的竞争地位。竞争优势既可以来自产品和市场的定位，也可以来自企业特殊资源的运用。产品和市场的定位对于企业总体战略非常重要，资源配置对企业经营战略发挥着相当重要的作用。

4. 协作

指企业从资源配置和经营范围的决策中所能寻求到的各种共同努力的效果。协作不仅可以产生积极作用，即企业总体资源的收益大于各部分资源收益之和，也可以产生消极作用。企业可以通过评价由于联合经营而使企业成本下降的程度，或由于联合经营而使企业纯收入增加的程度，衡量协作的效果。

总之，企业战略的构成要素对企业的生产经营有重要影响。它们存在于企业各个层次的战略之中。企业战略的层次不同，构成要素相对重要的程度也不同。

三、企业战略的特点

1. 全局性

企业战略问题的核心是研究企业发展的规律，是指导整个企业一切活动的计划。虽然企业战略包括企业的局部活动，但这些局部活动是作为总体行动的有机组成部分在企业战略中出现的。因此，企业战略同时具有总体性和系统性。

2. 长远性

企业战略考虑的是企业在未来相当长一段时期内的总体发展问题。没有着眼于未来的企业战略作指导，日常的经营管理就会失去目标和方向。企业战略通常着眼于未来 3 ~5 年范围乃至更长远的目标。制定企业战略，既要总结历史经验，又要明确当前责任，更要着重未来目标。

3. 指导性

企业战略规定了企业发展的方向，企业战略的意义就在于规定了企业在一定时期内基本的发展目标，以及实现这一目标的基本途径，指导和激励着企业全体职工为实现企业战略目标而努力。因此，企业战略不仅为企业的经营管理提供了指导原则，而且还可以通过战略目标的设置，激发和调动职工为实现企业目标而努力的积极性。

4. 竞争性

企业战略是企业在激烈市场竞争中如何与对手抗衡的行动方案。在市场竞争中，企业可以实施进攻性的企业战略，也可以实施防御性的企业战略。无论采取哪种企业战略，企业都应在审时度势，全面衡量各种因素的基础上作出决策。企业战略是企业为了市场竞争、为了赢得市场竞争的胜利这一目的服务的。

5. 稳定性

企业战略一经制定，必须在一定时期内保持稳定，以发挥企业战略的指导作用。同时，由于企业所处环境是不断变化的，指导企业生产经营的战略也应该是动态的，因此，企业战略的稳定性是相对的、有弹性的。

6. **现实性**

企业战略的长远性是以现实性为基础的。制定企业战略,离不开对企业未来发展的预测,而科学的预测必须以历史的事实和现实的状况为依据。企业必须从现有的主观因素和客观条件出发,合理地制定企业战略目标。长远的企业战略必须通过现实的经营管理活动一步一步地实现。没有脚踏实地的工作,企业战略只能是纸上谈兵。

7. **创新性**

企业战略是面向未来的。企业所处的外部环境和内部环境时刻都在发生变化,要求管理者应该在充分考虑各种因素变化的基础上,为使企业能够适应内外环境因素的变化,不断适时地提出具有创新性和前瞻性的新企业战略。

四、企业战略的层次

正如目标可以有不同的层次一样,企业战略也有自己的层次。对于一个典型的现代企业来说,它的战略可以包括总体战略、经营战略和职能战略三个层次,如图 3-1 所示。

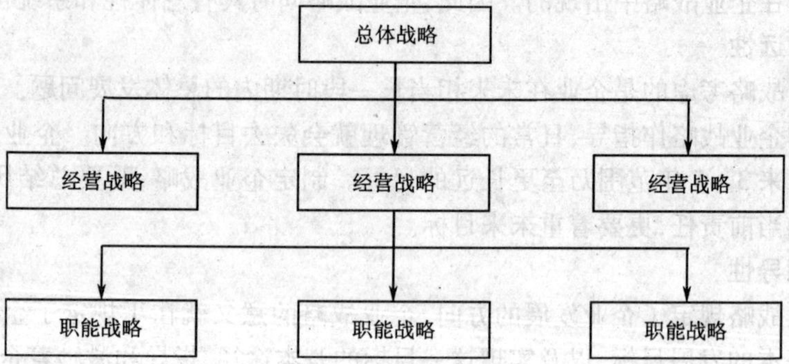

图 3-1 企业战略的层次

1. **总体战略**

总体战略是企业战略的总纲,是最高管理层指导和控制整个企业的一切行为的最高行动纲领。总体战略包括企业战略决策的一系列最基本的因素,即企业的宗旨与性质、资源配置、企业的结构与企业形式、从事的行业或业务、发展速度与发展规模、投资决策以及其他有关企业命运的重大决策。总体战略由一系列重要目标、计划和行动构成,是企业战略利益的基础。因此,总体战略应该能够最好地体现企业的精神,反映企业的需要。

2. **经营战略**

经营战略是在总体战略指导下,经营管理某一个特定经营单位的战略计划。

经营战略的重点是要改进一个经营单位在它所从事的行业中,或某一特定的细分市场中所提供的产品和服务的竞争地位。经营战略涉及企业在其所从事的行业中的竞争地位、角色以及在经营单位内资源分配的问题。在大型企业里，最高管理层经常将负责经营战略的部门视为企业内部具有高度自主权的战略经营单位。在总体目标和总体战略的范围指导下，允许各战略经营单位发展自己的经营战略，允许管理者对本部门范围内产品与服务的生产、销售、成本控制、销售利润率等不同方面有所侧重。对小型企业来说，其总体战略和经营战略一般是合二为一的。

3. 职能战略

职能战略是为贯彻、实施和支持总体战略与经营战略而在特定的职能管理领域制定的战略。职能战略的重点是提高资源的利用效率，使资源的利用效率最大化。在既定的战略条件之下，职能部门根据职能战略采取行动，集中各部门的潜能，支持和改进企业战略的实施，保证企业战略目标的实现。与总体战略或经营战略相比较，职能战略更为详细、具体。它是由一系列详细的方案和计划构成的，涉及经营管理的所有领域，包括财务、生产、销售、研究与开发、公共关系、采购、储运、人事等各个部门。职能战略是经营战略的延伸和细化，使得经营计划更为具体、充实与完善。职能战略明确地表明每一项主要的经营业务活动与整个经营战略之间的关系，因而具有重要的意义。

总之，总体战略、经营战略和职能战略一起构成了企业战略。企业战略的各个层次之间相互联系，相互配合，每一个战略层次都构成了其他战略层次的赖以发挥作用的环境。

第二节 企业战略分析

一、企业基本战略的类型

关于企业的基本战略，在波特撰写的《竞争战略》一书中，指出企业为了获取相对竞争优势，可以选择三种不同类型的基本竞争战略。由于这三种基本竞争战略具有广泛的应用基础，因而又被称为一般经营战略。

1. 低成本竞争战略

低成本竞争战略的核心是使企业的产品成本比竞争对手的产品成本低，也就是在追求产量规模经济效益的基础上降低成本。企业采用低成本竞争战略，尽管面对着强大的竞争对手，仍能在本行业中获得高于平均水平的收益。实行低成本竞争战略可以在本行业中筑起较高的进入堡垒，并使企业进入一种成本—规模的良性循环。

企业生产经营产品的价格基础是产品的成本，产品价格竞争的本质是产品成本的竞争。企业产品成本降低，有可能导致销售量扩大，从而为企业扩大生产规模，享受规模经济效益奠定基础；反过来，这一切都有利于企业成本的再次降低。

当企业处于这种成本—规模的良性循环时,企业充满了活力,企业及其职工的生产经营积极性高涨。

企业降低产品成本的渠道主要有以下两条。

①控制成本,即企业对已有的成本支出进行控制。控制成本的重点应放在占整个产品成本比重较大的成本项目上,或与标准成本(计划成本)偏差(超支)较大的成本项目上。

②采用先进设备。企业采用先进的专用设备,可以大幅度地提高劳动生产率,但是要求企业具备足够资金以及市场的支持,只有企业生产和销售的产品批量足够大,形成规模效益,才能最终降低产品的单位成本。

低成本竞争战略的关键是产品的标准化,以利于大批量生产,使企业享受规模经济效益,拥有规模优势。

2. 差异化竞争战略

差异化竞争战略是指企业通过专利技术,或凭借其他技术与管理措施,生产出在性能上、质量上优于现有标准产品的、并与其有所差别的产品;或者在销售方面,企业通过大量新颖的广告宣传和促销活动,使顾客群对本企业的产品产生与众不同的印象。企业要想生产出差异化产品,就应该认真研究市场,紧盯竞争对手,做好可行性研究,在产品设计、工艺技术、产品管理上充分发挥创新性,并勇于承担风险。

采用差异化竞争战略生产经营差异产品的企业,需要投入特殊的而不是通用的生产工艺、技术和机械设备,所以要支付比实行低成本竞争战略生产、销售标准产品(批量产品)更高的成本。

差异化竞争战略的关键是产品的独特性,虽然产品的差异化导致了生产成本的提高,但由于这类产品往往具有独特、新颖的造型以及可靠的性能和质量,仍可以引起顾客的偏爱和需求。对于企业来说,产品的差异化主要体现在产品实体的功能、售后服务,以及通过广告等市场营销手段,以商标等的差异作为产品差异的市场管理等方面。一般来说,企业应首先考虑在产品实体的功能和售后服务上形成差异,而市场管理则是形成产品差异的最后的,并且有一定风险的手段。

3. 专一化竞争战略

专一化竞争战略是指企业将经营目标集中到整个市场的某一部分,在这一部分建立起本企业生产经营的产品在成本或产品差异上的优越地位。专一化竞争战略的决策是与市场的细分紧密相关的,没有市场的细分就无所谓专一与非专一之分。所以,专一化竞争战略决策的首要工作是对企业产品的市场进行细分,找出对企业最有利的细分市场。

一般来说,市场的某一部分可以是指某一特定的顾客群,也可以是某一特定的地区市场,还可以是某一特定用途的产品。例如,日本在石油危机后推出的廉价省油的大众化小轿车很快占领了美国市场;有的企业专门为山区生产电视机、为农村生产加重自行车等。这些都是企业实施专一化竞争战略的成功例子。这可以增加客户群体,使企业在产品质量或销售方面占据优势。

二、实施企业基本战略的风险

由于信息掌握的不对称性和未来环境的不断变化,企业在选择和运用基本战略过程中,蕴含着许多不确定性和风险,主要表现在以下三个方面。

1. 来自竞争对手的风险

企业在制定竞争战略时,应该针对下列竞争对手的特点,采取各不相同的战略,或打垮,或联盟一系列竞争者中的一部分或其中之一。

(1)优势竞争者与劣势竞争者

许多企业注重于打垮当时处于劣势的竞争者。这种竞争战略需要的资源较少,时间较短。但是在打垮劣势竞争者的进程中,企业在自身能力的提高上收效甚微。企业也应该与处于优势地位的竞争者进行竞争以保持竞争状态和竞争艺术。而且,即使是处于优势的竞争者也有其弱点,企业可以借此机会逐渐成为有效和有价值的竞争者。

(2)密切竞争者和松散竞争者

许多企业不惜投入大量的资源,在本行业中与自己最紧密的竞争者展开竞争。例如美国的通用汽车公司和福特汽车公司间的竞争。企业应该避免伤害紧密的竞争者,否则,这种做法将导致处于弱势的竞争者把企业出售给更大的企业。在许多情况下,企业成功地攻击了紧密的对手,但却带来了更强大的竞争者。

(3)"好"竞争者与"坏"竞争者

波特认为每个行业都有"好"的和"坏"的竞争者。对本企业来讲,"好"竞争者 般是指遵守该行业规则,满足企业的细分市场而不用低价格和较低的差异化攻击自己企业的核心市场的竞争者;"坏"竞争者是指采用各种竞争战略,攻击自己企业的核心市场的竞争对手。"坏"竞争者的进入经常会破坏行业内已经形成的均衡。企业应该支持"好"的竞争者,攻击"坏"的竞争者。

2. 来自企业基本战略的风险

(1)低成本竞争战略的风险

在工业化社会中,低成本竞争战略是许多行业中取得成功的企业所采用的主要战略。但是低成本竞争战略在给企业带来丰厚回报的同时,也会给企业带来一些风险,主要表现在以下两方面。

①容易忽视需求的变化。把过多的注意力集中于低成本竞争战略,可能导致企业忽视市场需求特性和需求趋势的变化,忽视顾客对产品差异的兴趣,忽视客户对高价产品接受程度的提高速度,以至很可能被采用差异化竞争战略的竞争对手所击败。

②忽视技术进步的作用。企业集中大量投资于现有技术和现有机械设备,对

新技术的采用以及技术进步反应迟钝。而一旦同行业技术进步发生新的突破,就立刻会使企业过去的大量投资和在此基础上产生的高效率一下子丧失优势。

(2)差异化竞争战略的风险

差异化竞争战略随着经济的发展日益为企业所接受,但是差异化竞争战略也会给企业带来一些潜在的风险,主要表现在以下两方面。

①低价产品的挑战。当实行差异化竞争战略的企业成本与采取低成本战略的企业成本差距较大时,购买者有可能忽视产品差异因素转而重视产品价格,从而可能导致顾客对差异产品需求的减少,而对低成本产品需求增大。

②竞争对手的仿冒。企业生产的差异产品很有可能被竞争对手仿冒,导致产品优势减弱。如果企业不能连续不断地迅速推出新的差异性产品,那就无法维持产品优势和较高价格,企业经营也就面临较大困难。

(3)专一化竞争战略的风险

专一化竞争战略,经营目标集中,管理程序简明,适合于中小企业。但是企业采用专一化竞争战略同样面临着较大风险,主要体现在以下两方面。

①需求环境的变化。企业外部需求环境的变化对于专一化竞争战略来说是非常危险的,因为专一化竞争战略是将企业的全部力量都放在市场需求的某一部分,如果这一部分需求企业无法把握,就可能导致企业破产。

②行业内环境的变化。一旦有强大的竞争者进入了企业的特定细分市场,而企业无法与之竞争,就会使企业失去其细分市场。一些企业在特定地区成功的关键是依靠自己的运费优势,如果交通工具与交通设施发展起来,则很快就会使其优势丧失,从而失掉市场。这种情况对食品、家具、饮料等对运输依赖性较大的行业尤为明显。

3. 中间者的风险

如果一个企业未能根据上述三种竞争战略来制定本企业的竞争战略,即一个企业被夹在中间,那么,这个企业将处于缺少市场份额、资本投资和实施低成本战略决心的不利环境,企业将缺乏为避免追求低成本而需要的在本行业范围内的标新立异,缺少在比较有限的范围内建立起产品差异化或低成本优势的目标集聚。

属于这一类的企业的利润一般都是很低的。这些企业或者会失去要求低价格的大批量客户,或者必须为从低成本企业手中争夺生意而付出在竞争中丧失利润的代价。然而在高利润业务领域内,这些企业又无法战胜那些专攻高利润目标的或实现了全面差异化的企业。它们也可能因为模糊不清的企业文化、相互冲突的组织设置与激励系统而遇到种种麻烦,最终导致破产倒闭。

这些企业的出路在于根据本企业状况和行业特点,选择一种根本性战略决策。企业或者采取必要的步骤实现成本领先,至少使成本水平与竞争对手相当,这往往意味着企业要以积极的投资来实现现代化或者"买取"市场份额;或者使本企业实行专一化竞争战略或差异化竞争战略。这意味企业在很大程度上要收缩市场份额甚至减少企业的绝对销售额。战略方案的选取必须基于企业的能力以及限制条件。实施每一种基本竞争战略都意味着企业要投入不同的资源。一个企业适合上述三种基本竞争战略的情况是很罕见的。

三、企业战略的分析方法

企业战略的分析方法有很多,常用的有以下四种。

1. SWOT 分析法

SWOT 分析法是对企业优势(strength)、劣势(weakness)、机会(opportunity)和威胁(threats)的全面分析。SWOT 分析法是将对企业内外部环境进行综合和概括,进而分析组织的优劣势、面临的机会和威胁的一种方法。其中,优劣势分析主要是着眼于企业自身的实力及其与竞争对手的比较,而机会和威胁分析将注意力放在外部环境的变化及对企业的可能影响上;但是,外部环境的同一变化给具有不同资源和能力的企业带来的机会与威胁却可能完全不同,因此,两者之间又有紧密的联系。

(1)优势与劣势分析

竞争优势是指一个企业超越其竞争对手的能力,这种能力有助于实现企业的主要目标——赢利。但是,竞争优势并不一定完全体现在较高的赢利率上,因为有时企业更希望增加市场份额,或者多奖励管理人员或雇员。竞争优势可以指消费者眼中一个企业或它的产品有别于其竞争对手的任何优越的东西,它可以是产品线的宽度、产品的大小、质量、可靠性、适用性、风格和形象以及服务的及时、态度的热情等。

由于企业是一个整体,并且竞争优势的来源具有广泛性,所以,在做优劣势分析时必须从每个环节上,将企业与竞争对手做详细的对比。如果一个企业在某一方面或几个方面的优势正是该行业企业应具备的关键成功要素,那么,该企业的综合竞争优势也许就强一些。衡量一个企业及其产品是否具有竞争优势,只能站在现有潜在用户角度上,而不是站在企业的角度上。

企业在维持竞争优势的过程中,必须深刻认识自身的资源和能力,采取适当的措施。因为一个企业一旦在某一方面具有了竞争优势,势必会吸引到竞争对手的注意。一般地说,企业经过一段时期的努力,建立起某种竞争优势,然后就处于维持这种竞争优势的态势,竞争对手开始逐渐作出反应,如果竞争对手直接进攻企业的优势所在,或采取其他更为有力的策略,就会使这种优势受到削弱。

影响企业竞争优势持续时间的关键因素主要有建立这种优势需要的时间、能够获得多少优势和竞争对手作出强烈反应需要的时间。企业分析清楚了这三个因素,就能够明确自己在建立和维持竞争优势中的地位。

(2)机会与威胁分析

随着世界经济全球化、一体化进程的加快以及全球信息网络的建立和消费需求的多样化,企业所处的环境更为开放和动荡。这种变化几乎对所有企业都产生了深刻的影响。正因为如此,环境分析成为一种日益重要的企业职能。

环境发展趋势分为环境威胁和环境机会两大类。环境威胁指的是环境中一种不利的发展趋势所形成的挑战,如果不采取果断的战略行为,这种不利趋势将导致企业的竞争地位受到削弱;环境机会是对企业行为富有吸引力的领域,在这一领域中,企业将拥有竞争优势。

对企业环境的分析可以采用 PEST 分析法,即从政治(法律)的、经济的、社会文化的和技术的角度分析环境变化对本企业的影响。

2. 价值链分析法

价值链是指企业将投入转化为顾客所重视的产出的一系列活动链,如图 3-2 所示。价值链分析的重点在于价值活动分析。价值活动分析将企业内的活动分为基础活动和支持活动两大类。基础活动是与产品的生产、营销、运输以及售后服务相关的活动,包括内部物流、生产运营、外部物流、市场营销以及售后服务;支持活动是通过提供外购、技术、人力资源以及各种公司范围的职能对基础活动予以支持,包括企业基础设施、人力资源管理、技术开发以及采购。

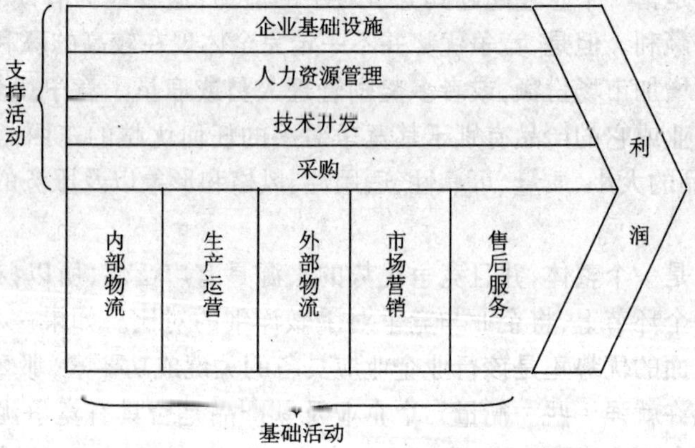

图 3-2　价值链示意

价值链分析能有效帮助企业决策者认识竞争优势形成的基本准则:不同的战略要求不同的技能和资源支持。成本领先、差异化、集中化等战略的选择与实施,必须以价值活动为中心,以持有的资源优势为基础,以系统和整体的战略行动管理为内容。价值活动是企业内部各种相互分离活动的组合,决定着企业的竞争优势。

价值链内在的有机联系是企业价值活动的重点,但要实现预期的战略目标必须考虑企业外部的价值链。没有企业外部供应商和销售商价值活动的支持,整个价值链就会脱节或中断,企业战略目标就难以实现。在重视企业内部价值活动的基础上,有效连接上游供应商、下游销售商的价值活动,是构造价值链体系的主要内容,也是建立企业竞争优势的基础。

3. 比较分析法

比较分析法是一种非常重要的企业战略分析方法,其目的是为了进一步了解企业的战略能力。一个企业成本效益的高低、满足顾客需求的程度和财务指标的优劣,只能通过与其他企业,尤其是主要竞争对手的比较才能确定。

(1)历史比较

历史比较是将企业的资源状况与以前各年相比,从而找到重大的变化。这种方法可以揭示出一些不太明显的变化趋势,它促使企业重新评估其主要推动力,并预测企业未来的主要推动力是什么。通过历史比较还可以考察企业的资源状况,与前几年相比有了哪些重大的变化。历史比较虽然不能直接反映企业的相对资源状况和能力,但有益于企业正确认识本身所发生的变化及对未来可能的影响。

(2)行业比较

行业比较是对整个行业经营状况的分析。行业比较会大大地改进历史比较的效果,它帮助企业展望其资源状况和经营状况。在分析和评估战略能力时,行业比较关心的是企业在整个行业中的相对地位。在行业比较中,经常使用的指标有存货周转率、原材料产出等。行业比较对企业建立价值链并且维护特定的价值链是非常重要的。

(3)最佳业务分析

企业也可以采用多种行业内比较的方法。这种方法不去建立"规范",而是去对最佳业务进行研究,并且建立与最佳业务有关的衡量业务状况的标准。所谓衡量标准是指在执行关键价值活动时建立的、所应满足的关键业绩指标,以便企业确立稳固的竞争地位。

4. 国外大企业集团的战略分析法

(1)界定企业内部的基本战略经营单位

战略经营单位是以面向市场竞争为准则,把企业内对应同一类客户群,处于同一竞争领域,有着同一竞争对手的产业或服务单位组织在一起,按照集团总体思路和目标,相对独立地展开经营策略的一种基本单位。划分战略经营单位完全从市场出发而不是从便于生产组织出发。战略经营单位的规模可大可小,也不一定和法人组织相一致。

(2)确定竞争领域

确定竞争领域,不以现有产品为着眼点,而要透过产品看到客户的真正需求。

(3)分析竞争领域的成熟度

竞争领域的范围确定之后,进一步要分析它的成熟度。任何市场需求如同产品一样,都不是静止不变的,对市场需求的不同发展阶段,必须采取不同的企业战略。判定市场需求的成熟程度,主要参照市场增长率的变化、产品系列的宽度和深度、竞争者数量的多少及其增减情况、进入该市场的难易程度、采购类型、技术潜力以及对市场扩张前景的认知程度等因素。

除此之外,通过处于该竞争领域内的企业的若干主要财务指标平均水平的变化趋势也可以帮助判断该领域的成熟度。

(4)确定企业的战略处境

企业使命的多元化和市场环境的复杂性决定了企业在市场竞争中所处的地位,对企业竞争地位的判断主要依据关键成功因素、市场份额和财务效益三个方面。其中,正确找出该竞争领域的关键成功因素是十分重要的一步。每一竞争领域都有特定的关键成功因素,包括市场因素和结构因素。关键成功因素并不总是摆在明处,有时需要发掘,才能正确认知。而且,对关键成功因素的认知,绝对不能从生产者的角度,必须从客户、从需求的角度去把握。企业取得关键成功因素的成本、掌握和运用关键成功因素的专有技术以及长期保持关键成功因素优势的能力,决定着企业竞争地位的变化。

四、选择企业基本战略

1. 企业的基本战略

有的学者认为波特提出的三种竞争战略实际是两种战略,即低成本竞争战略和差异化竞争战略。专一化竞争战略是在狭窄市场范围(市场的某一部分或其中的某一子市场)内对前两种竞争战略的具体运用。因此,对三种竞争战略的选择,可以简化为对低成本竞争战略或差异化竞争战略的选择。

大量研究结果表明,许多成功的企业有一个共同的特点,就是在确定企业竞争战略时都是根据企业内外环境条件在差异化、低成本竞争战略中选择了一个,从而确定具体目标,并采取相应措施而取得成功的。

选择哪一种竞争战略,决定着企业的管理方式、产品的研究开发、企业的经营结构以及市场理念。采用低成本竞争战略的企业应该在所有的生产环节都实现彻底的合理化,除成本控制外,最重要的就是讲求产品的合适批量,以充分利用大机器生产标准的产品,实现规模效益。福特汽车公司在早期的发展中,创造性地开发出流水线生产方式,并用其生产汽车。流水线的发明,使汽车成本大大降低,因此,福特公司当时生产的汽车成为"大量生产、大量销售"时代的代表。采用差异化竞争战略,就必须有特别的工艺、设备与技术,同时为了使顾客了解本企业的这种"差异",或者让本来是标准品的产品在消费者心目中建立起"差异"的现象,企业还要在销售方面组织耗资巨大的广告宣传和产品推销活动等。这一切都决定了产品差异化竞争战略必然与低成本竞争战略发生矛盾与冲突,同时实施这两种竞争战略的企业往往在市场竞争中失败,世界著名的叉车制造厂——克拉克公司因同时追求这两个目标而失败的案例是典型的代表。

但是,同一企业可以在不同种类的产品上采取不同的竞争战略,例如汽车生产厂家可以对轿车和卡车分别采取差异化竞争战略和低成本竞争战略。同一企业可以在生产与销售这两个不同环节上采取不同的竞争战略,例如,可以在生产上采取低成本竞争战略；而在销售和售后服务中采取差异化竞争战略。同一企业在不同时期可以有不同的竞争战略，例如，当产品处于投入期与成长期时，可以采用低成本竞争战略；而处于成熟期时，则采用差异化竞争战略。

2. 选择企业基本战略应考虑的问题

(1)外部环境

在社会经济高速发展时期，由于企业之间激烈的竞争以及居民收入随生产力发展而迅速提高，低成本竞争战略就会在很大程度上失去了它的意义。反之，如果企业处于较落后的经济状态下，则应该高度重视低成本竞争战略以刺激需求。在欧美等发达国家，大众化的一般产品都强调产品差异化战略，而低成本竞争战略的模式则逐渐被企业所抛弃；在发展中国家则一般多采用低成本竞争战略。

(2)自身实力

对于规模较小的企业，由于其生产与营销能力都比较薄弱，因此应该选择专一化竞争战略，以便集中企业优势力量瞄准某一特定顾客、特定地区或特定用途的产品打"歼灭战"。如果企业生产能力较强而营销能力较差，则可考虑运用低成本竞争战略；相反，如果企业营销能力强而生产能力相对较弱，则可考虑运用差异化竞争战略，以充分发挥企业销售能力强的长处；如果企业生产与营销能力都很强，则可以考虑在生产上采取低成本竞争战略，而在销售上采取差异化战略。

(3)产品种类

对于不同种类的产品，客户对其价格、质量、服务等要素具有不同的敏感度。

①生产资料与消费品。很多生产资料都是标准产品，并且各类规格品种一般都有明确规定。所以，对于生产资料来说，在保证基本质量的前提下，价格将成为企业竞争中最重要的因素，企业应尽量降低成本；而消费品往往非专家购买，绝大多数消费者都是依据广告宣传、店员介绍、产品包装及说明、合适的价格来确定是否购买，所以对于消费品的生产企业来说，应尽量使本企业的产品在服务和市场营销管理方面实施差异化竞争战略。

②日常消费品与耐用消费品。日常消费品与耐用消费品是对消费品的进一步划分。日常消费品是人们几乎每天都消费的、反复少量购买的产品，这种产品竞争的关键是价格，因此，企业应在保证质量的前提下用优惠价格出售。耐用消费品是一次购买、经久耐用的产品，若干年才买一次，产品的质量与售后服务对顾客来讲非常重要，这就要求企业在这两个方面下功夫，推出质量和服务更好的差异化产品。但是，由于对于生产资料中的机械类产品，客户更重视售后服务；对于日常消费品中的烟酒类产品，顾客则更注重质量与品牌，所以，对这两种产品均应实行差异化竞争战略。

(4)产品周期

在产品的投入期，为了抢占市场防止竞争者的进入，企业常常采用低成本竞争战略，以刺激需求，使企业处于成本、市场占有率、收益和设备投资四者的良性循环中。而到了产品的成熟期与衰退期，其消费需求明显呈多样性与复杂性，这时企业就应该采取差异化竞争战略或专一化战略。

当然，也存在与上述相反的实际现象，例如，一些高档消费品在投入期与成长期，由于购买者较少，需要以较高的价格作为自己身份、地位的象征；而产品到了成熟期之后，由于原购买者已失去了把这些产品作为自己地位象征的兴趣，而新加入的消费者又主要着眼于产品的一般消费功能，所以这时企业反而应从差异化战略转为低成本竞争战略。这种现象被称为高档品的日用品化。

五、大型企业战略

大型企业通常具有资金、技术、人才等多方面的充足资源和条件，但是处于资金融通发达、技术更新快速、人才流动畅通的知识经济社会，企业未必总能占据市场竞争的有利地位。大型企业必须认清自身的经营特点，树立正确的战略思想，选择合适的战略类型，才能获得竞争优势和可持续发展。

1. 大型企业的特点

(1)国家经济发展的主要力量

大型企业生产的产品，一般都为关系国计民生的主导产品，如汽车、钢铁、船舶、石油化工产品等。这些产品生产能力的大小、质量的高低直接反映着整个工业和整个国民经济的发展现状。因此大型企业是经济建设的骨干，也是国民经济的命脉。

从行业发展来看，大型企业较之同行业的中小企业，无论是产品生产、资金来源还是技术水平，都处于领先和领导地位。大型企业的这种在国家经济发展中的骨干、命脉、领先和领导作用，决定了它有能力占据国民经济的高层优势。

(2)拥有比较优势

大型企业在国民经济中的重要地位，决定了在对外的联系中大型企业较之中小企业更为广泛。资金雄厚为大企业参与国际市场的竞争创造了条件。由于大型企业生产的大多是主导产品，这种产品不仅在国内需求量大，在国际市场上需求量也大，这就使得大型企业在满足国内需求的同时有可能出口产品或直接对外投资。技术上的优势使大型企业有能力引进国外先进技术、消化吸收，或出口本身已成熟的技术。因此，大型企业在对外发展中，可以充分利用本国劳动力资源以及技术资源，在国际上获得比较优势。

(3)具备规模经济效益

大型企业拥有现代化的技术装备，设备的大型化、自动化、高速化程度高，便于采用先进的生产组织和劳动组织形式，形成大批量生产体制；同时也便于开展原材料的综合利用，有利于减少单位产品的销售成本和固定成本。总之，大型企业可以较好地发挥规模经济效益，降低产品成本，增强市场的竞争能力。这个特点决定了大型企业可以在价格上建立自己的竞争优势。

(4)注重市场营销

一般大型企业资金雄厚,经济效益较中小企业为好;加之大型企业在国民经济中的主导地位,使得大型企业易于获得社会上的融通资金和其他稀缺资源,因此大型企业在经济条件和自然条件方面占有优势。这使得大企业在经营上有广泛的自由度,使大型企业可以动用较多的财力开展特色经营,尤其是市场营销工作,如市场预测、市场分析、市场调查、广告宣传等。大型企业拥有一支较中小企业庞大的销售和服务队伍,他们推销水平高、活动于全国各地,构成广泛的销售网络和服务网络,易于获得全面的市场信息,经过反馈、处理就能够成为有用的经营资源。大型企业一般信誉较高、商标较响。因此,大型企业有较强的市场开拓能力,利于企业开展市场营销。

(5)易于抵御风险

大型企业有雄厚的资本和较强的生产能力,有一定的技术储备;生产的专业化分工程度较高,因此,大型企业有能力生产多样化、多层次的产品,并能根据市场需求的变化及时调整产品结构。这样,对大型企业来说,即使一些产品的需求在某一地区可能已经衰退,而在其他地区却可能正处于成长期;即使一种产品在所有地区都没有市场,还有其他产品。因而相对于只生产单一产品、使用单一技术的中小企业来说,大型企业产品的多层次化、销售渠道的网络化,使大型企业具有较强的抵御风险的能力,易于取得这方面的竞争优势。

(6)易于产生关联效应

经济学家把某一产业的发展会诱发其他产业的发展的现象称之为"关联效应"。"关联效应"的作用主要体现在两个方面,一是引起提供原材料投入部门经济活动的增长;二是引起以此产业的产品作为投入的产业的增长。前者称之为"后向关联",后者称之为"前向关联"。

"关联效应"同样适用于研究大型企业与其他企业的技术经济联系。大型企业规模大,生产多种多样的产品,决定了大型企业投入产出的多样化;大型企业与向其提供原材料等资源的企业或以大型企业产出作为投入的企业有较大的关联度。这使得大型企业较容易同有技术、经济等联系的企业形成协作关系,以建立自己的战略优势。

(7)缺乏应变能力

大型企业最突出的弱点是缺乏应变能力。大型企业由于规模大,其组织结构错综复杂,管理的幅度比中小企业广,管理层次也较中小企业多。责权利的结合相对困难,往往导致管理者直接责任的减退和决策过程的缓慢。而且信息的传递、处理也较难。大型企业生产的产品一般批量大、单位产品的价值高,任何市场需求的变动都会给大型企业带来很大的冲击。因而大型企业对外部环境,特别是市场需求的变化反应迟钝。

2. **大型企业战略的指导思想**

大型企业战略的指导思想是在保持已有的经营优势的前提下，通过强化成功的关键因素，充分利用丰富的经营资源，建立自己的竞争优势，求得长期、稳定的发展。具体表现在以下方面。

(1)经营方式保持相对稳定

稳定是指大型企业的经营方式要有相对的不变性，即大型企业的原材料投入的组合、产品的结构、销售渠道的建立等，在短期都必须具有相对的固定性。大型企业组织机构复杂，决策过程比较慢，对外部环境适应力不强。因此，在制定战略时要树立稳定的战略指导思想，以稳取胜，以不变应万变。因为经营方式的多变不利于大型企业内部优势的充分发挥，也会带来许多管理上、组织上的困难，从而削弱竞争能力。

(2)战略目标明确

一个大型企业可能由若干个位于不同地区的分厂组成，它的原料的采购、产品销售和服务网可能遍布全国，甚至是世界各地。目标明确是大型企业经营成功的前提和条件。因为目标明确既可以使企业全体人员有共同的奋斗方向，又可避免由于目标互相矛盾、含糊不清而造成各下属部门行动不一致。大型企业成功的经验表明，在整个战略期内，经营目标统一、明确，可以保证企业领导班子和企业成员的同心协力。

(3)把握时机

大型企业能够利用国民经济的高层优势，内在实力强，但是与中小企业相比其资源的动员速度比较慢。因此，应"先下手为强"，掌握主动性，抓住有利时机，抢占国民经济的高层优势。这就是主动的战略思想。掌握时机有时与战略内容本身同样重要。时机不成熟或时机已过，最好的战略也难以获得理想的结果。强调树立主动的战略思想也可以部分地克服大型企业适应能力不强的弱点。

(4)综合发展

大型企业可以一方面综合利用在生产、科研、销售、服务等多方面的功能，充分发挥这多方面的经营优势，达到资源共享、效益倍增；另一方面开展综合经营或多角经营，扩大经营品种或领域，实现风险分散、损失减少。

3. **大型企业战略类型**

(1)多角化经营战略

多角化经营战略是指为某一市场提供产品和劳务的企业，同时又进入其他市场的战略。多角经营在本质上与产品差异有区别。产品差异是指产品的质量、性能、包装、商标等有少许差异，在本质上仍是同一产品，是同一市场的细分化，不是进入新的异质市场。

根据企业现有的产品、市场和将来的产品、市场之间的关联程度，可以把多角化经营战略划分为以下几种。

①横向多角化战略。横向多角化战略是以现有的产品市场为中心,沿水平方向扩展事业领域,也称为横向多样化或专业多样化战略。如零售行业中的百货店就属于这种多样化。横向多角化战略有市场开发型(以现在的产品为基础,开发新的市场)、产品开发型(以现有市场为主要对象,开发与现有产品同类的产品)以及产品与市场开发型(以新开拓的市场为主要对象,开发新产品)三种。这种战略由于是在原有的市场、产品基础上的变革,因而产品内聚力强,开发、生产、销售、技术关联度大,管理变化不大,比较适合于原有产品信誉高、市场广、发展潜力很大的大型企业。

②纵向多角化战略。纵向多角化战略是以现有的产品、市场为基础,沿垂直方向扩大事业领域的战略,也称为垂直多样化。纵向多角化战略好像河流一样,有上游下游之分,可向上游发展或向下游渗透。企业采取纵向多角化战略有利于综合利用资源,但往往前后产品生产性质各异,因而对管理要求较高。这种战略适于生产、开发和销售关联度较强的企业。

③多向多角化战略。多向多角化战略是指虽然与现有的产品、市场领域有些关系,但是通过开发完全异质的产品、市场使企业领域多样化,也称为多向多样化或同心多样化。多向多角化战略有技术关系多样化、市场营销关系多样化以及资源多样化三种具体类型。技术关系多样化是以现有领域中的研究技术或生产技术为基础,以异质的市场为对象,开发异质产品。这种多样化利用了研究开发能力的相似性、生产技术的相似性、原材料的共同性、设备类似性,能够获得技术上的相乘效果,有利于大量生产,在产品质量、生产成本方面也有竞争力。同时,产品之间的用途差别越大,多样化的效果越明显。但是,在技术关系多样化的情况下,一般来说销售渠道和促销网络是不同的,这对于市场营销的竞争是不利的。这种类型的多样化一般较适合于技术密集度较高的行业中的大型企业。市场营销关系多样化是以现有领域的市场营销活动为基础,打入完全不同的产品市场。市场营销多样化利用共同的销售渠道、共同的顾客、共同的促销方法、共同的企业形象和知名度,具有销售相乘效果。但是,由于没有生产技术、设备和材料等方面的相乘效果,不易适应市场的变化,也不易应对全体产品同时老化的风险。这种类型的多样化适合于技术密集度不高、市场营销能力较强的企业。资源多样化是以现有企业所拥有的物资资源为基础,打入异质的产品、市场领域,求得资源的充分利用。

④复合多角化战略。复合多角化战略是指从与现有的领域没有明显关系的产品、市场中寻求拓展新的产品或市场,它与原有的产品、市场毫无相关之处,也称为复合多样化。复合多角化战略主要包括资金关系多样化、人才关系多样化、信用关系多样化和联合多样化四种具体类型。

(2)制定多角化经营战略的原则

多角化经营战略的核心是资源共享和风险分散。制定多角化经营战略必须遵循下列原则。

①充分利用协同效果。协同效果是两个事物有机地结合在一起,发挥出超过两个事物简单总和的联合效果。大型企业采用多角化经营战略后,新老产品、新旧业务、生产管理与市场营销等各个领域,如果具有内在的联系,存在着资源共享性,相互就能起促进作用。

大型企业的协同作用表现在经营管理的协同作用(生产的产品或经营的业务,在经营决策的基准上大致相同,对管理的方法或手段的安排比较一致)、市场营销上相互关联、生产协同作用(新、老产品之间,在生产技术、生产设备、原材料和零部件的利用上具有共享性)和技术协同作用等方面。

②产品组合有利于抵御风险。企业确立多角化经营战略,设计产品组合,要使企业风险最小,收益最大。一般来说,企业应选择在价格波动上是负相关的产品组合,这将最有利于抵御风险。而高度相关的产品组合,不利于抵御风险。这种高度相关还包括所有产品都处于生命周期的同一阶段,所有产品都是风险产品或滞销产品,风险产品和滞销产品的比重大大超过获利产品,所有产品都存在对某种资源的严重依赖等。因此,企业在从事多角化经营时,应特别注意产品之间的相关程度。

从抵御风险的角度看,应避免出现产品高度相关的组合情况;而从协同原则的角度看,宜使产品组合尽量相关。所以,抵御风险和协同原则存在着一定的矛盾。企业必须处理好这两者的辩证关系。

(3)创建企业集团

创建企业集团战略是以大型企业为核心,以名牌产品为龙头,以资金、技术、管理为纽带,以获得生产的优化组合和规模经济效益为目的,组建企业集团的战略类型。在西方经济发达国家,企业集团已经成为大型企业战胜竞争对手的一种重要战略,如美国的通用汽车、日本的三菱集团等。这些企业集团很多都是工业、商业合为一体,并有银行作为后盾,构成实力非常雄厚的复合型大企业集团,在经济发展中有举足轻重的作用。近年来,随着我国市场经济的发展,许多大型企业相继采取了创建企业集团战略。

按照企业内在经济技术联系或企业联合程度,可以把企业集团划分为不同的战略类型。

1)单点辐射型战略、多元配套型战略、技术开发型战略、产品与资源联合型战略、销售与服务型战略

单点辐射型战略是指以大型骨干企业的系列产品为龙头,向外辐射,形成多层次配套网络的企业集团。这种类型的企业集团发展较早,数量较多,也比较成熟,适合于大批量专业化生产企业。

多元配套型战略是指以几个大型骨干企业及相关设计单位为主体,实行从设备、设计、制造、供应、安装、调试到人员培训、维修、服务等以项目承包方式组成的企业集团。这种类型的企业集团对开拓国际市场有积极意义。

技术开发型战略是指以同行业的多个大型企业为主体，集中技术优势，运用系统工程开发高技术产品，组织专业化系列生产的企业集团。这种企业集团战略适用于处在技术密集型产业的大型企业，对迅速变化的市场有较强的适应能力。

产品与资源联合型战略是指以若干个加工企业和原材料生产企业联合形成从原料、半成品到成品的大跨度的企业集团。这种企业集团战略通过组织"一条龙"开发系统，可以提高社会效益。

销售与服务型战略是指大型企业与若干个生产企业或商业企业联合起来，形成以互相提供市场信息、扩大销售及服务范围为主的企业集团。

2）业务协作战略、联合经营集团战略、合并与收买战略

业务协作是从企业外部筹措经营资源，组成企业集团的形式之一。采用这种战略可以使大型企业具有较为完备的功能。这种战略的特点是软结合；协作内容广，除技术协作之外，还包括销售专利、信息、人才、资金、服务等一切方面的分工协作；有较大的灵活性，如果协作不好可以中断关系。业务协作战略由于是软结合，结合效果较差，特别是各自的目的和意见不一致时容易分离，不能同心协力。这种战略适合于技术、经济关联度不够强的大型企业。

联合经营集团战略是指大型企业连同其他企业，把资金、人才、信用，甚至连同自己所经营的业务本身共同投入到某项事业中，实行共同经营，以期发挥个别企业达不到的相乘效果。联合企业由于共同采购原材料和共同使用人才、生产设备及福利设施，因而有利于降低成本，提高生产能力和技术开发能力，便于开拓新的市场，提高企业形象和对外信誉。但是存在着不易协调联合体内部各企业、人事劳动费用上升等缺点。

采用合并战略是企业把有相关技术、经济联系的企业变成一个企业。被合并的企业则失去了法律上的独立性。采用收买战略的大型企业通过资金取得其他企业的所有权和支配权。企业的收买与合并，在效果上是大同小异的。大型企业通过合并可以扩大自己的规模，增强企业的内在实力，在生产、销售上享受规模效益所带来的好处；同时，由于人才和设备的集中使用，也有利于研究开发事业。但是，合并之后管理人员比重增大，在不同企业文化环境中的职工相互配合要较长时间。由于这种战略是集团经营战略的最高形式，比较适用于有一定集团经营经验，管理、组织水平较高、资金雄厚的大型企业。

大型企业在确立创建企业集团战略时，应该遵循长远规划，集团内部统一指挥和调度生产要素，建成生产过程、经营目标、重大决策、市场竞争、责权利、人财物的有机整体等原则。

大型企业选择创建企业集团的战略，必须具备较高的素质，包括人的素质、技术素质和管理素质以及较强辐射力的凝聚力，能够跨越部门、地区、所有制界限，将众多成员企业吸引到自己的周围。

(4)投资主导产业战略

投资主导产业战略是指大型企业向国民经济主导产业部门投资,生产主导部门的产品,以占据国民经济高层优势的一种战略类型。

国民经济主导产业部门一般具有反映最新科技进步的新兴产业,增长快,效益高;能拉动、支持多个产业部门的发展;该部门的产品具有巨大的国内、国际市场需求;该部门产值占国民生产总值较大比重等特征,企业可以通过生产率的增长速度、收入弹性系数以及关联度三个指标识别和确定主导产业部门。

主导产业部门通常是生产率的增长速度、收入弹性系数和前向后向关联度都较高的部门。一定时期内,符合上述三个指标要求的主导产业部门可能有好多个部门,企业应该综合考虑国家政策和企业优势等因素,从中选定某一主导部门,对其进行投资。企业选定主导产业部门后,还要确定向其投资的方式,即决定是在选定的主导部门新建企业,还是吞并其中的企业。

六、中小企业战略

面对大型企业资金雄厚、技术先进、人才济济的竞争压力,中小企业只要把握住自身的经营特点,树立起正确的战略指导思想,制定出恰当的经营战略,就一定能顶住竞争压力,获取相对优势,并求得可持续发展。

1. 中小企业的特点

①应变能力强。中小企业由于规模小,技术装备较大型企业简单,产品结构比较单一,而且投入某项产品的人力、物力、财力都较少,因此具有很强的适应性,便于灵活转向,即通常所说的中小企业特别是小企业“船小调头快”的特点。

②易于管理。中小企业通常是由为数不多的几个人组成的小班子来进行管理的,管理机构较为简单,层次少,信息传递快,因此,比较容易管理。

③贴近顾客。中小企业经营产品的品种较少,面对的市场也相对很小,所以,中小企业较大型企业更容易接近顾客。这一特点使得小企业有条件根据顾客的特点,制定针对性强的经营战略。

④缺乏资金。由于种种原因,中小企业往往缺乏足够的资金来进行经营活动,在资金筹措上也面临很大的困难。这一方面促使中小企业不断进取,以提高自己的吸引资金的信誉;另一方面要求中小企业在战略制定和执行过程中必须量力而行,使有限的资金发挥出最大效益。

⑤风险较大。中小企业虽然由于市场狭小,顾客较少,可以更好地满足顾客的要求,但是它不能像大型企业那样容易抵御风险,所以经营风险较大。中小企业往往严重地依赖于某种产品或技术,一旦发生技术变革或失去一些顾客,就会受到很大的打击。

⑥成本高。中小企业由于规模较小,往往不能达到规模经济的要求,因此,与生产同类产品的大型企业相比,中小企业的成本一般比较高。

2. **中小企业战略的指导思想**

中小企业战略的指导思想是着眼于企业长期的生存与发展，充分发挥“小、快、灵”的优势，做大型企业想不到、不想干或想干而干不了的事。具体来说，中小企业应树立下列战略思想。

①机动灵活。中小企业面临较大的市场风险，必须时刻关注市场需求的变化，快速、灵活地顺应用户要求，果断、灵敏地调整经营行为。

②资源集中。中小企业必须聚集有限的资源和力量，瞄准一个确定的细分市场或主攻方向，集中重点投放，以渗透、站稳市场。

③见缝插针。中小企业在选择细分市场或主攻方向时，应该多在市场边缘、缝隙地带寻找发展机会和空间，拾遗补缺，从而使企业在竞争中立于不败之地。

④别具特色。为避免与大型企业直接对立竞争，中小企业应努力创造产品和服务的特色，以特色建立相对优势，以特色取得竞争胜利。

3. **中小企业战略的类型**

根据企业自身的经营特点，以本企业的战略思想为指导，中小企业可借鉴集中优势、寻找“缝隙”、标新立异、承包经营以及联合竞争等战略类型，制定出适合自身发展的经营战略。

第三节　企业战略管理

一、战略管理的产生

战略管理成为企业管理的重点和核心，是企业管理实践和管理理论共同发展的结果。第二次世界大战以后，西方经济，特别是美国经济在20世纪50年代进入了空前繁荣时期，市场竞争也日益加剧。激烈的竞争形势，迫使企业不得不加强对竞争环境和竞争对手的分析；同时随着企业规模和经营范围的扩大，需要企业制定一个整体的、长远的发展规划。在这种环境下，产生了一种新的管理思想——战略管理。在20世纪50年代末，美国学者戈登与豪厄尔提出了在各个管理学院开设经营政策课程的建议。认为开设经营政策课程可以弥补学生缺乏综合能力的培养的缺陷，培养学生的整体思想、战略观念和综合能力。经营政策课程就是企业战略或战略管理课程的前身。

20世纪70年代末，“战略”一词被引入我国，开始出现在经济学、管理学领域中。近些年来，随着我国改革开放步伐的加快以及社会主义市场经济体制的逐步确立，现代企业制度逐步推行，各类企业面临着复杂、多变的环境和激烈、无情的竞争的严峻考验。企业要想长期立于不败之地，并求得持续、稳定发展，战略管理成了企业管理者的必然选择。

二、战略管理的概念

战略管理的定义多种多样,学者们从不同的角度对其进行了描述。安索夫认为,战略管理是指将企业日常业务决策同长期计划决策相结合而形成的一系列经营管理业务。拜亚斯提出,战略管理是指对一个企业未来方向作出决策,以及实施这些决策。它可分为战略规划和战略实施两个阶段。

一种被普遍接受的观点认为,战略管理是指在企业战略的形成以及在企业实施战略的过程中,制定决策和采取行动的动态过程。

三、战略管理的过程和原则

在迅速发展和急剧变化的世界中,企业面临着一个极不稳定的市场竞争环境,企业战略的作用则日益突出。越来越多的企业家、管理者把企业战略视为决定企业命运的根本问题,把企业战略管理作为自己的主要任务。

1. 战略管理的过程

作为企业的管理者,企业家必须对企业的发展方向负责,应该主持和参与企业战略管理工作。战略管理就是战略规划、战略实施、战略控制三个步骤不断循环的动态过程。或者说,战略管理就是对战略实行企业计划、控制与反馈,达到预期总目标的全过程。

(1)战略规划

战略规划是战略管理的首要阶段,是企业在战略思想指导下,对企业外部环境及内部条件进行深入细致分析的基础上提出的长远、纲领性的总体设想。一个完整的战略规划包括战略思想、战略目标、战略阶段、战略重点和战略措施。

制定企业战略规划的方法是多种多样的,这与企业管理者的个性、经验、习惯和偏好是密切相关的。大型企业主要依靠下列规范化的方法制定企业战略规划。

①从下至上的方法。企业的各个业务单位制定本单位的战略计划,然后逐级往上报批,汇总形成企业的总体战略规划。其优点是,企业总体战略规划能够与各业务单位现有的具体情况相适应;由于企业经营管理中的许多新设想、新措施都是企业现有活动的扩展,这种从下至上的方法显然有很大的合理性。同时,由于各级管理人员都参与了企业战略的制定,可以收到集思广益的效果。这种方法的主要缺点是,由于战略制定是从各个业务单位的特定情况出发的,企业的总体战略往往缺乏协调性和全局性。采用这种方法制定企业战略规划一般每年一次。在制定战略的间隔期间,各业务单位的工作重点是战略的实施。

②从上至下的方法。这种方法把战略规划的制定看作是企业最高管理核心的职责,只有少数核心人物参与战略规划制定的全过程,战略规划反映了企业高级管理人员的观念和意志,反映了他们对如何才能更好地实现企业战略目标的看法。企业内部各单位之间的任何冲突和不协调,都在最高管理层处理和解决。

采用从上至下的方法制定战略规划，有利于增强全局性和协调性。在总体战略规划形成以后，再分解成为企业内部各经营单位的战略计划和方针，并贯彻落实。各经营单位对其战略方案或战略目标的调整，必须经企业最高管理层批准。通常战略规划中包含的目标，即为考核各经营单位成绩的标准。

③相互协商的方法。采用这种方法时，战略规划既不是由企业最高管理层单独制定的，也不是由基层单位分别制定的，而是上下结合，由企业最高管理层和企业内部各单位之间经过反复交流和协商后制定出来的。在这个过程中，各级管理人员都参与战略制定，从而把企业目标和各单位的具体情况紧密地结合在一起。虽然协商和讨论也许会耗费大量的时间，但在企业各级和各单位之间容易达到共识，由此而产生的企业战略容易得到高层的迅速批准和基层的迅速认同，有利于战略的顺利实施。

在战略规划的制定过程中，企业的高层管理者首先要根据企业的资源、目标和发展方向，确定各经营单位的战略框架，然后各级管理人员共同参与战略制定。在战略制定过程中产生的矛盾和各单位提出的新建议，都需经过协商解决。当战略制定过程中发现需要建立新的经营单位时，新单位战略的细节及其与企业总体战略之间的协调将由企业最高管理层负责。

④相对独立的方法。在采用这种方法制定战略规划时，企业高层管理者和基层管理者之间各自具有相对的独立性。企业内部经营单位各自制定自己的战略，以适应本单位的特殊情况和目标。各单位的战略计划制定出来以后，必须经由企业最高管理层批准，并定期对各单位的战略计划的实施情况进行检查和评估。

企业整体战略规划的制定与评估是连续地进行的，其重点是为企业寻求新的发展方向，评价影响企业可持续发展的机遇与风险，决定企业应当进入的新领域，应当如何安排现有业务等。企业高层管理者的任务是监督各经营单位对企业总体战略规划的实施落实情况，并督促他们改进工作。当新的企业总体战略规划确定之后，在贯彻到各单位的过程中，可能会导致受影响的单位不得不调整自己的目标或战略；反过来，下级单位的活动或建议，又可能使得企业高层产生新的设想，使企业总体战略规划面临新的调整。

(2)战略实施

战略实施是战略规划的具体贯彻、付诸行动的过程，是企业按照战略方案的要求，合理有效地配置资源、发挥优势、把握时机、实现企业战略目标的具体活动。战略实施是一项行政性的管理工作，是在企业最高管理层的监督和指导下，由企业的中、下层管理人员实施的。企业的最高管理者对战略规划的实施承担全部责任。对于大多数高层管理者来说，与制定企业战略规划相比，他们将投入更多的时间用于把战略规划付诸行动，设法使其在客观条件的允许下顺利地运行。企业战略规划的实施过程包括制订方案、编制预算、确定工作程序等内容。

①制订战略方案。战略方案明确了实施战略规划的行动，使战略落实到行

动上。

②编制预算。预算是企业在一定时期内的财务收支计划。预算是为战略管理服务的，是企业实现战略目标的财务保证。

③确定工作程序。工作程序具有技术性和可操作性，它规定了完成某项特定工作所经历的阶段或步骤的活动细节。工作程序的制定应在时间、人、财、物等方面满足战略目标的要求，可以借助于电子计算机和一些项目管理软件，如 P_3、PROJECT、PERT、CPM 以及线性规划、动态规划、目标规划、随机服务系统等科学方法。

(3)战略控制

战略控制是指在战略方案实施过程中，选择恰当的方式和手段，将战略规划执行的实际情况与战略目标及企业内部和外部环境因素的变化相比较，发现偏差，分析影响战略实施的原因，采取纠偏措施，及时调整战略方案，保证战略规划准确、及时地实现。

战略控制是企业高层战略活动的控制，所以它不同于管理层、作业层等企业中、下层的控制。战略控制具有以下特点：战略控制是面向整个企业系统的；战略控制的标准是企业的总目标，而不是战略规划本身的目标，战略规划必须服从企业总体目标；战略控制既要保持战略规划的稳定性，又要注意其灵活性。

在实施战略控制时，比较战略规划执行的实际情况与战略目标及企业内、外部环境因素的变化是非常重要的一步，其方法有很多种，比较常用的有横道图比较法、S 型曲线比较法、香蕉型曲线比较法、前锋线法和图表计算法。

企业高层管理者对战略规划的监督一般采用目标管理的方法，其缺点是忽略了导致最终结果的许多中间环节的活动。为了在战略控制过程中加强对经营管理活动的战略监督，可以采用"管理审计"或"战略审计"的控制方法。

2. 战略管理的原则

加拿大学者斯蒂格利茨经过研究发现，成功的战略管理通常是在下列原则指导下进行的。

(1)适应环境

战略管理要求企业随时监视内、外部环境的动态变化，细致地分析机会与挑战的存在方式和影响程度，以正确制定恰当的战略规划或及时修订现行的战略。

(2)整体最优

战略管理要求将企业作为一个不可分割的整体对待，以提高企业的整体优化程度。战略管理不是强调企业某个战略经营单位或某个职能部门的重要性，而是强调通过制定企业战略来协调、统一各部门、单位的活动，使之形成合力。

(3)全程管理

战略管理要求将战略的制定、实施、控制作为一个完整、整体的过程来加以管理，不可忽视其中任一阶段，以确切保证战略的权威性、一贯性和高效性。

(4)全员参与

战略管理依赖于企业高层管理者的英明决策，也要求企业中、下层管理者及全体员工的广泛参与和全力支持。战略规划主要依靠高层管理者的慎重抉择，而战略实施主要依赖中、下层管理者及全体员工的全心全力。

四、战略管理的发展趋势

企业战略管理的产生和发展是企业管理发展的一个重要阶段。发达国家的企业战略管理已经发展到了非常成熟的阶段。随着科学技术、经济理论、管理理论和企业管理实践的发展，伴随着知识经济、信息经济的冲击，企业战略管理表现出一些新的发展趋势。

1. 国际化

随着国际资本的扩张和跨国公司的急剧发展，世界经济活动中国际交往日益增多，不同国家的企业之间互相渗透的现象日趋明显，越来越多的企业在积极地开拓海外业务。国际化战略在企业战略管理中的地位变得越来越重要。向海外发展已经成为大中型企业战略管理中的重要内容。

2. 专业化

由于战略管理在企业管理中的地位日益提高，越来越多的企业设置了从事企业战略管理的专业人员或专业化的战略规划部门，协助企业家进行战略管理。他们的主要工作是为企业家充当参谋的角色，调查研究，分析趋势，制订方案，供企业家选择和决策。由于战略决策问题随着企业经营环境的演化而日趋复杂，这种专业人员和专业机构的智囊作用也正在变得更加重要。

3. 现代化

当前，企业战略管理面临的因素越来越多，要解决的问题越来越复杂，迫使企业尽可能地采用先进的科学技术手段进行战略管理。各种数学分析模型，统计调查方法、电子通信设备、电子计算机，特别是网络技术、电子商务技术等，被广泛地用于企业战略管理。这也给企业的组织结构带来了深刻的影响，传统的以直线式信息传递为基础的金字塔型或矩阵型企业组织结构模式正在向以网络化信息传递为基础的扁平型、松散型的弹性组织结构转化。

4. 发展与赢利并重

毫无疑问，获取利润仍然是企业战略管理中考虑的首要因素。但是，正是从企业战略管理的特点出发，追求利润已经从企业的短期目标变成了企业的长期目标。当短期利润目标与企业的长期发展目标相冲突时，越来越多的企业家考虑的是长期发展目标。为了实现企业的长期发展目标，许多企业家不惜牺牲眼前的利益。善于放弃，大胆取舍，牺牲局部，追求发展，已经成为企业战略管理决策中的普遍现象。

五、实施战略管理的意义

随着科学技术的飞速发展和经济的全球化，企业面临着前所未有的激烈竞争。在这种形势之下，企业更多地注重于面向未来、面向发展的战略管理。加强战略管理已经成为企业的迫切需要。

1. 实施战略管理是发展市场经济的要求

市场经济要求企业必须是相对独立的经济实体，具有自我完善、自我发展的能力。企业是国民经济的细胞，只有企业的微观经济活动具有活力，整个社会经济才能健康地发展。市场竞争机制是促进企业提高活力的推动力。为了避免在竞争中失败和破产，企业只有加强战略管理，才能在激烈的市场竞争中获取优势，实现可持续发展目标。

2. 实施战略管理才能适应市场形势的变化

随着经济的发展和人民生活水平的提高，市场正逐步由卖方市场向买方市场转化。消费结构发生了巨大的变化，消费者对产品和服务的选择性大大增强了，并且要求企业提供新的产品和服务来满足其不断增长的需要。市场形势的变化，要求企业明确自己的市场定位，选择合适的目标市场，在更好地满足消费者的需要中求得生存和发展。

3. 实施战略管理，能够提高企业素质，改善企业经营管理水平

战略管理是企业经营管理中的重要组成部分，战略管理的成功与否，不仅决定于企业家个人的能力素质，还决定于企业结构的总体素质和企业各种资源的使用效率。实施战略管理，可以培养管理人员和职工的创新精神、应变能力，调整企业结构，增强企业开发新产品和新市场的能力。

4. 实施战略管理，是应对外国企业竞争，走向国际市场的需要

中国加入 WTO 以后，关税的降低、贸易保护性措施的减少，使企业面临着空前的竞争压力。但是，也为企业进入国际市场，向海外发展提供了有利的条件和时机。所有这一切，都涉及企业的战略管理问题。企业的管理者如果具有深远的战略眼光，就有可能把握时机，巩固国内市场，开拓国际市场，在国际竞争中立于不败之地。

第四节　企业战略管理者

一、企业的风险

1. 企业的生命周期

企业作为一个从事经济活动的独立法人，也像其生产的产品一样，具有自己的生命周期。企业的生命周期包括企业的创建、发展、成熟和衰亡四个阶段。在生命周期的每一个阶段,企业表现出不同的特点。

(1)创建

在商品经济条件下,企业是由若干企业家创建而产生的。在这个阶段中,作为创业者的企业家们具有很强的创新精神、进取精神和事业心。虽然在创业伊始,企业的机构还不成熟,规模比较小,市场占有率和知名度不高,企业内部的经营管理也不够规范,但是同时企业内部的清规戒律也较少,没有什么官僚主义习气,人际关系比较简单、和谐,人们之间的信息沟通大都以面对面的交流为主。这样,企业表现出较高的效率和较强的灵活性,显得朝气蓬勃,具有强大的生命力。

(2)发展

在企业的发展阶段,企业内部建立起了相应的规章制度,企业的经营管理逐步走向了正规化,使得企业的效率和企业的组织规模都在发展;企业的产品和企业本身逐步为越来越多的消费者所认可,企业产品的市场占有率和盈利率在不断提高;在企业内部,早期随便的、无拘无束的人际关系受到了等级地位的影响而变得较为正式;伴随着人们之间面对面信息沟通的继续存在,书面交流等沟通形式逐步产生较大的作用。这时,参加创建企业的企业家们大都仍然在企业的关键岗位上发挥着重要的积极作用,他们仍然显得具有活力和创造性。

(3)成熟

在成熟阶段,企业内部的组织机构几乎发展到了"完善"的程度,企业的业务发展到了顶峰。企业组织机构的高度规范化可能导致官僚主义和组织机构的臃肿与僵化,导致效率的下降和人际关系的恶化。这时,最初的创业者们或是被自然法则所淘汰,或是离开了企业;仍然在担任企业的重要职位的企业家们很可能对过去的荣誉和已有的成就所满足;他们欣赏自己的权力,陶醉于高高在上的发号施令和繁文缛节的讲排场,失去了原有的创造性和进取精神。由于企业的产品缺乏更新换代,尽管企业的规模和企业产品的市场占有率达到了最大化,但是失去了不断发展的势头。一旦有新的竞争产品加入市场,或消费者的偏好发生变化,或经济形势发生逆转等因素导致市场环境出现变化,其产品就会逐渐失去已取得的市场,企业就会从自己的顶峰跌下来。即使企业的销售额暂时没有下降,企业效率的恶化和成本的上升也会最终使企业的利润率减少。

(4)衰亡

企业的衰亡可以有不同的结局。有的企业可能彻底地破产清算,完全从市场上消失了;有的企业则可能是被其他企业所兼并,丧失了自己独立的法人地位;还有的企业则可能被脱胎换骨地改组,在原有企业的废墟之上建立起一个新的企业。

企业生命周期反映了企业发展的客观规律,只不过对一个具体的企业来说,它的生命周期的各个阶段有长有短罢了。

2. 企业的职能

将企业放入整个社会环境中来考察企业的职能,可以看到,企业能够为社会提供物质财富和精神财富，以满足人们不断增长的生活需要；可以用税收和利润的形式为社会提供积累；可以为职工提供就业；可以为投资者提供利润收益；可以为有创新精神的人提供施展才干的场所与机会等等。

现代企业管理理论把企业看成是一个开放系统，它的主要职能，就是把各种投入转换为产出。或者说，企业的经营管理过程，就是一个投入产出的转换过程。在这个过程中，企业投入的是人力资源、能源、机器设备、原材料和信息，产出的是产品、服务和新的信息。企业的投入与产出的数量比例关系，反映了企业的效率或劳动生产率。将这个投入产出的转换过程用货币形式表示，就是投入资本，然后收回资本并赢得利润。

3. 企业的收益与风险

企业的生产经营需要投入资本，投入资本后还要收回资本并赢得利润。由于企业最终是赢利还是亏损，人们在投资时是不可能确切知道的。因此，人们在进行投资时是有风险的。所谓风险，就是投资收益的不确定性。而投资收益，则是人们在投资时所冒风险的报酬。投资的风险，或者说投资收益的不确定性，来源于企业经营环境因素的变化和企业对这种变化的认识的不完备性。这种变化和对这种变化的认识的不完备性，是不以人们的主观意志为转移的客观存在。也就是说，只要进行投资，就必然要承担风险。

4. 战略管理者

战略管理者的优劣直接关系着企业战略管理的成败。战略管理者是企业战略管理的主体，一般包括企业的董事会、高层管理者（高层经理）、中层管理者、战略管理部门、非正式组织的领导、企业智囊团。其中最主要的是董事会和高层经理。

通常认为，企业家是创建、拥有和管理企业，并承担企业的风险的人。然而，一个人仅仅拥有企业还不能称其为战略管理者。战略管理者应当是那些能够抓住市场机会引进新产品和新的生产方法，改进企业的组织结构的管理者。他们能够筹集必需的资金，调动各种生产要素，并组织企业管理机构的运转。随着现代企业管理的发展以及企业所有权和经营管理权的分离，导致了职业化的经理阶层的产生，现在企业的经营管理权大都由职业经理承担。

战略管理者可以是也可以不是企业的所有者。但是，作为企业的战略管理者，其最大的特点就是承担企业的风险。无论企业是盈利还是亏损，这都是企业的战略管理者的责任，并将给他们带来经济和其他方面的后果。

二、战略管理者的责任与角色

一般情况下，行使企业最高管理权力的战略管理者大都具有总经理或董事长的身份。研究表明，战略管理者承担的责任和扮演的角色明显地区别于企业中其他层次的管理人员。

1. **战略管理者的责任**

战略管理者与一般管理人员最大的区别,就在于战略管理者承担的责任与一般管理人员承担的责任不同。对于职能部门和业务经营单位的管理人员来说,他们主要是对企业内部本单位或本部门这一局部的工作负责。而战略管理者则承担着整个企业经营成败的责任。在企业内部,战略管理者要对整个企业、对企业的每一个人负责,而不仅仅是对某一个职能部门、某一项行动或措施负责。在企业外部,战略管理者要对企业的一切经营活动及其成果向社会负责,而不能将这种责任推卸给任何其他人。人们往往会羡慕战略管理者对企业所拥有的巨大权力,却没有看到他们肩负的巨大责任。权力与责任应该是对应的。权力越大,责任也就越重。全面地行使权力,并承担责任,是战略管理者工作的显著特点。

2. **战略管理者工作的特点**

(1)工作量大,日程紧

作为企业的最高管理者,战略管理者的工作量非常大,工作日程紧张。这是因为,战略管理者必须全面负责企业的工作,所以总是有大量的工作要做。企业经营管理工作本身所固有的广泛性和结果的不确定性,要求战略管理者必须始终全神贯注,永不松懈,从而使战略管理者的工作与生活始终保持高度紧张的节奏。对于许多战略管理者来说,他的个人生活与工作往往是紧密地联系在一起,很难加以区分,几乎没有什么个人的休息时间。战略管理者的工作永远没有止境,必须时刻准备在竞争中奋斗,不断进取。

(2)工作具有不确定性

专业化分工使得人们能够根据自己的专业,在一个相当长的时间内从事自己所熟悉的、包括重复性操作的工作。而战略管理者却不得不随时准备应付突然而来的各种挑战,打乱自己的工作程序。战略管理者的日常工作根本谈不上什么稳定性,很难在较长时间内专注于一件工作而不受外界的干扰。这是因为战略管理者负责企业经营管理的全部工作,而企业的内外部环境因素又是那么复杂而多变,所以,战略管理者的工作多样且琐碎,具有不确定性。战略管理者往往看到了自己肩负的重任,认识到了时间的宝贵,因而力求在有限的时间内做更多的工作。如果战略管理者缺乏战略头脑,就容易使自己的工作陷入繁忙琐碎的日常事务之中,给企业整体的健康运行带来危害。

(3)工作紧密联系实际

战略管理者倾向于把现实的活动放在优先地位,把精力和注意力放在现场的、具体的、明确规定的以及非常规的活动上。企业家总是关心外界的变化信息,对那些定期报告之类的例行公事则难以表现出浓厚的兴趣。战略管理者的确要以企业的战略管理为己任,但企业的战略问题不是将自己关在办公室内冥思苦想就能够得到解决的。市场竞争的压力常常迫使战略管理者不能从容不迫地制订深思熟虑的战略计划,而是在现场解决具体问题的同时,将收集信息、分析问题和计划决策等战略管理工作结合起来进行的。

(4)语言表达能力强

口头交流是战略管理者的主要工作方式。战略管理者通常运用信函文件、电话、正式和非正式的会谈、现场勘察等形式进行工作。其中,信函文件等书面交流方式需要使用正式的语言,实现交流沟通需要一定的程序与时间,通常用于正式的、时间要求不紧迫的场合。调查表明,战略管理者在日常工作中,更多的是采用包括电话交谈和会谈在内的口头交流形式。口头交谈除了可以通过语言来传达信息,还可以通过语调和节奏的变化、乃至表情和手势来传达信息。口头交流是一种直接的交流,采用口头交流可以及时捕捉对方的反应,以便能够随机应变。另外,口头交流也最为快速便捷,节约时间。作为以战略管理为己任的人,战略管理者不必从事什么具体的操作性工作。战略管理者的任务,就是指导和推动他人为实现企业战略去工作。所以,战略管理者经常以口头交流来进行工作。

(5)注重信息沟通

战略管理者特别注重信息沟通。信息是权力的源泉。在市场竞争中,谁掌握了市场信息,谁就获得了在市场竞争中取胜的先决条件。在企业内部,谁掌握了信息,谁就有了指挥和指导别人工作的资格。战略管理者既要与企业外部进行信息沟通,又要与企业内部的下属进行信息沟通。随着市场环境因素对企业的影响越来越重要,战略管理者与企业外部的信息沟通也日益增多,已超过了战略管理者内部信息沟通的比重。战略管理者与企业外部信息沟通的对象包括企业的顾客、供货商、业务上的合作伙伴、银行、政府、新闻界、其他企业的负责人等等,他们共同构成了一个信息沟通网络。

(6)权力大和责任重

战略管理者的权力和责任紧密地结合在一起。在承担责任、行使权力的时候,一个明显的特点是战略管理者拥有别人所没有的主动权和控制权。战略管理者可以主动地选择承担或者不承担某项责任,也可以主动地选择行使或者不行使某项权力。这种主动权和控制权,来源于战略管理者在企业中所处的最高地位。战略管理者通过在工作中对承担责任和行使权力的选择,使企业的经营活动成果符合企业的最高战略利益。

3. 战略管理者承担的角色

在企业的经营管理工作中,战略管理者在人际关系、信息沟通、企业决策等三方面承担着下列角色。

(1)企业代表

在人际关系方面,战略管理者首先充当的是企业代表的角色。由于其在企业中的地位和权威,战略管理者是一个企业的象征,随时要在不同的场合代表着企业。在法律上,战略管理者通常是企业的法人代表;在公共关系事务中,战略管理者的形象就是企业的形象。作为企业的代表,战略管理者要参与大量的公共关系活动。这些活动有不少是礼仪性的例行公事，并不涉及重大的决策。但是，它们却是战略管理者日常工作中的一个重要组成部分，能够有效地改善企业的形象，提高企业的社会地位，从而给企业带来直接或潜在的利益。

(2)领导者

战略管理者作为企业的最高权威，负责对下级的激励与监督，指引和推动企业的运行。战略管理者是企业能够得以正常运行的动力，企业成功与否决定于战略管理者的能力和智慧。战略管理者对下级的领导，是通过不同的途径实现的。一方面，战略管理者可以通过招聘、培训、指导、评价、报酬、晋升、奖励、表扬、批评、调动、降级乃至开除等手段来影响下级的行为。另一方面，战略管理者还可以通过自己的示范性行为来影响下级的行为。实际上，战略管理者的领导者角色体现在企业家的各种活动之中。无论是进行战略决策，还是处理具体事务，或是与下级进行一般的接触，战略管理者都是在扮演领导者的角色。企业家正是通过领导者的角色显示出自己的地位与权力，从而将企业这一组织体中各种分散的因素与力量结合在一起，将企业内部个人的需要与企业的战略目标结合在一起，使企业形成一个协调的、有活力的整体。

(3)联系人

战略管理者在企业与外界环境之间充担联系人的角色。通过各种正式和非正式的途径来建立和维持企业与外界的联系。一个企业的业务活动越是活跃和广泛，在市场的知名度越高，企业与外界的联系与交往也就越频繁。战略管理者充当联系人的身份与外界交往，当然会损失不少宝贵的时间，却可以换来同样宝贵的各种信息和各种关系。成功的战略管理者难免是忙碌的，而默默无闻的战略管理者则未见得经营顺利。

(4)接受者

在信息沟通方面，战略管理者首先是信息的接受者。战略管理需要从各种渠道获取企业内外的各种有关信息，并对信息进行加工处理，从中得出有价值的东西。作为信息的接受者，战略管理者不但要重视来自正规渠道的信息，也不能忽略来自非正规渠道的信息。要注意对所获信息进行去粗取精、去伪存真的分析，以作为战略决策的依据。

(5)传播者

战略管理者又是一位信息的传播者。战略管理者把外部信息传播给企业，并把内部信息从一位下级传播给另一位下级。向下级传播有关信息，使下级了解情况，引导下级完成各自的日常工作，也就是对下级进行领导。战略管理者在传播信息的时候，应当注意信息与授权的关系。要把工作与职责委托给下级，就应当把与处理该项工作有关的信息传播给下级。否则，下级将无法完成委托的工作。反过来，战略管理者也只需将必要的信息传播给与完成该项工作有关的下级。否则，将会不可避免地带来泄密或混乱。

(6)发言人

战略管理者还是企业的发言人,负责向外界传播散发企业的内部信息。由于战略管理者的特殊地位,外界会要求战略管理者代表自己的企业发言。同时,战略管理者作为企业的最高管理者,也拥有这样的权力与信息来讲话。毫无疑问,作为企业的最高权威,战略管理者代表企业的讲话具有特别的份量和权威性。当然,如果战略管理者对于本企业所从事的行业是一位熟练的专家,拥有关于该行业的足够的知识,他的发言的份量还要加上一个重重的砝码。

(7)创新者

在企业决策方面,战略管理者首先充当的是创新者的角色。战略管理者是企业活力的源泉,是企业许多变革的发起者和设计者,推动着企业不断变革。战略管理者常常是带着一些崭新的设想开始创建自己的企业的。在企业的发展过程中,战略管理者仍然需要不断地进行观察,寻找和发现各种机会和问题,并不断地提出新的设想,以采取必要的行动来改进企业的经营管理状况。这种改进和变革可以是一系列的小决策引起的渐变,也可以是戏剧性的突变。但是,改进与变革决不是一蹴而就的。决定变革的节奏与方向是企业战略管理的重要内容。

(8)救援者

战略管理者是一位救援者,必须时刻准备应付危机,处理一切妨碍企业运行的突发事件。作为推动企业变革的创新者,战略管理者的活动是主动的自愿行为。而作为处理企业突发事件的故障排除者,面临许多不可控制的因素,战略管理者往往像一个被动的角色。实际上,排除故障也是一种变革。尽管这两者是战略管理者决策行为的两个极端,但是主动行为与被动行为之间往往没有明确的界限,在很大的程度上完全是一个个人感受的问题。对于处理同一事件,有人会觉得自己是在作出必须的被动反应,而有的人则会觉得自己是在主动采取变革行动。要注意的是,故障很少是在例行公事中发现的。它们往往是以例外的、紧急的形式出现的。因此,在对突如其来的故障的处理中,必须紧紧地把握时机。战略管理者在安排自己的工作日程时,常常将排除故障置于优先地位。一旦出现故障或危机,战略管理者将全力投入排除故障的工作,表现出较平时更高的权威与影响。

(9)分配者

战略管理者是资源的分配者。资源市场价格的波动,为战略管理者分配资源的战略决策带来了高度的复杂性。战略管理者可以决定资源的不同组合,也可以决定在适当的时机使用或保有某些资源。经济学的基本原理认为,资源是稀缺的、有限的。战略管理者的任务,是将有限的资源作最佳的分配,以实现最高的效率。战略管理者在资源分配工作中常常会发现,企业内部各个单位和部门对有限的资源的需要通常是互相冲突的,而且资源在不同部门的分配还会引起连锁反应。在一定的意义上,企业战略是由企业的资源所决定的,资源分配问题的重要性与复杂性,使得企业资源的分配成战略管理者在企业战略管理工作中的核心内容。

(10)谈判者

战略管理者还扮演着谈判者的角色。在企业的业务经营活动中,需要经常与不同的方面进行各种谈判。凡是重大的谈判,通常都是战略管理者自己亲自出马。作为企业的最高代表和最高管理者,战略管理者亲自参加谈判无疑可以提高谈判的级别,加重本企业在谈判中发言的份量,也增加了谈判所达成的结果的可信性。商业谈判实际上就是面对面的市场竞争,是实力地位的较量,也是当场的交易,要求参加谈判的人有充分的权力在谈判中就涉及的一切问题迅速地作出决定。从这一点来看,战略管理者是企业中最具资格的谈判者。

总之,战略管理者所担任的角色实际上是相互联系、不可分割的。在不同行业、不同规模、不同性质的企业里,各个战略管理者担负每一种角色的侧重点是不完全一样的。但是总的来看,各个战略管理者都或多或少地担任着这十种角色。这本身就说明,战略管理者是负责企业全面工作的人。作为负责企业全面工作的战略管理者,工作紧张繁重、千头万绪。为了使企业有条不紊地运行,战略管理者必须在复杂的事务中注意抓住工作的主要矛盾,分清工作的主次。对于战略管理者来说,企业的规模越大,经营管理工作越复杂,战略管理者自己亲自动手操作的时间就越少,而指挥领导他人操作的时间就越多。战略管理者绝不能事必躬亲,越俎代庖,而应当运筹帷幄,决胜千里。

三、战略管理者的主要职责

1. 战略管理者面临的问题

战略管理是战略管理者的主要职责。战略管理者在企业经营管理中的工作性质和承担的角色,决定了企业战略管理是战略管理者最主要的工作。战略管理者必须全面负责企业战略的制定和实施。战略管理者在制订企业的战略计划时通常面临着三个需要综合考虑的基本战略问题。

(1)企业的宗旨、目的与服务的对象。战略管理者必须清楚"我们的企业是一个什么样的企业?它将是一个什么样的企业?它应当成为一个什么样的企业?。"

(2)企业的战略目标。"企业要实现什么样的目标?"即确定企业经营管理活动的预期成果。通过企业战略目标的设置,可以确定企业目标和经营活动的轻重缓急,预期企业经营活动所应达到的标准,以及预测企业实施既定的经营活动后所可能实现的经营成果。

(3)实现企业战略目标的途径

"怎样实现企业的既定目标?"即寻求实现企业战略目标的途径。这实际上就是为了实现战略目标,对企业的一切活动进行有效的管理。回答了这个问题,也就明确了企业在整个市场环境中的市场定位,明确了企业进入市场与竞争对手竞争,以在商场竞争中取胜的战略措施。

对上述三个问题的回答确定了企业管理工作的行动计划,确定了企业将要做什么,以及应当如何去做。对第一个问题的回答描述了企业对顾客的服务宗旨、企业存在的目的,以及企业活动的范围与利益所在;通过对第二个问题的回答,战略管理者可以设置企业的战略目标,确立企业管理工作中的轻重缓急次序,确立对取得特定的经营成果的要求,从而可以防止企业偏离既定方向的无目的行为;第三个问题则表明应当如何确切地实现既定的目标。由此可见,战略是战略管理者在企业的整体环境中确立企业市场地位和对企业各项经营活动实行综合管理的行动计划,是战略管理者采用创造性竞争手段的指导方针,是引导企业达到预定目的的导航图。

2. 战略的制定

战略管理者制定企业战略计划需要具有创新、进取精神。通过企业计划的制定,战略管理者为企业选择正确的时机、设置正确的方向、按照正确的顺序、以尽可能高的效率去做正确的事情。战略管理者的创新、进取精神体现在企业战略计划制定之中,就是要使企业不断地追求成功。这意味着战略管理者要不断地探索和把握新的市场机会,改进和开发新的产品和服务,寻求满足顾客需要的更好的方法,随时准备应对来自环境和竞争者的威胁,使企业在市场竞争之中始终立于不败之地。

同时,战略管理者还需要正确地、不失时机地决定对企业的业务进行调整,将企业的资源从低收益或收益下降的业务部门转移到高收益或收益增长的业务部门,使企业的资源得到最合理的运用,以取得最好的企业经营效益。经验表明,正确的企业战略建立在将企业内部因素的可能性与企业外部环境中各种约束条件的正确结合的基础上。通过深入细致的调查研究,根据主观和客观条件的变化及时地、创造性地调整和改进企业的活动,才能达到预期的经营成果。

3. 战略的实施

企业战略的实施是一件行政管理性的工作,也是战略管理者的主要工作之一。制定一个完善的企业战略计划,不是为了将它束之高阁。贯彻落实战略计划,并取得预想的成绩,是战略管理者最重要的管理工作之一。战略计划的实施也是一种挑战性的工作,它包括建立一个高效率的企业组织系统,刺激职工的工作积极性和劳动生产率,创造一个有利于实现企业战略目标的企业文化环境,协调企业内部各方面的关系,修订工作进度,调整工作计划以适应环境的变化,当企业的经营活动偏离预期目标时及时采取正确的行动予以干预和纠正等等。

总之,战略管理者必须尽一切努力使既定的企业战略计划在客观条件的允许下得到顺利的实施,以有效地实现预期的目标。

在一定的意义上,对于战略管理者来说,企业战略的制定是一件比企业战略的实施更为重要的工作。无论一个企业的条件是如何优越,它的运行是多么有效率,一旦它选错了方向和目标,它就永远不会获得成功。它的资源越丰富,管理越有效,它所犯的错误也就越大,损失也就越严重。因此,正确的企业战略是有效地实施战略的前提，是企业获得成功的保证。

战略一旦制定，战略实施中的行政管理的有效性就成为决定性的因素。既有一个正确完善的战略计划，使企业能够始终朝着正确的方向发展；又有对战略计划的有效执行与实施，使企业能够完成预期的战略计划目标，这就是成功的企业区别于失败的企业的重要标志。在企业长期的经营管理活动中，只有将战略制定与战略实施完美地结合起来，共同发挥作用，才能使企业获得成功。创造卓越的成就，是每一个战略管理者的梦想；而这个梦想，将实现于卓越的战略管理之中。

第五节　企业战略规划

制定战略规划，首先就是要解决“我们的企业是一个什么样的企业”这个问题，以确定企业当前状况和今后的发展。简单地说，企业战略规划是制定企业长期战略发展计划的过程。

一、环境分析

制定战略规划的前提和基础是环境分析，即充分考虑、分析企业所处内、外部环境，寻找企业在激烈竞争的市场环境中保持可持续发展的道路。环境分析通常分为企业外部环境分析和企业内部环境分析。

1. 企业外部环境分析

一般分为宏观环境分析和行业分析。

(1)宏观环境分析

宏观环境指那些可能影响企业成败但企业不能全部控制的因素，包括政治、经济、社会和科技因素。

①政治。政治因素主要包括一国的政治体制、法律制度和政府行为。政治体制及其改革，无疑会给企业的领导制度、管理方式等带来深远的影响和制约。正确地、充分地适应和利用政治体制、政治氛围，是企业抓住机遇、加快发展的重要条件。

②经济。经济因素主要包括社会经济结构、经济发展水平、经济体制和经济政策。社会经济结构一旦出现问题，必然会导致企业生产经营产生较大波动和紊乱。处在不同经济发展水平的国家或地区，工业化水平不同，居民收入水平不同，消费者对产品的需求、营销的方式等有很大差异。经济体制规定了国家与企业、企业与企业、企业与各经济部门的关系，并通过一定的管理手段和方法，调控或影响社会经济活动的范围、内容及方式。经济政策是国家根据一定时期的经济建设任务或经济建设问题提出的针对性的宏观调控规定、意见和条例，包括产业政策、价格政策、分配政策等。

③社会。社会因素主要包括社会企业、风俗习惯、教育水平和价值观念。社会

企业的类型、规模,对产品的市场需求有重要影响。人们对工作与休闲的价值取向,可能对工作安排、工作实施、管理行为和报酬方式产生广泛影响。文化的影响遍及企业整个生产、销售、服务等活动过程。敏锐观察,恰当理解地文化、文化环境对企业产品、包装、款式等的影响,关系企业生产经营的成败。

④科技。科技因素主要指科学知识或其他系统化知识在经济、社会领域的应用所产生的对企业生产经营活动的影响,它包括新思想、新发明、新方法和新材料。新的科学原理、新的技术发明、新的管理思想,既促进了新兴产业的形成和发展,也加剧了传统产业的衰败和淘汰。随着世界科技创新的进一步加快,产品更新、产业演变的速度也将越来越快,科技因素对企业的影响将越来越大。

(2)行业分析

企业所在的行业或要进入的行业,是对企业影响最直接、作用最大的企业外部环境。要正确制定企业战略,必须对企业所在行业及所要进入的行业进行认真分析,包括行业状况分析和行业结构分析。

1)行业状况分析

行业状况分析可从行业所处的发展阶段、行业在社会经济中的地位及作用和行业的基本特性来说明。行业处在不同的发展阶段,对其所属企业的作用和影响有所不同。企业可根据行业的寿命周期和该行业的产品在国内、外的循环过程两方面,认识和确定本行业所处的发展阶段。

由于各行业社会使命、发展条件、生产工艺等的不同,各行业具有不同的特点。一般可从行业分工、行业在工业生产过程中的位置、行业所使用的主要资源、行业的市场状况以及行业所需资源的可靠性和及时性等几方面来分析行业基本特性。

2)行业结构分析

行业结构是指行业的内在经济联系,行业结构分析的目的在于了解本行业的竞争力量及基本情况,明确与这些竞争力量相比较,本企业所具有的优势及存在的劣势,从而确定本企业对各种竞争力量的基本态度和相应对策。

哈佛大学教授波特在其《竞争战略》中,提出了著名的"五力"行业结构分析法,他认为,一个行业存在着新进入者、替代品的生产者、议价的供应者、议价的购买者、行业内现有竞争对手等五种基本的竞争力量。这五种竞争力量共同决定着行业的获利潜力,如图 3-3 所示。

①新进入者。行业外准备或正在进入某行业的企业称为新进入者。新进入者会给本行业带来很大威胁。威胁的状况决定于进入障碍和现有企业的敏感程度。规模经济、产品差别化、需要的资金、适当的销售渠道、成本优势、政府政策和法律约束以及行业内现有企业的反应等因素是决定进入障碍高低的主要因素。当行业内现有企业的生产都已达到一定的规模,新进入者以较小规模进入该行业就将处于产品成本的劣势地位,如果以较大规模进入则将面临较大的资金投入、产品销售的风险;现有企业所具有的商标信誉和用户的忠实性,迫使新进入者要用很大代价

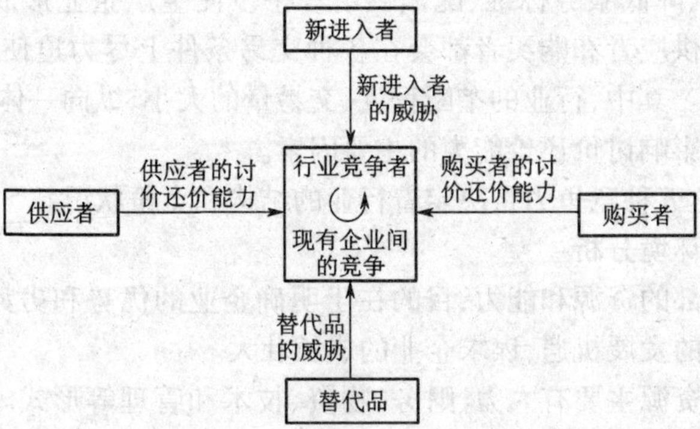

图 3-3　行业内的五种竞争力量

来树立自己的信誉和克服用户对现有产品的忠诚；必须用大量时间和特殊服务来抵制购买者变换供应者所支付的一次性成本；必须提供更优惠的批发价格或加强广告宣传打入现有企业已建立起来的良好的销售渠道。

②现有企业间的竞争。行业内部的企业在生产经营上既相互依存又相互竞争。行业内现有竞争的激烈程度决定于竞争者的多少及力量对比、经营策略、市场增长率、固定成本或库存成本、产品特色、退出壁垒以及行业成长快慢等因素。如果主要竞争对手处于势均力敌状态，则行业内部必然竞争激烈，而且各自的获利能力都比较低。在这种情况下，企业要想成为行业的领先者或保持原来较高的获利水平则要付出较大的代价；与之相反，如果行业内只有少数几个大的竞争对手，形成某种半垄断状态，企业间的竞争便趋于缓和，企业的获利能力也大。分析产品一市场发展周期可以看出，在研发、调整和衰退阶段企业间的竞争比较频繁，竞争对手规模大体相同，企业和行业的获利能力比较低；在增长、成熟和饱和阶段企业间的竞争减弱，竞争对手规模差别较大，企业和行业的获利能力较大。

③替代品。行业中所有的企业都不得不和生产可以替代本行业产品的企业或行业进行竞争。替代品的价格一般比较低，使本行业产品价格的上限只能处在较低的水平，这就限制了本行业的收益。替代品的价格越有吸引力，这种限制作用也就越牢固，对本行业构成的压力也就越大。如果本行业产品竞争能力弱，就会被替代产品逐渐取而代之。

④购买者。如果购买者讨价还价能力较强，购买数量较大；或者通过实现后向一体化，具有自己生产产品的能力；或者可以向其他厂家购买相同产品而不增加成本，那么，他们由于处于有利的竞争地位，往往会提出生产厂家降低价格、提高产品质量、提供较好的服务以及其他的要求。这样就对企业形成了一种竞争压力。如果企业不能满足这些要求，购买者会转向其他厂家寻求更好的产品和服务。

⑤供应者。如果供应者的讨价还价能力较强、垄断程度较高，或者替代品不易找到，或者供应商能够实现前向一体化等，那么，他们也将在竞争中处于有利位置，

会通过提高价格、降低服务标准、配额供给等手段使生产企业形成一定程度的妥协。任何行业的供应者和购买者都会在各种交易条件上尽力迫使对方让步，使自己获取最大利益。其中，行业的垄断程度、交易量的大小、纵向一体化的程度、信息掌握的多少等是影响讨价还价能力的主要因素。

总之，上述这五种竞争力量决定着行业的结构和竞争状况。

2. 企业内部环境分析

分析企业内部的资源和能力，目的在于明确企业的优势和劣势，扬长避短，抓住外部环境提供的发展机遇，谋求企业的成长壮大。

企业的基本资源主要有人力、财务、物资、技术和管理等形式。人力资源分析包括企业各类人员的数量、结构、学历、职称、管理技巧和创新能力等；财务资源分析要着力对企业资金来源、使用结构、偿债能力、获利能力、成本费用水平和利润分配等进行深入分析；物资资源分析主要分析生产设备状况；技术资源分析包括产品质量和研究开发两个方面；管理资源分析可围绕管理企业和管理制度两方面展开。

企业的资源只是企业的潜力，还不是实力或能力。欲将潜力转化为实力，需要对各种资源进行有机整合。这种整合能力的大小主要由企业的管理能力的高低来体现。所以说，管理既是企业的一种资源，也是企业整合各种资源的一种能力。

二、战略方案设计

战略方案的设计，是对战略指导思想、战略目标、战略阶段、战略重点和战略措施五要素进行的统筹规划。

1. 战略指导思想

战略指导思想是战略制定与实施的基本思路和观念，是整个战略管理的灵魂。企业在不同时期有各不相同的战略思想的表述方式，一般战略指导思想应体现系统性、前瞻性、创新性等思想观念，重视把握信息与机遇。其中创新性观念尤为重要，主要包括技术创新、市场创新、企业创新。技术创新是企业适应市场竞争的必然选择。企业在设计战略方案时，应该以具体、规范的语言形式，明确和树立适合本企业的战略思想和战略观念。

2. 战略目标

战略目标是企业使命的具体化，是企业在对内、外部环境充分认识的基础上，根据自身实际情况提出的在一定时期内所预期获得的成果或所追求的期望值。只有明确地规定出企业使命，才能正确地确立鲜明而现实的企业战略目标。

(1)企业使命

企业使命是企业在经济发展和社会进步中所应担当的责任，包括企业哲学和企业宗旨。企业哲学是对企业经营活动本质性认识的高度概括。它是企业确定经营活动方式所依据的信念、价值观和行为准则；企业哲学一般由处理企业经营过程中的各种关系的指导思想和基本观点构成。

(2)战略目标

在明确企业使命的基础上,将其具体化为企业在较长时期所预期的可量化的成果,就形成了企业的战略目标。战略目标由于受经济环境、产业分布、企业规模和发展阶段等各方面因素制约而不尽相同。企业的战略目标要体现经济任务与社会责任、长远预期与近期要求、定性与定量的统一。

3. 战略阶段

由于企业外部环境及企业内部条件在这一较长时期的不同阶段上的变化,目标的制定和实现经常要相应做出阶段划分,即明确战略阶段或战略阶段目标。战略阶段的划分,既要依从战略目标,结合企业实际,也要明确相互关联、相互区别的各个阶段上的中心任务或核心任务,还要明确各阶段在战略全过程中的地位、作用,并将企业长期战略目标分解为各个阶段上的战略目标。为使战略实施顺利推进,划分战略阶段时,还应对各战略阶段之间的过渡、转换作出具体、详细的阐述。

4. 战略重点

战略重点是指那些对于实现战略目标具有关键作用而又有发展优势或自身发展薄弱而需要加强的方面。为集中有限资源,针对性解决关键问题,有效推动战略目标的实现,必须规定战略重点。

借助理论分析和定量计算相结合的方法可以较为客观、准确地寻找出战略重点。在确立战略重点时,应考虑在不同的战略阶段,同一战略重点主导作用会有程度上的差别,同一战略重点的内部各要素所发挥的作用也是不均衡的;在不同的战略阶段,为适应各阶段中心任务的完成,可确立不同的战略重点。

同时,战略重点和非重点是相互依存、相互作用的,在一定条件下又相互转化。在确立战略重点时,应正确处理好重点和非重点的关系,明确规定出不同条件下的战略重点,以便适时地进行战略重点的转移。

5. 战略措施

战略措施指为实现战略目标而制定的方针、政策和拟采取的对策、措施、手段等,也可表述为保证实现企业总体战略而设计的职能战略。

制定企业方针、政策,要考虑政府、竞争者、传统、环境等因素的影响。企业的战略措施应符合目标明确、灵活、新颖、讲求实效等要求。

总之,战略方案的五个构成要素相互联系、相互作用。战略指导思想是整个战略管理的灵魂;战略目标是战略思想和企业使命的具体体现,是战略管理的核心;战略阶段是实施战略目标的分阶段;战略重点是实施战略推进的重点和关键环节;战略措施是实现战略目标的重要措施和手段。

三、战略方案分析

战略方案分析,是企业选择最适宜战略的前提条件。企业战略方案主要有增长型战略、稳定型战略、紧缩型战略和混合型战略四种类型。

1. **增长型战略**

增长型战略包括集中化、一体化、多样化三种类型。从企业发展的角度来看，任何成功的企业都实施过或正实施着增长型战略。只有选择和实施增长型战略，才能不断扩大企业规模、增强企业实力和提高企业竞争地位。

(1)集中化

集中化增长战略是指以快于以往的增长速度来增加一个企业现有产品或劳务的销售额、利润额或市场占有份额，是最常用的增长战略之一，适用于市场对企业的产品或劳务的需求日益增大时期。

(2)一体化

一体化增长战略是将独立的若干部分加在一起或者结合在一起成为一个整体。一体化战略又包括纵向一体化、水平一体化两种形式，其中纵向一体化还可再分为向前一体化和向后一体化。

(3)多样化

多样化又称多元化、多角化，是指企业向市场提供的产品或劳务的异质性增大或企业向异质市场提供产品或劳务。广义的多样化包括一体化。多样化包括纵向多样化、横向多样化、同心多样化和复合多样化四种模式。

2. **稳定型战略**

稳定型战略主要依据是前期战略，它坚持前期战略对产品和市场领域的选择，以前期战略所达到的目标作为本期希望达到的目标。实行稳定型战略的前提条件是企业过去的战略是成功的。稳定型战略的经营风险较小，适用于那些曾经成功地在处于上升趋势的行业和变化不大的环境中活动的企业。稳定型战略可分为无变化战略、利润战略、暂停战略和谨慎实施战略四种类型。

3. **紧缩型战略**

紧缩型战略的基本目的是使企业渡过危机，然后转而选择其他战略方案。一般企业只是在短期内实施这一战略。紧缩型战略适用于经济衰退时期或企业出现经营失误。有时企业为寻求更高的投资回报，采用紧缩型战略主动从前景有限的经营领域退出，进入新的经营领域。根据紧缩方式和程度不同，紧缩型战略可分为抽资战略、转向战略、放弃战略和清算战略四种类型。

(1)抽资战略。抽资战略是指减少企业在某一特定领域内的投资，其目的是减少费用支出，改善现金流量。采用该战略时，一般销售额和市场占有率会下降，但损失的收入可由削减的费用来补偿。

(2)转向战略。转向战略是企业在投资战略基础上削减投入、更换管理人员、解雇部分员工、拍卖某些资产等，以便从现有领域转向新领域。成功采用转向战略的关键是要有系统、完整的战略管理观念。

(3)放弃战略。放弃战略是指卖掉企业的一个主要部门，可以是一个经营单位、一条生产线或者一个事业部。放弃战略的目的是要找到肯出高于企业固定资产时价的买主,企业管理人员应使买主认识到购买企业所获得的技术或资源,能使对方利润增加。

(4)清算战略。清算战略是通过变卖资产或停止全部经营业务来结束企业的生命。一般只有在其他战略都失败时才采用清算战略。对于某些企业,尽早制定清算战略,可以尽可能多地收回企业资产,从而减少各方损失。因此,清算战略在特定的情况下,也是一种明智的选择。

4. 混合型战略

企业在不同发展时期,交叉、组合使用上述三种战略,即为混合型战略。混合型战略可采取同时组合、顺序组合等形式。

四、战略方案选择

战略方案选择是在战略方案分析的基础上,按照一定标准,对各种方案进行评价,决策者选定方案的决策过程。

1. 评价标准

一般采用拜亚斯提出的目标一致检验、行业结构检验、企业能力检验和运用性能检验作为评价战略方案的标准。

2. 评价方法

随着科学理论和实践的不断发展,已经创造出很多可行的评价方法。但没有一种方法是万能的。一般来说,战略方案评价方法包括客观评价方法和主观评价方法两大类。

(1)客观评价方法

客观评价方法是建立在数学工具基础上的决策方法,它的核心是把变量与变量、变量与目标之间的关系用数学式表示出来,即建立数学模型。再根据评价条件,借助电子计算机,通过计算求得答案。这种方法特别适用于方案的比较和评价。由于所包含的变量多少不同、环境的不确定程度不同,以及所进行的分析有静态和动态的区别,所以评价时要运用复杂程度不同的数学工具。

1)波士顿矩阵

波士顿矩阵是由美国波士顿咨询公司在19世纪60年代开发出来的一种分析方法,如图3-4所示。

波士顿矩阵的纵轴表示市场增长率,是战略经营单位或产品的市场销售额增长的百分比,表示战略经营单位或产品所在市场的相对吸引力;横轴表示战略经营单位或产品在行业中的相对市场占有率,是战略经营单位或产品的市场占有率与其最大的竞争对手的市场占有率之比。圆圈表示企业或产品,其大小代表相对重要程度。

在矩阵中,市场增长率高低的分界线为10%。高于10%的增长率表明战略经营单位或产品处于增长阶段,而低于10%的增长率则说明战略经营单位或产品处

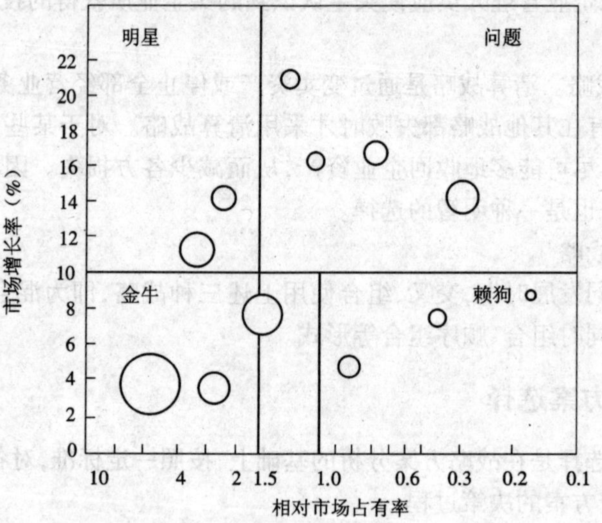

图 3-4　波士顿矩阵

于成熟阶段或饱和阶段或衰退阶段。

在矩阵中，相对市场占有率地位的分界线为 1.0，小于或等于该值，表示战略经营单位或产品的竞争力较弱；大于该值，表示战略经营单位或产品的竞争力较强。

波士顿矩阵把企业的全部业务或产品分为明星（增长快，竞争力强）、金牛（增长慢，竞争力强）、赖狗（增长慢，竞争力弱）、问题（增长快，竞争力弱）四类，企业应有针对性地采取相应策略。

波士顿矩阵的局限性在于难以明确判定市场的状况，且过于简单。

2）通用电气公司矩阵

通用电气公司矩阵是美国通用电气公司开发的一种分析方法，它克服了波士顿矩阵的弱点。该矩阵如图 3-5 所示。

矩阵中，纵轴表示行业吸引力，横轴表示战略经营单位或产品的竞争力。

矩阵中，圆圈面积大小与行业的规模成正比，圆圈中扇形阴影部分表示战略经营单位或产品的市场占有率。

行业吸引力和市场占有率的值决定着战略经营单位或产品在矩阵上的位置。

分析行业吸引力的目的是衡量战略经营单位或产品参与竞争的每一个行业的潜力，促进企业总体目标的实现。行业吸引力的分析一般包括选择评价标准（主要有市场增长率、市场规模、获利能力、市场结构、竞争结构、季节性、周期性、规模经济、技术和资金的需求、法律和环境因素等）、确定评价标准的权重、明确每个标准的级数以及评价结果四步。

分析战略经营单位或产品在行业中的竞争力是为了更准确地分析其发展潜力

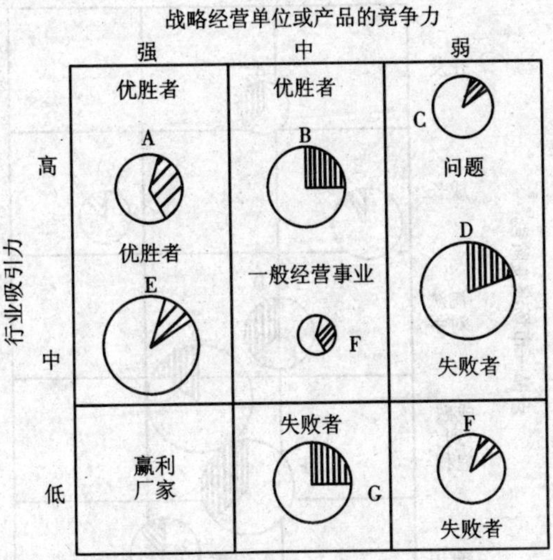

图 3-5　通用电气公司矩阵

与获利潜力。与行业吸引力的分析过程相似，战略经营单位或产品竞争力的分析一般包括选择评价标准（主要有市场占有率、对顾客和市场的了解、技术能力、管理能力等）、确定评价标准的权重、明确每个标准的级数以及评价结果四个步骤。

通过该矩阵，企业可以了解所处的地位，识别出所面临的主要战略问题。

通用电气公司矩阵的局限性在于无法有效描述新产品或处于新兴产业的战略经营单位的位置。

3）产品—市场演变矩阵

产品—市场演变矩阵是由霍弗设计出的、有 15 个方格的矩阵，主要用来评价企业的经营状况，该矩阵如图 3-6 所示。矩阵中，圆圈表示行业的规模，圆中扇形阴影表示战略经营单位或产品的市场占有率。

这种矩阵克服了通用电气公司矩阵的弱点，可以从矩阵中看出战略经营单位或产品所处的地位。

4）政策导向矩阵

政策导向矩阵是由世界著名的壳牌石油公司创立的，如图 3-7 所示。

矩阵中，横坐标表示市场前景，即行业吸引力；纵坐标表示战略经营单位或产品的竞争力。政策导向矩阵共有九个区域，每个区域都对应相应的战略，区域的形状应该是不规则的，其边界不固定，并且区域间允许重叠。

通过该政策导向矩阵得出的战略建议更为具体。但政策导向矩阵的局限性在于容易使管理者产生误解，认为分析结果一定准确，忽视了政策导向矩阵在分析中的主观性。

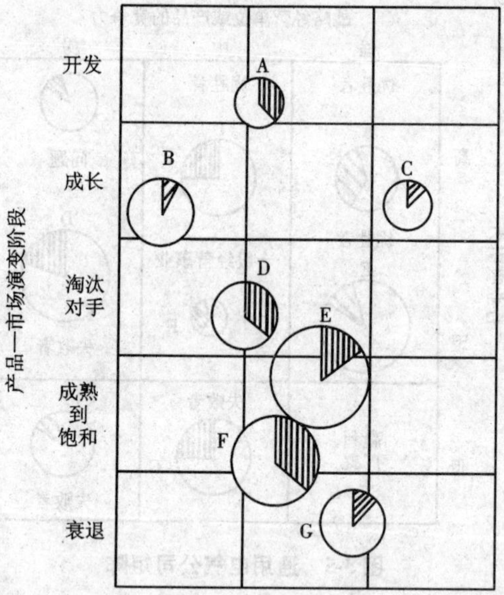

图 3-6　产品—市场演变矩阵

市场前景（吸引力）

战略经营单位或产品的竞争力	弱	中	强
弱	不再投资	分期撤退	加速发展或撤退
中	分期撤退	密切关注 成长	努力尝试
强	资金源泉	成长 领先	领先

图 3-7　政策导向矩阵

5）边际分析法

评价战略方案可以使用边际分析法，即把追加的支出与追加的收入相比较，二者相等时为临界点。如果企业的目标是取得最大利润，那么当追加的收入和追加的支出相等时，这一目标就能达到。

6）费用效果分析法

当各个选择方案的数量、目标不像利润、生产率、费用等所表示的那样具体明确时，费用效果分析法是一种选择方案的好办法。费用效果分析法是根据每个方案在为目标服务时的效果，来权衡它们的优缺点，从效果上，比较每个方案的费用。

7)概率方法

概率方法在科学、工商业和许多日常生活问题中起重要作用。概率可分为客观概率和主观概率。主观概率对决策是有用的，往往是必需的。因为它以经验推理为基础，推论事情发生的可能性。一般来说，主观概率适合于非常规的、不重复的决策，而客观概率却可用于常规和重复的选择。

8)期望值方法

期望值方法是决策者对一个方案可能出现的正反两种结果，分别估计其得失数值，再以其可能实现的概率加权，求得两项乘积的正或负的差额，再把各个方案的差额加以比较而作出决定。决策树便是期望值方法的一种，期望值方法因直观、易懂而得到普遍接受和广泛使用。

9)博奕论方法

博奕含有冲突的因素，这种决策不能单顾自己一方，而要估计到对手一方，犹如两人对奕，是一个胜负问题。它的理论基础是数学。

10)线性规划方法

线性规划是解决多变量最优决策的方法。在各种相互关联的多变量的约束条件下，去解决或规划一个对象的线性目标函数最优的问题。其中目标函数是指决策者要求达到目标的数学表达式，用一个极大或极小值表示。约束条件是指实现目标的能力资源和内部条件的限制因素，用一组等式或不等式表示。

上述方法可以提高战略方案评价的准确性、最优性、可靠性，不过，这些方法也有它的局限性，例如，对于许多复杂的评价方案来说，有些变量是根本无法定量的。

(2)主观评价方法

主观评价方法是指用心理学、社会心理学的成就，采取有效的企业形式，在评价过程中，直接利用专家们的知识和经验，根据已掌握的情况和资料，作出评价和选择。

主观评价方法的优点是方法简便，通用性强，易于接受，且特别适合于非常规决策，有利于调动专家的积极性，提高他们的工作能力。但是，主观决策法也有局限性，因为它是建立在专家个人直观基础上，缺乏严格论证，易产生主观性，而且还容易受企业领导者个人倾向的影响，因为参与决策的专家人选是由他决定的，而专家人选的类型对意见的倾向性关系很大。

总之，主观评价方法与客观评价方法各有优缺点。只有灵活地应用各种方法，优势互补，才能提高决策的科学化水平。

第六节　企业战略实施

为完整、有效贯彻实施企业已选定的战略方案，一般需开展组织结构设计、战略计划编制、企业资源分配和选择实施模式等工作。

一、组织结构设计

1. 组织结构的定义

战略是通过组织来实施的。组织是按照一定目的和程序组成的一种权责结构(或角色结构)。组织工作是指为了实现企业的共同目标而确定企业内各要素及其相互关系的活动过程,也即设计一种组织结构,并使之运转的过程。组织工作是动态的。

组织结构就是表明组织各部分排列顺序、空间位置、聚散状态、联系方式,以及各要素之间相互关系的一种模式,它是执行管理和经济模式的体制。组织结构规定了组织内各个组成单位的任务、职责、权利和相互关系。

2. 组织结构的类型

组织结构是企业的"框架",而"框架"的合理完善,很大程度上决定了企业目标能否顺利实现。企业的内外部环境不同,组织的结构类型也不尽相同。组织结构的类型主要有直线型、职能型、直线—参谋型、直线—职能参谋型、事业部制、矩阵式、战略经营单位、多维立体组织结构等。

二、战略计划编制

战略计划在战略实施过程中,可以明确各方责任,推动循序渐进,方便检查督促。

1. 战略计划的内容

(1)分解目标

战略目标是企业战略的核心内容。将战略目标做时间、空间的分解和细化,是战略计划的核心内容。在此基础上,企业还需要编制各种长、短期计划和职能计划,来实现各项细分目标。

(2)提出措施

战略计划中的措施,是对战略方案中措施的进一步细化,更具体地提出实施企业职能战略的方针、程序和规章。

(3)确定重点

战略计划对战略重点的规定,是指为实施战略方案中所确定的战略重点,对资源重点配置、企业重点保证、行动重点推进作出具体布置和提出相应措施。

(4)明确时机

当企业作出战略方案抉择后,要审时度势,择机而动。

(5)编制预算

预算作为数字化的计划,是企业分配资源的主要方法之一。企业在订立行动计划后,应依照计划,认真、全面地编制预算,合理、有效地分配企业各种资源于实施企业战略的各个项目上去。

为克服编制预算过繁、过细、效率低下、数字膨胀等危险倾向，可采用弹性预算、零基预算和项目预算的方法来编制预算。

2. 战略计划的方式

企业不同，其编制战略计划的方式方法也会不同。通常可选用的编制战略计划的方式主要有自上而下、自下而上、上下结合、特别小组四种形式。

三、企业资源分配

企业资源分配既指将企业已有资源按战略计划或预算调整、分配至各行动计划和项目，也指寻求、筹集新资源以满足战略实施的需要。资源分配包括人员分配和资金分配两方面内容。

1. 人员分配

人员分配包括各级管理者和一般员工的分配或配备。管理者是实现战略目标的关键人物，企业战略实施的成败在很大程度上决定于管理者的配备情况，因此，管理者的配备是人员分配的主要内容。管理者的挑选、配备可通过企业内部、外部两条途径实现。

2. 资金分配

企业中一般采用预算方式来分配资金。

四、实施模式选择

战略实施有指令型、变化型、合作型、文化型、增长型五种模式，企业高层领导应根据企业自身多种经营的程度、发展变化的速度和企业目前的文化特色等条件，选择好本企业战略实施的模式。

第七节 企业战略控制

为确实保证战略目标的实现和战略执行计划的完成，除需要不断增强战略措施的应变性外，还必须加强战略控制。

一、战略控制的步骤

战略控制是将战略实施过程的信息反馈的结果与预定的战略目标进行比较，检测二者的偏离程度，并采取有效措施进行修正，以实现战略目标的完整和完全。

1. 拟定标准

影响实现战略目标的因素众多，要控制这些因素，确定控制标准，计划是控制的根据。从逻辑上讲，控制过程的第一步是制订计划。但是，由于各种计划的详尽程度和复杂程度各不相同，管理者没有更多的精力和能力去仔细、全面地观察来实行控制，因而需要建立专门的标准。这种标准是从一个完整的计划中选出来的，对工作成果的计量有重要意义的关键点。它们或者可能是生产经营活动中的一些限定因素,或者可能是使计划能更好地发挥作用的一些因素。从计划中选择关键控制点的能力是一门管理艺术。

对管理者来说,由于企业有其特殊性,所要执行的计划方案不胜枚举,所要计量的工作成果各不相同,因而也就没有一个对他们共同适用的控制标准。计划方案的每一个目标、每一项方针政策、每一种程序和每一项预算都能成为衡量计划的实际执行或预期执行情况的标准。但是最理想的标准是可考核的标准。

在实际工作当中,按照不同的依据,可把标准分成不同的类型。例如分成实际标准和财务标准;或者分成无形标准和有形标准等;或者分为定性标准和定量标准等。但不管采用哪类标准,都需要根据控制的对象来决定。

(1)实物标准

实物标准是一种非货币标准,普遍适用于使用原材料、雇员、提供劳务和产品等的基层单位。这些标准反映了定量的工作成果。实物标准也可以反映质量。从某种意义上说,实物标准是计划工作的基石,也是控制的基本标准。

(2)费用标准

费用标准是一种货币标准。它同实物标准一样普遍适用于基层单位。这些标准把货币价值加到各种经营费用之中,例如,单位产品或工时的人工费用、单位产品的材料费用等。

(3)资金标准

资金标准是费用标准的变种,是用货币来计量实物项目而引起的。但是,它们与投入一个企业的资金有关,而与经营费用无关。对于新的投资和综合控制来说,最广泛运用的标准就是投资回收率。

(4)收入标准

收入标准是把货币价值与销售额相联系而产生的。这类标准多种多样,例如每销售一吨钢材的货币收入等。

(5)计划标准

在评价战略执行情况时难免有主观判断的因素,因此,可利用计划规定的时间日程以及其他因素作为客观的判断标准。

(6)无形标准

这是一类既不能用实物也不能以货币形式来计量的标准。在实践中,要确定既无明确的定量标准又无明确的定性标准的目标是非常困难的。在任何一个企业中,都存在着许多无形的标准,这是因为对所有各种工作的预期成果还缺乏彻底研究的缘故。对于许多人们相互关系的管理控制要以无形的标准、主观的判断、反复的试验,有时甚至是纯粹的预感等为依据。

(7)把目标作为标准

这是比较理想的控制标准,即在各级管理机构中建立一个可考核的完整的目标网络,这样就可以使无形标准的作用逐渐减小。考核目标可分为定量目标和定性目标两种。定量目标多半是采取上面所概括的各种标准形式,它是可以准确地考核的。而定性目标虽然也可考核,但却不可能和定量目标一样考核得那么准确,可通过对计划或其他具体目标的特征和完成日期进行详细说明的方法来提高其可考核的程度。

2. 衡量成效

实际上可以把这一步骤看作是控制过程的一个"反馈"。有了标准以后,首先要明确衡量的手段和方法,落实进行衡量和检查的人员,然后通过衡量战略实施的成效,获得大量信息。这样,既可以反映出战略的执行进程,使管理者了解到哪些人员或哪些企业部门的工作成效显著,以便对他们进行奖励;又可使管理者及时发现那些已经发生或预期将要发生的偏差。

按照标准来衡量战略实施成效的最好办法应当建立在向前看的基础上,从而可使差错在其实际发生之前就被发现并采取适当的措施加以避免。但是,有时这样做不一定行得通。有远见的管理者常常能预见可能出现的偏差,在缺乏这种能力的情况下,也应尽可能地及早发现已经出现的偏差。

有了恰如其分的标准以及准确测定战略实施成效的手段,就很容易对实际或预期的执行情况进行评价。但对各级管理者,很难制定出精确的标准,评价控制他们的工作成效,但他们的工作成效,不仅决定着个人的前途,而且还关系到整个企业的未来。因此,不但要对他们的工作进行评价和测量,而且对他们个人的素质也要进行考评。解决的办法是拟定一些可考核的标准,用定量的或定性的"有形"标准去取代那些无形的、笼统的、往往掺杂许多主观因素的标准。

3. 纠正偏差

这是战略控制的关键,它之所以重要,就在于它体现了执行控制职能的目的,同时,将战略控制与其他管理职能结合在一起。如果制定的标准反映了企业结构中的实际情况,也就是在实际的衡量中,通过用该标准与战略的执行情况进行比较,能将那些对产生偏差负有责任的人找出来,那么就能对偏差进行迅速纠正。因为管理者能根据企业结构而准确地知道必须在什么地方采取纠正措施。

纠正实际执行情况中的偏差,是整个管理系统中的工作内容之一。管理者通过对获得的偏差信息进行分析,就可以找出偏差出现的原因和应该对此负责的人员,然后通过重新制订计划或修改目标来纠正偏差,或者通过其他管理工作职能纠正偏差;也可以通过改善指导与领导的方法来纠正偏差。

纠正偏差不仅是战略控制过程的一个重要步骤,而且还是其他各项管理职能都在发挥作用的一个关键环节。控制活动与其他管理职能的交错重叠,说明了在管理者的职务中各项工作是统一的,说明战略控制过程是一个完整的系统。

二、战略控制的类型

1. 根据纠正偏差的措施不同划分

根据纠正偏差的措施不同,战略控制可分为现场控制、反馈控制和前馈控制。

(1)现场控制

现场控制的纠正措施是用于正在进行的战略执行过程。它是一种主要为基层管理者所采用的控制方法。管理者通过深入现场来亲自监督检查、指导和控制下属人员的活动。

在战略实施过程中,大量的控制工作,尤其是基层的管理控制工作都属于这种类型。因此,它是控制工作的基础。一个管理者的管理水平和领导能力常常会通过这种工作表现出来。

在现场控制中,企业机构授予管理者的权力使他们能够使用经济的和非经济的手段来影响其下属。控制活动的标准来自战略所确定的目标和政策、战略、规范和制度。控制工作的重点是正在进行的战略实施过程。控制的有效性决定于管理者的个人素质以及下属对这些指导的理解程度。在进行现场控制时,要注意避免单凭主观意志进行工作。

(2)反馈控制

反馈控制主要是分析工作的执行结果,将它与控制标准相比较,发现已经发生或即将出现的偏差,分析其原因和对未来的可能影响,及时拟定纠正措施并予实施,以防止偏差继续发展或防止其今后再度发生。反馈控制是一个不断提高的过程。它的工作重点是把注意力集中在历史结果上,并将它作为未来行为的基础。

在反馈控制中,管理者常常是根据历史资料来进行工作的。他们往往不会注意到这些历史数据资料是有缺陷的。如果要使控制工作真正有效,要克服因时间延迟所带来的弊病,就要实行面向未来的控制。

反馈控制并不是最好的控制,但它目前仍被广泛地使用着,这是因为现在还没有有效的预测方法,而且受主、客观条件的限制,人们往往会在战略控制过程中出现失误。目前,在企业中应用最广泛的反馈控制方法有财务报告分析、标准成本分析、质量控制分析和工作人员成绩评定等。

(3)前馈控制

前馈控制是管理者运用所能得到的最新信息,包括上一个控制循环中所产生的经验教训,反复认真地对可能出现的结果进行预测,然后将其同计划要求进行比较,从而在必要时调整计划或控制影响因素,以确保目标的实现。

在战略控制中,只有当管理者能够对即将出现的偏差有所察觉并及时采取某些纠正措施时,他们才能进行有效的控制。前馈控制,就是这样的一种控制,它面向未来,克服了反馈控制中因时间延迟所带来的弊病。可是,这种控制在实际工作中往往被某些管理者所忽视,因为他们错误地认为战略实施一定是事前的,而战略控制是事后的。事实上,有许多工作要求控制工作做在事前,因为这些工作不是为了纠正偏差,而是要向未来负责,以防止出现偏差。

与反馈控制不同,前馈控制的纠正措施往往是预防式的,作用在战略执行过程的输入环节上,重点是防止战略在执行过程中产生偏差,而不是控制行动结果,这是前馈控制在现代化管理中的一个重要特点。

实行前馈控制的优越性在于,前馈控制能使管理者及时得到信息以便采取措施,也能使他们知道如果不及时采取措施就会出现问题。它克服了反馈控制中因时间滞后带来的缺陷。从某种意义上,可以把前馈控制系统视为一个真正的反馈系统。但是,即便是实行了前馈控制,管理者仍然要对输出结果进行测量、衡量和评价,因为不可能期望前馈控制是完美无缺的,以致使人相信最终的结果一定是完全符合要求的。

2. 根据控制原因或结果的不同划分

根据控制原因或结果的不同,战略控制可分为直接控制和间接控制。

(1)间接控制

间接控制是根据标准,对比和考核实际结果,追查出现偏差的原因和责任,然后才去进行纠正。在工作中,产生偏差的原因是很多的。所定的标准不正确固然会造成偏差,但如果标准是正确的,则不肯定性因素,以及管理者缺乏知识、经验和判断力也会使战略实施出现偏差。间接控制是在出现了偏差、造成损失之后才采取措施,因此,它的费用支出是比较大的。此外,间接控制是建立在以下五个假设之上的:工作成效是可以计量的;人们对工作成效具有个人责任感;追查偏差所需要的时间是有保证的;出现的偏差可以及时发现;管理者将会采取纠正措施。然而这些假设有时却不能成立。

(2)直接控制

直接控制是相对于间接控制而言的,它是通过提高管理者的素质来进行控制工作的。直接控制的指导思想是合格的管理者出的差错最少。所谓"合格",是指管理者能熟练地运用管理的概念、原理和技术,能以系统的观点来进行管理工作。直接控制的原则是主管管理者及其下属的质量越高,就越不需要进行间接控制。直接控制是以下列四个假设为依据的:合格的管理者所犯的错误最少;工作成效是可以计量的;在计量工作成效时,战略管理的概念、原理和方法是一些有用的判断标准;战略管理基本原理的应用情况是可以评价的。

直接控制的优点在于,对管理者经常不断地进行评价,会揭露出工作中存在的缺点,并为消除这些缺点而进行专门培训提供依据;直接控制可以加速采取纠正措施并使其更加有效;由于提高了管理者的素质,减少了偏差的发生,节约了经费开支;直接控制的心理效果也给人以深刻的印象。

总之,管理者的素质提高后,其威信也增加了,下级人员对他们更加信任和支持,这样就有利于整个战略控制目标的顺利实现。但是,采用直接控制方法是有条件的，要求管理者必须对战略管理的原理、方法有充分的理解。

三、战略控制的技术和方法

随着科学技术的迅速发展和大规模应用，企业的规模越来越大，活动的范围越来越广，分工越来越细，产生的信息也越来越多，因而战略控制的方法和技术也得到了很大的发展和丰富。

1. 预算

预算作为一种传统控制手段，无论是过去还是现在都得到了广泛的应用。

(1)预算的概念、目的和作用

预算是用数字的编制反映企业在未来某一个时期的综合计划。预算通过财务形式把战略数字化，并把它们分解落实到企业的各层次和各部门中去，管理者以此为依据可以进行人员和任务的委派，协调和指挥企业的活动，并在适当的时间，将企业的活动结果和预算进行比较，发生偏差时及时采取纠正措施，以保证企业能在预算的限度内去完成计划。

一个好的预算，不仅可以影响管理者的工作态度和工作作风，而且可以改进企业的活动，保证战略规划的顺利实施；可以使管理者了解企业内外环境的现状和未来，确立自己的工作重点，改善企业内的意见和信息沟通，改进对下属的指导与领导方式，并设法激发下属的工作热情；在执行预算时，可以使管理者预先发现可能出现的问题并及时采取纠正措施；促使他们向更高的目标奋斗，以编制出更好的预算。

对于企业来说，预算可使每个成员了解自己未来的工作任务和职责，协调企业内部的活动，明确各部门的工作内容和权限，有助于改善企业结构，使各个部门间的成员相互了解，形成意见沟通的网络，并促使企业定期地检查自己的工作成果，以利于取得更大的经济效益和社会效益。

(2)预算的种类

预算的种类很多，基本上可以分为六种。

①收支预算。收支预算是以货币来表示的企业经营管理的收支计划。其中最基本的是销售预算，它是销售预测详细的正式说明。由于销售预测是计划工作的基石，因而销售预算是预算控制的基础。

②实物预算。这是一种以实物单位来表示的预算。因为在战略控制的某个阶段采用实物数量单位比采用货币更有意义。常用的实物预算单位有直接工时数、台时数、原材料的数量、占用的平方米面积和生产量。此外，用工时或人时来预算所需要的劳动力也是很普遍的。

③基本建设费用预算。由于基本建设费用的来源不是随意的，也由于要从经营中收回投资于厂房、机器设备等方面的费用往往需要很长的时间，因此，基本建设费用应尽量与战略规划结合在一起。

④现金预算。现金预算实际上是一种现金的收支预测，可用它来衡量实际的现金使用情况。它还可显示可用的多余资金，因而有可能编制剩余资金的投资计划。从某种意义上来说，现金预算是企业中最重要的一种控制。

⑤资产负债预算。资产负债预算表可用来预测将来某一特定时期的资产、负债和资本等账户的情况。由于其他各种预算都是资产负债表项目变化的资料依据，所以，此表可验证所有其他预算的准确性。

⑥总预算。总预算是把各部门的预算集中起来的一种预算。

(3)预算的缺点

尽管预算是一种普遍使用的、行之有效的计划和控制方法，但它也存在着一些不足之处：容易导致控制过细、容易导致本位主义、容易导致掩盖效能低下的缺点、缺乏灵活性。

(4)改进方法

为了克服预算存在的不足，有必要采用可变的或灵活的预算。这类预算通常是随销售额或业务量的变化而变化的，其编制依据是对费用项目进行分析，以此来确定各个费用项目应怎样随着产量的变化而变化。

有一种"以零为基数"(零基)的预算，其效果和可变预算一样，可克服不灵活的缺陷。这种方法的基本思想是把企业的战略分为由目标、业务和所需要的资源等组成的几个"分计划"，然后从零开始计算每个分计划的费用。由于每个分计划的预算费用都是以零为基数开始重新计划的，因而避免了预算控制中只注意前段时间变化的倾向。

零基预算的优点在于它迫使主管人员重新安排每个分计划，这样可以从整体出发，连同新计划及其费用一起来考察所确定的战略及其费用。但是，这种方法一般仅应用于一些辅助性生产和服务性企业而不用于实际生产性企业。

2. 统计资料

对企业的管理各方面做出的统计分析资料，对战略控制是很重要的。

3. 专题报告和分析

专题报告和分析对于具体问题的战略控制是非常有用的。这是由于专题报告和分析具有非例行工作的特点，使人们能够高度重视非一般性的问题，这样可以揭示出对改善效率有重大意义的关键之处。

4. 盈亏平衡点分析

盈亏平衡图是一种很有用的战略控制方法，它描述了销售额与成本的关系。它表明生产数量达到什么点时收支相抵、或亏本、或盈利。

5. 经营审核

经营审核是企业中有关人员对会计、财务等活动所作的定期和独立评价。除此之外，还要对企业的政策、业务手续、职权运用、管理质量、管理工作的效果等诸方面作出正确的评价。

6. 深入现场

深入现场也是战略控制的一种重要方法。管理者通过深入现场调查，也能从中得到有益的情报。

7. 时间网络分析

时间网络分析法是一种很有意义的战略控制技术，也称为计划评审技术（PERT）。这是一种用来观察在时间和项目的推移过程中，如何把计划的各个局部恰当地结合在一起的方法。主要用于对研究与发展方面的战略控制上。时间网络分析法的最主要的进步，是体现了“控制关键点”的原理。

8. 综合控制

企业结构的复杂性和企业活动的广泛性，决定了一个企业受控制的要素不是一个而是多个，以往有许多专门的控制技术和方法仅是针对某一个或几个因素来实施控制，而不是对企业战略进行全面的控制，因而有必要提出一些综合控制的方法和技术，使管理者能对企业战略进行总的衡量和评价。

综合控制在很大程度上是通过对企业的财务活动进行控制来实现的。最常用的综合控制方法是总预算、损益控制、投资回收率和企业的自我审核。

四、目标管理

1. 目标管理的概念

目标管理是指企业的最高领导层根据企业面临的形势和社会需要，制定出一定时期内企业经营活动所要达到的总目标，然后层层落实，要求下属各部门主管人员以至于每个职工根据上级的目标，分别制定自己的目标和保证措施，形成一个目标体系，并把目标的完成情况作为各部门或个人考核的依据。

目标管理是20世纪50年代后期在美国出现的。它是在泰罗的科学管理和行为科学理论基础上形成的一套管理制度。1954年德鲁克在其所著的《管理的实践》一书中，首次提出了“目标管埋和自我控制”的理论。德鲁克认为，通过目标管理就可以对管理者进行有效的管理，这主要是因为：目标管理为企业各级人员规定了目标；目标管理是管理管理者；目标管理使对各级管理人员的考核有了客观标准；目标管理是分权制的结果；目标管理强调“自我控制”。

每个职工的目标，就是企业总目标对他的要求，同时也是这个职工对企业总目标的贡献。企业各级领导人依据这些分目标对下级考核。如果每个职工和主管人员都完成了自己的分目标，则整个企业的总目标就有可能达到，企业战略就会成功实现。与此同时，还有许多专家、学者对目标管理也同样做出了重大贡献，在此基础上形成了目标管理制度。由于这种制度在美国应用非常广泛，而且特别适用于对企业管理者的管理，所以被称为“管理中的管理”。

我国在20世纪80年代引入目标管理。它是伴随着推行全面质量管理而开展起来的。目前，我国各级组织中实行的计划指标层层分解、归口管理的办法，有些类似于目标管理。实践证明,目标管理是一种有效的科学管理方法,对我国的现行管理制度有重要参考价值。

2. 目标管理的程序

针对各个企业活动的性质不同,目标管理的步骤不尽相同。一般来说,目标管理主要包括以下步骤。

(1)制定目标

实行目标管理,首先要建立一套完整的目标体系。企业最高管理层首先要订出一定时期内企业经营活动要达到的总目标。经过上下协商,订出下级以及个人的分目标。总目标指导分目标,分目标保证总目标。企业内部上下左右各自都有具体的目标从而形成一个目标体系。在这个体系中,目标应有主次轻重之分,要注意目标之间的协调,避免相互脱节;目标任务要略高于执行者的能力水平,必须经过努力才能完成;目标的数目不宜过多,尽量使目标具体化、定量化,便于检查和考核。

(2)组织实施

目标确定后,企业的管理者应放手把权力交给下级成员,不必事必躬亲,管理者自己应抓重点的综合性管理。完成目标主要靠执行者的自主管理。下级部门可以在战略规定的范围内,借助上级授予的用人、用钱、开展业务等权力,独立自主地进行工作、自行决定完成目标的方法和手段,借以实现本部门的战略目标。上级的管理主要表现在指导、协助、提出问题、提供情报以及创造良好的工作环境。

(3)检验结果

对各级目标的完成情况和取得的结果,应及时地进行检查和评价。事先规定出检查时间,在目标完成前,上级主管对下级部门或职工的工作进展情况进行检查;在达到预定期限之后,上下级一起对目标完成情况进行考核。企业可以采用自检、商谈、评价等方式检查。

对按期完成目标任务,成果显著的单位和个人,应给予表彰和奖励,以便进一步改进工作,鼓舞士气,为搞好下一期的目标管理而努力;对没有按期完成目标任务的单位和个人,应给以必要的惩罚。

3. 目标管理的特点

对于一个企业来说,如果没有明确的目标,那么战略管理必定是杂乱的;如果在管理工作中找不到一个明确的目标,那么任何企业都不能期望有效果或有效率地实现企业战略。要使目标发挥作用,就必须使企业中的每个人都明确奋斗的目标,而且这个目标是能够考核的。由于目标管理具备了这一特征,所以目标管理在战略管理过程中是必不可少的一个环节。与其他战略管理方法相比,目标管理具有明显的优势。

(1)目标管理的优点

①目标管理有助于提高企业战略管理水平。目标管理促使企业管理人员考虑

用什么办法来实现企业战略目标、需要什么样的人员、需要什么样的资源和给予什么样的帮助,还需要有一套明确的、具体的分目标。

②目标管理有利于明确企业的结构和作用。目标管理可以使企业管理人员把组织的作用和结构搞清楚,从而尽可能地把主要目标所要取得的成果落实到对实现目标负有责任的岗位上。

③目标管理有利于调动各类人员的积极性、创造性和责任心。目标管理有利于调动下级的积极性和责任心,因为目标管理使企业中的每个人都是都有着明确目标的个人,从而使人们承担完成任务的责任。

④目标管理有利于进行更有效的战略控制。控制是检查和评价工作,并采取措施以纠正战略在实施中出现的偏差,以保证企业战略的完成。战略控制的主要问题是弄清如何进行监督。一套明确的可考核的目标体系就是企业管理人员了解如何进行监督的最好指导。

总之,目标管理可以使企业形成一种全体职工都关心企业战略目标的局面,增强企业的活力和生机,提高企业的素质,有利于消除平均主义的弊端。

(2)目标管理的不足

尽管目标管理在现代企业战略管理中有许多优点,但它也有一些不足。

①恰当的目标不易确定。真正可考核的目标是很难确定的,特别是有些定性目标难于定量化。

②目标一般是短期的。在目标管理系统中,确定的目标一般是短期的,很少超过一年而常常是一季度或更短一些。短期的目标其弊病是显而易见的,它可能会使短期目标和长期目标脱节。

③不灵活。战略是面向未来的,而未来存在许多不肯定因素。战略一旦制定,还要不断进行调整,随之目标也要改变。目标的改变可导致目标前后不一致,给目标管理带来困难。

虽然目标管理在现代企业管理中还存在一些欠缺,但是如果企业高层管理人员能够真正认识和掌握它,并在此基础上灵活运用,那么,目标管理在战略管理过程中将发挥巨大的作用。

第四章 企业经营管理

第一节 企业人力资源管理

一、人力资源管理概述

1. 人力资源的含义及特点

人力资源是企业最宝贵的资源，以资源为基础的观点认为：正是对那些有价值的、稀缺的、难以模仿的资源的理性识别和利用，导致了企业的竞争优势及其相互间的差异。人力资源是现代企业的核心资源之一，它在培育企业竞争优势中有着不可替代的重要作用。

人力资源是与物质资源相对应的概念，一般是指能推动社会和经济发展的具有智力劳动和体力劳动能力的人们的总和。

人力资源与物质资源相比有它的特殊性，因为它既是生产的承担者又是生产发展目标的实现者。它具有以下的特点。

(1)人力资源的价值有效性

人力资源的使用价值体现在人力资源活动能降低企业成本或增加企业收益等方面。例如，对操作工人进行技术培训可以降低废品率，提高产品质量；开展绩效评价能够为人员报酬设计提供科学依据，从而减少组织内部冲突。企业管理者应注意人力资源活动的价值有效性分析，逐渐完善人力资源会计核算体系，从企业人力资源的吸纳、选拔到配置、使用以及保持与流动的全过程中，增强人力资源活动的有效性，剔除低效或无效部分。这是企业获得竞争优势的必要条件。

(2)人力资源的稀缺性

人力资源的稀缺性表现为显性稀缺和隐性稀缺两方面。显性稀缺是指市场上一些能影响企业盈利的关键性人力资源供给不足的现象。这种状况往往导致企业间为了猎取稀缺人才互挖“墙角”、竞相争夺。隐性稀缺是指由于不同企业在人力资源的开发与培育上的差异，导致在选择与配置人力资源方面的相对差异而造成的人力资源稀缺。在激烈的市场竞争中，显性稀缺的人力资源主要通过企业自身更为优越的物质和社会心理环境来吸引，而隐形稀缺的人力资源却与企业对人力资源的辨识、吸收及开发能力的差异有关。企业可以利用这一差异，从别人认为均质的人力资源市场中，识别与开发人力资源的稀缺特性，从而获得自身的竞争优势。

(3)人力资源的难以模仿性

人力资源的难以模仿性不仅来源于人力资源要素市场的不完善性,更主要来源于企业独特的发展历史、文化氛围以及特异能力的积累。杜邦公司的竞争对手难以引进杜邦卓有成效的安全教育体系,是因为"在这个制造炸药起家的公司里,安全生产意识早已深深铭刻在每位员工的心里了"。而美国西南航空公司也正是靠构造自身独特的文化氛围和协作体系获得竞争中的有利地位。该公司总裁将其经营成就归功于该公司的"个性"——"西南航空公司所建立的一种难以模仿的文化氛围"。

2. 人力资源管理的含义

人力资源是进行社会化生产的最基本、最重要的资源,必须进行有效的开发和管理,才可能最大限度地为经济发展发挥作用。

人力资源管理是企业管理的一个基本职能。一般认为人力资源管理是指根据战略目标制定的相应的人力资源规划,并为实现组织的战略目标,研究企业对人力资源的获取、保持、发展、评价及调整过程中的规律性和有效方法。其目的是提高劳动生产率、提高工作、生活质量和提高企业的经济和社会效益。人力资源管理服务于组织战略的制定和实现,并以人的价值为中心,处理人与工作、人与人、人与组织的互动关系。

人力资源管理是以人为中心的管理,如果企业人力资源不能为企业提供有效价值,将导致企业处于竞争劣势;如果能够提供有效价值,但不具有稀缺性的人力资源,只能使企业维持竞争均势;如果具有有效价值,而且是稀缺的,但是易被模仿的人力资源特性,只能是企业在短期内获得竞争优势,一旦被其他企业模仿复制后,企业又回到竞争的均势;只有那些有价值的、稀缺的、同时又难以被模仿的人力资源特性,才可能构成企业的持久竞争优势。

3. 人力资源管理的职能

人力资源管理包括五种主要职能,即获取、保持、发展、评价及调整。这五方面相互联系,形成了人力资源管理系统。

(1)获取

获取是人力资源管理的首要职能,是根据人力资源规划确定企业人力资源需求,通过招聘和录用方法,保证企业能够及时获得所需要的人才。此项工作包括工作分析、人力资源计划、招聘、选拔与委派。

①工作分析,是人力资源管理的基础性工作。在这个过程中,要对每一职务的任务、职责、环境及任职资格作出描述,编写出工作说明书和工作规范两种文件。

②人力资源计划,是将组织对人员数量和质量的需求与人力资源的有效供给相协调,对组织工作的现状与未来进行预测,制订出必要的措施,以确保企业人力资源需求的一系列活动。

③招聘与选拔，应根据对应聘人员的吸引程度选择最合适的招聘方式，如利用报纸广告、职业介绍所或求职中心等。选拔有多种方法，如利用求职申请表、面试、测试和评价中心等。

④委派，指经过入职教育，给合格的人安排工作。

(2)保持

保持是通过制定公平合理的奖酬制度，维持有效的工作关系，充分调动员工的工作积极性。包括两个方面的活动：一是保持员工的工作积极性，如公平的奖酬、员工的沟通与参与、劳工关系的改善等；二是保持健康安全的工作环境。

①奖酬：制定公平合理的工资和奖金制度、福利计划等。

②员工的沟通与参与：公平对待员工、疏通联系、参与管理等。

③劳工关系：处理劳工关系方面的纠纷和事务、促进劳工关系的改善。

(3)发展

发展即根据组织和岗位的要求，对员工实施培训，不断提高他们的知识和技能，并结合个人的特点和期望为他们提供充分发展的机会，包括员工培训、职业发展的管理等。

①员工培训：根据个人、工作、组织的需要制订培训计划，选择培训的方式和方法，对培训效果进行评估。

②职业发展管理：帮助员工制订个人发展计划，使个人的发展与组织的发展相协调，满足个人成长的需要。

(4)评价

评价即对员工进行合理的绩效考核，并以此为依据对人力资源进行再配置，使员工技能水平和工作效率达到岗位要求，包括工作评价、绩效考核、士气调查等。其中绩效考核是制定工作绩效系统，定期考核，以作为人事管理和人事决策的依据，并促进工作效果的改善。

(5)调整

调整包括人员调配系统、晋升系统及各项有关法律和制度的调整等。

二、人力资源规划

1. 人力资源规划的含义

人力资源规划是充分利用人力资源的一项重要措施。所谓人力资源规划是指为使企业在不断变化的环境中能够稳定地拥有一定质量和必要数量的人力资源，以实现包括个人利益在内的该组织目标而拟定的一套措施，从而求得人员需求量和人员拥有量之间在组织未来发展过程中的相互匹配。

人力资源规划着眼于为未来的企业生产经营活动预先准备人力资源。它所考虑的不是某个具体的人员，而是一组人员。人力资源规划是企业发展战略和年度计划的重要组成部分，是企业人力资源管理各项工作的依据。

人力资源规划的内容包括两个方面，即总体规划及各项业务计划。人力资源的总体规划是指计划期内人力资源开发利用的总目标、总政策、实施步骤及总预算的安排。各项业务计划包括人员补充计划、晋升计划、培训开发计划、配备计划、职业计划等等。

2. 影响人力资源规划的因素

(1)组织目标的变化

在激烈的市场竞争中，企业为了自身的发展，要随时根据环境的变化调整企业的目标。组织既定目标的改变，将直接影响企业人力资源规划作出相应的调整，以适应组织目标变化的需求。要预测企业所在行业的全球性、地区性发展，根据企业本身中长期经营规划的变化考虑人力资源规划。

(2)组织形式的变化

现代企业制度要求组织形式在适应市场经济的大环境的基础上要更加完善、合理。现代组织结构正趋向于扁平化结构，目的是克服传统宝塔型组织结构的中间层次过多、信息传递烦琐的弊端，进一步提高员工的工作效率。因此，组织的人力资源必须考虑组织形式、功能配置、管理幅度等因素，并据此作出相应调整，以适应组织结构的变化。

(3)宏观人事政策的变化

中央和各地政府的相关人事管理政策的变化也会不同程度地影响人力资源规划的制定和调整。政府允许人才流动的政策、大学毕业生就业政策的变化、地方为了吸引优秀人才的特殊政策，都在促使企业的人力资源规划不断进行调整，在政策允许的范围内实施企业的人才战略规划，扩大人才招聘的范围，减少人才的流失，为企业的发展配备相应的人才库。

(4)产业结构的变化

不同阶段的产业发展状况对组织人力资源规划会产生一定的影响。对于高新技术这种有发展后劲的产业，企业的人力资源规划就应侧重吸引高新技术人才，并给予充足的发展空间和晋升机会；对于传统产业，企业的管理决策会侧重于考虑产品结构的调整以增加其他的发展渠道，企业的人力资源规划会侧重于培养企业在寻找新的经济增长点过程中所需的人才，减少因调整带来的成本投入。

(5)劳动力市场的变化

劳动力市场的变化包括劳动力需求和供给两方面的变化，这些变化都会影响到人力资源的规划工作。在不同的人力资源供求情况下，根据具体情况制定不同的人力资源规划，尤其注重做好新员工的补充、在职员工的培训和薪酬激励方案的制定工作，采取有效措施，帮助员工实现自身的长远发展目标，最终达到为企业服务、共同发展的目的。

3. 人力资源规划的程序

一个企业或组织必须根据其整体发展战略目标和任务制定人力资源规划。一般来说,一个企业或组织的人力资源规划的编制要经过以下四个阶段。

①收集、分析和预测信息,以便进行人力资源供给预测和需求预测。

②建立人力资源规划的目标及政策。

③制定人力资源的规划方案。

④对人力资源规划实施后的评价。

4. 人力资源的供求预测

人力资源预测的目的是估计未来某个时期的劳动力需要。这种预测分为劳动力需求预测和劳动力供给预测。

人力资源需求预测就是根据组织的战略目标来预测本组织在未来某一时期对各种人力资源的需求,对人力资源需求的预测规划可以根据时间的跨度而相应地采用下述各种预测方法。

(1)现状规划法

运用这种方法的前提条件是:假设一个企业组织目前各种人员的配备比例和人员的总数完全能适应预测规划期内的人力资源的需要。人力资源计划人员所要做的事情就是测算出在规划期内有哪些人员或岗位上的人将晋升、降职、退休或调出本组织,再准备调入人员去替补就可以了,当然也包括出现突然的伤病或死亡人员的情况。一般企业组织内管理人员的连续性替补都采用这种方法。通常一个岗位上的顶替会连续引起几个或多个岗位的人员的顶替。这种方法比较简单、容易操作,适用于短期人力资源计划预测。

(2)经验预测法

这是一种根据以往的经验对人力资源进行预测规划的方法。西方不少企业组织常采用这种方法来预测本组织对将来某段时期内对人力资源的需求。当然,不同人的经验会有差别。因此,保持历史的档案,并采用多人集合的经验,产生的偏差会小一些。这种方法并不复杂,较适用于技术较稳定的企业的中短期人力资源预测规划。

(3)分合性预测法

这是一种先分后合的预测方法。先分是指一个企业组织要求下属各个部门、单位根据各自的生产任务、技术设备等变化情况先对本单位将来对各种人员的需求进行预测,在此基础上,组织的专门人力资源计划人员再把下属各单位的预测数进行综合平衡,从中得出(预测出)整个组织将来某一时期内对各种人员的总需求数。这种方法可发挥下属各级管理人员在人力资源预测规划中的作用,同时要求人事部门或专职人力资源计划人员要给予下属一定的指导。这种方法较适用于中、短期的需求预测规划。

(4)德尔菲法

德菲尔法是美国著名的兰德公司提出用来听取专家们关于处理和预测某重大技术性问题的一种方法。它也常被用来预测和规划因技术的变革带来的对各种人才的需求。首先,管理人员把需解决的关键问题分别告诉有关的专家和研究人员,请他们各自单独提出自己的方法,并对新技术突破所需的时间以及带来的对各种人员需求的变化作出估计或预测。在此基础上,管理者收集并综合专家们的意见,并把综合后的意见请专家们再次进行分析。在此过程中特别要注意把各种不同的意见交给专家们分析讨论,经过多次的反复讨论,最后形成专家组的意见。这种方法适用于长期的、对技术人员的预测规划。

(5)描述法

人力资源计划人员可以通过对某企业组织在未来某一时期的有关因素的变化进行描述或假设,从描述、假设、分析和综合中对将来人力资源的需求进行预测规划。例如,对某一企业今后三年的变化描述或假设可能会有这样几种情况:第一种是在三年内,同类产品可能稳定地增长,同行业中没有新的竞争对手出现,在技术上也没有新的突破;第二种可能是同行业中出现了几个新的竞争对手,技术方面也有较大的突破;第三种可能是同类产品可能跌入低谷、价格暴跌、市场疲软、生产停滞,但在技术方面可能会有新的突破。人力资源计划人员就可以根据对上述不同的描述和假设的情况预测和定出相应的人力资源需求备选方案。这种方法对于长期的预测有一定的困难,因为时间的跨度越长,对环境变化的各种不确定因素就更难以进行描述和假设。

(6)计算机模拟法

这种方法是在计算机中运用各种复杂的数学模式对在各种情况下企业组织人员的数量和配置运转情况进行模拟测试,从模拟测试中预测出对各种人力资源需求的各种方案以供组织选择。

从西方国家的企业组织看,由于其组织规模和所在的行业不同,各自计划期的时间跨度也不同,因此,所采用的人力资源预测和规划的方法也有所不同。对大企业组织来说,在制订中、长期人力资源计划时,多采用较为复杂的德菲尔法和计算机模拟法;对较小的企业组织来说,特别是在制订短期人力资源计划时,则多采用较为简单的预测规划方法。

人力资源供给预测分为内部人力资源供给预测和外部人力资源供给预测。内部供给预测是人力资源供给预测的主要方面,一般可通过技能管理图预测法、马尔可夫分析法、替换规划法等提供内部人力资源信息;外部供给预测主要是通过劳动力市场,并结合国家经济环境、组织所在地的劳动力及专业市场状况,预测组织获得所需人员的可能性。

三、人力资源开发

1. 人员选聘

人员招聘录用是一个收集、分析、处理来自各方面的有关求职者信息的过程。其目的在于通过人员招聘录用,不断为组织充实人力资源,实现内部人力资源的合理配置,为组织扩大经营规模和调整生产结构提供人力资源保证;减少人员流动;减少人员初始培训与能力开发的开支;使管理活动更集中于使良好的员工变得更好,而不是使不称职的员工变得好一些。

为了能得到尽可能充分而准确的信息,保证招聘录用工作的成效,满足组织的人力资源需求,需建立一种科学的系统将录用工作的各个环节、步骤及方法合理地组织起来,即人员征选录用系统。具体包括三个相互关联又相互独立的程序,即人员招聘程序、人员征选与评价程序及人员录用与辞退程序。

招聘前需做好两方面的工作。①确定招聘对象。要明确是解决企业当前急需人员还是为长远发展储备人才,前者要求招聘有工作经验的,后者则可以招聘那些有培养潜力的人员。②选择招聘方法和渠道。招聘方法分为内部招聘和外部招聘。内部招聘可通过广播、内部网络、公告栏或口头传达等方式让全体员工了解现有职务的空缺、需要人数及申请人资格限制等信息。外部招聘则可采取招聘广告、校园招聘、人才招聘会、就业机构及网络招聘会等各种形式。内部招聘的优点是容易进行全面考察;可鼓舞员工士气,培养员工忠诚;能较快胜任并迅速开展工作。其缺点是容易引发同事不满;容易造成近亲繁殖,使不良风气得以继承延续。外部招聘的优点是能为组织带来新鲜空气;被聘干部有"外来优势";选才范围广,可最终确保企业获得最合格的人选。缺点是外聘干部不熟悉组织内部情况,有误选风险,容易打击内部员工的热情。

2. 人员培训

人员培训是人力资源开发中最重要的组成部分,是人力资源投入的主要形式。企业外部环境的变化,不可避免地影响着企业内部的工作,进而对员工素质和技能提出新的要求。人力资源管理中的一个中心思想是:保持员工与工作的持续匹配。所以,当员工技能与工作要求出现差距时,就需要对员工进行培训。

(1)培训的形式

①入门培训或新员工培训,包括组织介绍工作要求和规章制度等。

②矫正培训,包括学习工作中所需的正确知识,重新认识工作技术,并矫正错误行为。

③谨慎培训,是为了晋升需要,提高更高层工作所需要的知识和技能进行的培训。

④再培训,除了增加新的知识外,主要是为适应新的程序或新的工作要求而进行再培训,以新知识代替旧知识。

⑤交叉培训,类似培养员工的第二特长,是为了组织的稳定性,塑造一专多能的员工,使员工能胜任多种工作。

⑥再入门培训,是为了帮助组织内因病、因故离职的人员,使他们快速恢复原有的工作技能而举办的培训。

(2)新员工培训

企业为了使新员工能尽快地进入角色,并融合到企业的整体文化中,一般都要对新员工培训。培训的方式、方法则要根据企业的不同性质以及员工的具体情况来进行选择。一般来说,新员工的培训分为两个阶段。

1)直接主管对员工进行指导

部门介绍,主管应把部门的工作流程介绍给新员工,新员工应清晰地了解本部门的任务和目标及本部门与其他部门的关系。

工作介绍,主管详细地给新员工介绍有关工作场所、工作责任、工作中使用的仪器和设备等。

人力资源政策介绍,新员工最关心的还是企业内同自身密切相关的各项政策,尤其是绩效考核计划和内容、员工晋升标准、工资增长计划和标准等。

2)专门的培训人员对企业的所有新人员进行培训

组织介绍,为了促使新员工产生强烈的认同感和荣誉感,培训人员要把企业的历史、产品、整体的组织结构等介绍给他们。

纪律和规章介绍,纪律和规章可以约束员工在企业中的行为。

(3)培训系统

培训是一项系统工程。它可分为三个阶段,即计划阶段、实施阶段和评估阶段。

计划阶段是整个培训工作的基础,包括对培训的需求作出分析,从而确定培训的目标。实施阶段是培训工作的核心,这一阶段要精心选择恰当的学习原则和培训方法,才能保证培训工作顺利实施。评估阶段包括两个方面的内容:根据培训目标制定培训标准;根据培训标准评估培训效果,修正下一阶段的培训目标。

3. 人员激励

一般的激励措施包括:目标设置、奖励制度、工作设计和组织行为矫正。

(1)目标设置

目标设置是管理领域中最有效的激励方法之一。目标设置的原则为:目标应当是具体的;目标应当是难度适中的;目标应当被个人所接受;必须对达到目标的进程有及时客观的反馈信息;个人参与设置的目标要比别人为他设置的目标更为有效。

(2)奖励制度

①奖励制度是否得当,直接影响着企业职工的工作积极性。制定奖励制度必须遵守两个重要的原则:组织为其成员提供的奖励必须对其成员有较高的价值,即组织成员认为这种奖励对他有重要意义;组织制定的奖励制度要使其成员得到的报酬与他们工作绩效相联系,即工资奖金与绩效挂钩。

②确立奖励制度的维度。为了对各种不同的奖励制度进行比较,必须确定各种奖励制度的统一维度,才能根据这些维度对奖励制度作出适当的评价。概括为

五个维度:重要性、数量上的灵活性、使用的频率、可见性、低成本。

③各种奖励方式包括增加报酬、提升、津贴、地位和身份象征、特殊奖励证书等。

(3)工作设计

工作设计问题主要是组织向其成员分配工作任务和职责的方式问题。工作设计是否得当对激发职工的工作动机、增强职工的工作满意度以及提高生产率都有重大的影响。

工作设计的发展经历了工作简单化、工作扩大化和工作丰富化三个阶段。工作扩大化和工作丰富化的重要目的之一是激发人的工作动机,提高人对工作的满意感。因此,应当研究工作应具有何种特征才能使人产生积极的心理状态,进而达到激发动机、对工作感到满意的结果。哈克曼和奥尔德姆通过大量的问卷调查,于1976年提出了他们的工作特征模型。该模型由三个部分组成,即“核心的工作特征”、“关键的心理状态”与“个人和工作的结果”。

①关键的心理状态。要激发职工积极的工作动机,对工作产生满意感,应具备三个必要的条件:第一,职工个人必须体验到他所从事的工作具有重要意义;第二,要提高工作动机和满意感,职工个人必须体验到他对工作及其结果负有个人责任;第三,要及时了解工作的结果。

②核心的工作特征。在进行工作设计时,什么样的工作特征才能引起上述的关键心理状态呢?哈里曼和奥尔德姆提出了五种特征:一是技能多样化,指在完成工作中要求多种技能的程度,因此,它不仅指扩大工作的横向数量(工作扩大化),而且还扩大工作的纵向水平(工作丰富化);二是任务完整性,指工作要求完成完整任务单元的程度,即个人可以从头到尾完成一项任务的程度;三是任务意义,指该项工作对组织内外其他人的工作和生活产生重大影响的程度;四是自主性,指个人能够自主地安排自己完成任务进程的程度;五是反馈,指个人得到自己工作效果的明确信息的程度。

③个人和工作的结果。具有上述五种特征的工作会引起上述的三种关键心理状态,而这样的心理状态将会导致一定的个人结果和工作结果。从个人结果来看,会产生高度的内在工作动机和对工作的高度满意感。从工作的结果来看,则会出现高质量的工作绩效和较低的缺勤率和离职率。

(4)组织行为矫正

组织行为矫正可以划分为五个步骤或阶段:确定关键性维度、行为的测量、行为起因分析、选择矫正策略和绩效评定。

四、人力资源评价

1. 绩效考评的含义

绩效考评就是对员工的工作现状和结果进行考察、测定和评估。绩效考评简称考绩，是对工作行为和结果的测量过程，即根据员工的职务说明，即用过去制定的标准来比较和评价员工一段确定期限内对组织的贡献的一个过程。

2. 绩效考评的功能

绩效考评作为一项重要的人力资源管理职能，其功能是多样而广泛的。主要可以归纳为三大类。

(1)管理决策功能

绩效考评是一种控制手段，是制定人事决策的依据。企业通过对员工工作绩效的考评，获得相关信息，便可据此制定相应的人事决策与措施，通过奖惩、升降、淘汰，达到调整控制的目的。绩效考评是进行薪酬管理的重要工具。按照企业既定的付酬原则，通过科学、合理的绩效考评结果调整员工的薪酬，可以发挥出应有的激励作用，达到提高工作绩效的目的。

(2)培训开发功能

绩效考评可以确定培训需求。绩效考评是按制定的绩效标准进行的，考评中显示出的不足之处就是员工的培训需求。管理者可以据此制订培训计划。经过培训之后再对员工进行绩效考评，还可以检验培训计划与措施的实际结果。绩效考评是开发人力资源的重要手段。绩效考评给管理者和员工双方提供了讨论该员工长期事业目标和发展计划的机会。这一机会是通过反馈考评结果来实现的。在过去绩效的基础上，管理者向员工提出具体建议，帮助他分析提高绩效的方法，并使之与该员工的长期目标结合起来。

(3)促进沟通功能

绩效考评的结果向员工进行反馈，可以促进上、下级之间的沟通，使双方了解彼此的期望。通过绩效考评进行沟通可以有效地加强和保持现有的良好绩效。

3. 绩效考评的方法

绩效考核的过程是一个同时包含有人和数据资料在内的对话过程，它涉及技术问题又牵涉人的问题，因此绩效考评的方法是否科学是绩效考评成败的一个重要方面。绩效考核的方法有许多种，各有其优缺点，关键是要选择适合企业具体情况的方法，同时针对不同人员应采取不同的考评方法。对于一般员工的考评主要采取工作记录法(特别适合于现场操作人员)、配对比较法、等差图表法、要素评定法及关键事件法等；对职能部门的考核主要采取平衡记分法，将各部门所在日常工作中需要注意的一些重要因素列为考核的内容，并给出其各自成绩的一个最低可接受的成绩，在所有指标都达到最低可接受指标的基础上，根据加权计算的结果来决定各部门的绩效；对于管理人员可采取民意测验法、目标管理法、责任中心法等，要求管理层能最大限度地保持个人与组织目标的一致性。

4. 职业生涯设计

职业生涯也称职业发展或职业管理，始于20世纪60年代。90年代从美国传入我国，它是人力资源管理中的一种新概念、新职能和新方法。职业生涯是指一个人一生的工作经历,特别是职业、职位的变迁及工作理想的实现过程。它是人力资源管理的一项活动,与工作分析、人力资源计划、招聘与选拔、绩效评估、培训等有着密切的关系。目前,把企业员工的职业生涯纳入企业人力资源管理的范畴已成为企业发展战略中的重要组成部分,受到国际上很多知名公司和企业的广泛重视和应用,同时也受到企业员工的普遍欢迎。

职业生涯设计有两方面的含义。首先,对于员工个人而言,在企业的工作中积累经验,得到锻炼,能达到成长、发展和满意的愿望和要求,为了实现这种愿望和要求,他们不断追求理想的职业,设计自己的职业目标和职业计划;其次,从企业的人力资源管理部门看,对员工制订个人职业计划应重视和鼓励,并结合企业的需求和发展,给员工多方面的咨询和指导,同时要创造条件帮助员工实现个人职业目标。职业生涯有利于开发员工的潜能,促进员工的成长和发展,也有利于企业吸引人才、使用人才和留住人才。

要想成功地设计和规划职业生涯,应掌握如下要领:审慎选择第一项职务;保持流动性,不要在最初的职务上停留太久;做好工作,展现正确的形象,保持可见度;支持你的上司,考虑横向发展;找个导师;了解权力结构,获得对组织资源的控制。

第二节 企业质量管理

质量是产品或服务的生命。质量管理是企业相对独立的、有组织的基本活动。质量管理是确立企业竞争优势的重要方面。

一、质量与质量管理

1. 质量的概念

(1)产品质量

产品质量是指产品适合一定用途、满足一定需要的特殊性质的量度。这种特殊性在质量控制上通常称为质量特性,它区别了各种产品的不同用途,满足了人们的不同需要,其满足需要的程度,反映产品质量的高低。产品的特性一般表现在以下几个方面。

①适用性:指产品品质和使用的特性。如产品所具备的各种物理、化学或技术性能,机床的功率,钢的成分,棉纱纤维的拉力等。

②可靠性:指产品在规定的时间内和规定的条件下,完成规定功能的保证程度上。

③经济性:指产品在保证功能的条件下,制造、购买和使用过程中所花费用的大小。如制造成本、燃料的消耗等,它从经济效果方面反映质量特性。

④安全性:指产品在贮存、流通和使用过程中不致造成人身和财产的损害以及

避免污染环境的能力。

⑤适应性:指产品适合外界环境变化的能力。

⑥时间性:指在规定的时间内满足顾客对产品交货期和数量需求的能力,及随时间变化而满足顾客需要变化的能力。

产品种类繁多,质量特性各不相同。但一般来说产品应具备上述的质量特性,从适用、可靠、经济、安全等方面满足人们的需要。一般来说,人们用"可靠、耐用、高效、经济、好造、好修、好用、好看"来说明对质量的要求。实际上,这些要求难以完全满足,只能根据产品的使用目的和具体的生产条件,对不同产品提出不同的要求,各有侧重。如对于纺织类产品的质量特性的要求侧重于性能和外观,对于宇航类产品的质量特性的需求侧重于可靠。

(2)服务质量

服务质量是指服务活动满足一定需要的特殊性质的量度。如饭店服务、导游服务等活动满足顾客需要的不同的特殊性。服务质量的特性包括功能性、经济性、安全性、时间性、舒适性和文明性等六个方面。产品质量体现在产品特性上,服务质量体现在活动特性上。无论哪种特性,其基本要求是满足一定的需要,适合一定的用途,其质量的高低,体现在其满足需要的程度上。

2. 提高产品质量的意义

(1)质量是提高企业和社会经济效益的关键

企业生产的产品因为具有使用价值,才成为社会财富,而产品质量正是构成产品使用价值的真正内容,如果质量不好,使用价值很低,它不仅不能增加社会财富,还可能大量浪费社会的资源。从单纯追求产值、产量转到以提高经济效益上来的关键之一就在于很好地重视和大力提高产品质量。

(2)质量是提高产品竞争能力的支柱

以质量开拓市场,以质量站稳市场,这是许多企业提高产品在市场中竞争能力的行动准则。无论是国内市场还是国际市场,产品质量不好,就没有竞争力,特别是国际市场的竞争越来越激烈,产品质量是这个竞争中最重要的支柱,没有质量的优势,就没有竞争的地位,甚至无法进入市场。质量是产品能否进入市场的通行证,只有占有质量上的优势,才能使产品在市场上有强大的生命力。

(3)质量是企业管理和技术水平的综合反映

产品质量是企业有效管理的结果,是企业管理和技术水平的综合反映。企业能够发展和生产优质的产品,首先决定于企业全体职工,特别是企业的领导层对质量的高度重视。他们要勇于创新,善于经营,密切注意市场对质量需求的变化,不断开发和研制质量更好的新产品,特别要用科学的方法合理组织生产,加强对生产过程的质量控制。从技术水平看,首先要有一批高水平的技术骨干,加强智力投资,注意技术进步和设备更新,建立科研试验基地,提高产品开发能力。只有真正提高企业的管理水平和技术水平,才能使产品质量不断提高,使企业立于不败之地。

(4)质量是文明的象征

讲求质量是现代文明的重要特征。质量的概念已渗透到人们生产、工作和生活的各个领域。追求高质量已成为衡量人们在工作和生活中积极向上、认真负责和具有高尚精神的一种标准。在企业生产中,粗制滥造和精益求精是反映了两种完全不同的精神状态。可以设想,一个企业,乃至整个国家或民族,如果它具有优秀的民族文化传统、高度的科学技术水平和精巧的操作技艺,工作认真负责,讲究美观、精致、实效,那就一定可以生产出高质量的产品来。因此,每一个国家都把能够生产出高质量的产品,看成是本国或本民族的光荣和骄傲,并以此引为自豪。

3. 质量标准和质量管理

(1)质量标准

产品或服务的质量特性有些是可以直接定量,得出确切的数据;有些是难以直接定量,如外观、享受、舒适性等,只有通过综合分析试验,确定某些参数,间接反映质量特性。无论是直接还是间接定量的质量特性,都应恰当地反映社会和用户对质量的客观要求。把社会对产品和服务的质量的客观要求与实现要求的生产和供给上的客观条件结合起来,经过技术经济方面的综合分析,把反映产品和服务的主要技术参数规定下来,形成技术文件,就是产品或服务的质量标准。质量标准是衡量产品或服务质量的尺度,是质量控制的基本依据。

(2)质量管理

质量管理是指实现质量目标、对产品或服务的设计、生产、推销、革新等方面的质量维持和质量提高进行计划、组织、协调与控制的一系列活动的总和。它涉及个人、企业及事业单位活动和政府活动。质量管理将通过质量观念、质量规则、质量行为形成一种环境,从而去规范、激励人们的质量活动,使其实现人们所追求的不断更新的质量目标。

4. 质量管理的发展

(1)质量检验阶段

在第二次世界大战以前,质量管理只限于对产品质量的检验,通过严格的检验来保证转入下道工序及出厂产品的质量,因此质量检验工作成为这个时期质量管理工作的主要内容。它属于事后检验,发现废品已经造成损失,而且要对所有产品进行质量检验也是不可能的。

(2)统计质量控制阶段

统计质量控制在第二次世界大战中得到广泛应用。它是利用统计原理,提供了预防不合格品产生和进行抽样检查的具体方法,它极大地加强了对预防质量事故发生和事先加以预防的可能性和现实性。

(3)全面质量管理阶段

这一阶段从 20 世纪 60 年代开始,一直延续至今,并在实践中得到丰富和发展，形成了一整套的理论、技术和方法。

5. 质量管理的指导思想

(1)用户至上

在全面质量管理中，“用户至上”是一个最重要的观念。日本企业提出了“用户是帝王”的口号，就是要树立以用户为中心、为用户服务的思想，使产品的质量和服务质量尽量满足用户的要求，产品质量的好坏，最终应以用户的满意程度为标准。这里所说的“用户”，有它特定的含义，它不仅指企业产品出厂后的直接用户，而且包括企业内部前后工序、前后工段或车间以及任何一件工作的执行者与工作结果的受用者之间的关系。下工序是上工序的用户，下工段或下车间是上工段或上车间的用户，工艺和设计科的用户就是车间或车间的生产工人，如此等等。从广义上来说，产品质量的好坏，还可能影响到社会，如产生环境污染等社会公害，所以“社会”也是一个用户。美国质量管理专家朱兰把用户分为四类：第一类：加工者，他们可能是本企业的各个生产部门或进行再加工的其他企业；第二类：从事买卖的中间商人；第三类：最终用户，即产品的直接使用者；第四类：全社会。

企业生产产品的根本目的就是为了用户，坚持用户是上帝的思想对于维持企业的生存、使企业兴旺发展和具有强大的竞争能力，是一个很重要的条件。

(2)质量是设计、制造出来的，而不是检验出来的

严加检验是完全必要的。然而影响质量好坏的真正原因，并不在于检验，而主要在于设计和制造。检验只能发现产品质量是否合乎质量标准，但不能决定产品质量的好坏。产品质量主要取决于设计和制造，所以提高质量应该把力量集中在设计和制造方面。事实上，产品的质量更重要的是取决于设计质量，设计质量是先天性的，它决定质量的等级或水平，制造只是实现设计质量，是一种符合性质量。制造质量再好，也只能符合设计要求，如果设计本身质量不好，在制造中是无法改善的。

(3)一切用数据说话

一切用数据说话，就是要求在质量管理工作中有科学的作风，深入实际掌握客观准确的情况，在研究和处理质量问题时不能满足于一知半解和表面现象，要对问题有定量的分析，做到心中有“数”，要掌握质量的变化规律，通过调查分析得到可靠的结论，以便采取真正有效的解决质量问题的措施。在质量管理中广泛地采用了各种统计的方法和工具，其中用得最多的工具有控制图、因果图、相关图、排列图、直方图等。现在日本有提倡和推行“新 QC 七种工具”，即：关联图法、KJ 法、系统图法、矩阵法、矩阵数据解析法、PDPC 法（过程决策程序图、重大事故预测图法）及箭条图法。应用这些方法就可以对生产过程许多复杂的质量问题作出正确的分析，找出变化的规律，得到可靠的结论，以便采取有效的措施。统计的方法是质量管理的基本手段，要在经常变化的生产过程中，对影响产品质量的各种因素，系统地收集有关的数据，并用统计方法对数据进行整理、加工和分析，进而画出一定的

图表，计算某些数据指标，从中找出质量运动的规律，实现对产品质量的控制，可以避免工作上的盲目性、主观性，提高科学性和准确性。用数据观察问题、分析问题和发现问题，最后才能解决问题。

二、企业全面质量管理

1. 全面质量管理的含义

全面质量管理就是要把生产技术、经营管理和数理统计等科学方法结合起来，建立一整套有效的质量管理工作体系，以保证最经济地生产出满足用户要求的高质量产品。具体来说，全面质量管理是一个组织以质量为中心，以全员参与为基础，目的在于通过让顾客满意和本组织所有成员及社会受益而达到长期成功的管理途径。

2. 全面质量管理的特点

全面质量管理的特点可以概括以下四方面。

(1) 全员的质量管理

企业中每一个科室、每一个单位乃至每一个职工的工作质量都必然直接或间接地影响到产品的质量。所以全面质量管理的一个重要特点就是要求企业的全体人员都参加到质量管理工作中来，产品质量人人有责。首先要求企业的领导重视并参加到质量管理工作中来，同时在生产过程中，动员广大工人群众参加改善产品质量的活动，组织各种新式的质量管理小组，及时从技术上和组织措施上解决现场中所出现的各种质量问题。

(2) 全过程的质量管理

全面质量管理把产品质量形成的全过程、各个环节以及有关因素都有效地控制起来，形成一个综合的质量体系。产品的质量决定于设计质量、制造质量和使用质量（如合理地使用和维护等）等全过程。必须在市场调查、产品的选型、研究试验、设计、制造、检验、运输、储存、销售、安装、使用和维修等各个环节中都把好质量关。

(3) 全范围的质量管理

全面质量管理要求全企业范围的组织协调和密切配合，使企业的质量管理活动形成一个有机整体。企业的一切工作质量和工序质量管好了，产品质量也就有了保证。

(4) 多方法的质量管理

全面质量管理集成了不同的管理科学和工程技术，其中最为重要的是系统工程和统计技术。

3. 全面质量管理的内容

全面质量管理究其管理内容来讲是“三对”：对产品质量的管理、对工程质量的管理和对工作质量的管理。全面质量管理的理论和方法基本上是针对将来的，也就是说是针对工程质量的管理。

工程是人、工具对加工对象同时起作用,使对象发生变化的过程。工程包含产品生产过程中的人、原材料、设备、方法和环境五大方面的因素。

工作质量就是工程的好坏,是保证产品质量的能力,而产品质量则是工程质量的综合反映。工程质量是因,产品质量是果,它们是因果的关系。因为影响产品质量的五大因素都需要人去进行工作,而工程质量又决定于人的工作质量。因此,全面质量管理也就是对产品质量、工程质量和工作质量的管理。要保证产品质量就必须保证工程质量;要保证工程质量,则必须保证工作质量。

4. 全面质量管理的基础工作

企业推行全面质量管理,必须做好基础工作,即标准化工作、测试与计量工作、质量情报工作、质量教育工作以及质量计划工作等。做好这些基础工作,是企业实行全面质量管理的先决条件。

(1)标准化工作

标准化是指工业化生产中,工业产品的尺寸、质量和性能的统一化和规范化。标准化是现代化大工业生产的产物,它是伴随着机器大生产和生产现代化的发展而发展起来的。标准化已成为近代工业生产中必不可少的一个重要手段。

标准化的任务是制定标准和贯彻标准。它的主要内容有三个方面:一是明确目标,统一标准,落实标准;二是产品要按同类归并,大小分档,成系列发展,用较少的品种规格满足广泛的需要;三是最大限度地扩大同一零部件,特别是主要零部件和易损件,要做到最大限度的通用互换,化一件一用为一件多用。这就是产品质量标准化、品种规格系列化、零件部件通用化,我们常常把这三个主要内容叫做"三化"。

(2)计量工作

计量工作(包括测试、化验、分析),是工业生产的重要环节,是质量管理的一项基础工作。因为没有科学的计量工作,就不能正确地判断和确保产品质量。经过检验测试后的产品,直观来看,似乎达到了技术标准。但是由于测试、化验、分析有误差,或由于质量示值不可靠,往往与产品的实际质量并不相符,这就等于没有贯彻执行技术标准。如用这种原材料进行生产,就很难保证产品的内在质量,也不可能生产出质量稳定的产品。

由于计量工作对于工业生产技术的发展以及产品质量有着这样直接的影响,所以,做好这项工作具有十分重要的意义。无论是外购的,还是使用的与修理的计量器具和测试仪器,都必须严格管理,以充分发挥测试与计量工作在工业生产和质量管理中的作用。

(3)质量情报工作

质量情报指的是反映产品质量和产供销各个环节工作质量的信息、基本数据、原始记录,产品使用过程中反映出来的各种情报资料以及国内外产品质量、制造技术的发展动向等。

质量情报是企业进行产品质量调查研究的第一手材料，它能及时地反映影响产品质量的各方面因素和生产技术经营活动的原始动态、产品的使用情况，是改善各个环节工程质量最直接的原始资料和信息来源，是掌握和提高产品质量规律性的基本手段。

对质量情报的第一手资料进行科学管理，精心研究，经过去粗取精、去伪存真、由此及彼、由表及里的改造制作，使它们集中地反映出在质量上的根本问题，为加强质量管理工作提供切实可靠的依据。

(4)质量教育工作

国外有"质量管理始于教育，终于教育"之说，可见质量教育的重要性。质量教育的内容主要有两个方面：一是一般的技术教育与训练；二是关于全面质量管理知识的宣传普及和教育。

产品质量的优劣好坏，归根结底取决于职工的生产技术水平和与之有关的管理水平。首先要做好企业的技术教育和培训工作；其次做好全面质量管理知识的教育，因为它是一门完整的学科，必须加强宣传普及和教育，使企业全体职工(包括领导干部、技术人员)都懂得"质量第一"的重要意义，是开展全面质量管理的重要保证。

(5)质量计划工作

保证和提高产品质量是全面质量管理的总目标，我们要通过质量计划工作使目标具体化。因此，质量计划是具体组织协调质量管理各项活动的基本手段，是企业各部门在质量工作上的行动纲领。

质量计划按照时间要求分为年度计划、季度计划和月度计划。按质量计划目标内容来分也有三种，即： 质量指标计划(如品种抽查合格率、废品率和一等品率等)，不同行业和企业有不同的要求，通常是根据上级主管部门下达的质量指标进行制定的，年度结束时要进行考核；二产品质量升级计划，这是企业针对某一产品而制定的赶超计划，是企业要实现的目标，一般在年底要进行考核和考查；三质量攻关计划或质量改进措施计划，这是企业针对某一产品质量的薄弱环节制定的，是实现产品赶超目标的重要条件。

三、现代企业质量体系与质量认证

1.质量体系

国际标准 ISO8402— 94 给质量体系下的定义是："质量体系是为实施质量管理所需的组织结构、职责、程序、过程和资源"。可以看出，质量体系由五个要素组成：一个确定的组织结构、组织中每个部门岗位和个人应具有的职责、从事质量活动所必需的文件化的工作程序、质量活动应包括的过程以及所需要的资源等。

质量体系根据其适用情况可分为质量管理体系和质量保证体系。质量管理体系是企业的管理者为了提高企业的质量管理水平、增强自身的竞争能力而在企业内部建立并运行的一个全面、完整、高效的管理体系。质量保证体系是企业为了保证提供符合顾客要求、使顾客所关心的质量体系要素始终处于受控状态、向顾客提供信任而建立并运行的质量体系。在两种质量体系中,质量管理体系是质量保证体系的基础和保障。因此在一般情况下,首先应建立健全质量管理体系,才能使质量保证体系正常、有效地运行。质量体系的特点如下。

(1)强调系统性

质量体系是企业系统性的解决现代质量问题的一种思想方法,是全面质量管理思想的具体体现。质量体系的建立是一项涉及组织内所有机构、所有人员和产品寿命周期全过程的系统工程。因此,应根据系统工程的思想,对产品质量产生、形成和实现各个过程的质量活动进行系统分析,全面控制,做到系统优化。

(2)体现文件性

质量体系应表现为一整套包括企业各项质量活动及其控制要求的质量体系文件,如质量手册、程序文件、作业性文件、质量记录和质量计划等。

(3)突出预防性

建立质量体系要突出预防为主的思想,每项质量活动要制订好计划,规定好程序,使质量活动始终处于受控状态,以求把质量缺陷减少到最低程度,甚至把它们消灭在形成过程中,不能只依靠检验或其他补救措施。

(4)符合经济性

质量体系的建立与运行,要满足顾客的功能需要和购买利益关系,使质量体系运行效果最优化,实现产品质量与经济性的高度统一。

(5)保持适合性

在建立质量体系时,应充分考虑组织的不同需要、组织的质量方针和目标,应充分反映企业的实际情况,使质量体系保持适合性。

2. 产品质量认证

近一个世纪以来,质量认证工作的发展经历了三个阶段:第一个阶段是第二次世界大战以前,部分工业国家建立了以本国标准法规为依据的国家认证制度,对象是在本国市场上流通的本国产品,对其实施认证制度;第二阶段是第二次世界大战以后到20世纪70年代,开始了国家认证制度的对外开发,国与国之间认证制度的双边乃至多边认可,进而发展到以区域标准为依据的区域认证制度;第三阶段,是20世纪80年代以后,开始实行以国际标准为依据的国际认证制度。

3. ISO9000 质量管理与质量保证系列标准

1987年以前,由于世界各国的国情和技术发展水平的差异,各国制定的质量管理和质量保证标准,无论在概念上还是在质量保证的要求上都存在着一定的差别,从而阻碍了国际间的贸易和技术交流。为了解决这一问题,使企业的质量保证能力能够在国际间得到最大可能的统一,以便对企业的质量保证能力进行客观的评价，国际标准化组织（ISO）1987 年制定并颁布了面向质量管理和质量保证的 ISO9000 系列国际标准。该标准是质量管理国际化的一个规范性和依据性文件，其目的是帮助企业建立和有效运行质量体系，确保能长期、稳定地生产出高质量的产品。

由于该标准的实用性和适时性，受到了世界各国的普遍重视和欢迎，很快就有 60 多个国家等同或等效采用了该系列标准。欧洲共同体曾经在 20 世纪 90 年代初作出决定，将 ISO9000 系列标准作为其成员国建立质量保证体系必须遵循的依据，并要求申请产品认证或向欧共体各国出口产品的厂家均须按 ISO9000 系列标准的要求建立质量保证体系。

我国于 1988 年等效采用该系列标准，制定了 GB/T10300. 1 -5《质量管理和质量保证》国家系列标准。随着经济体制改革的深入和外向型经济的迅速发展，1992 年，我国按照等同采用 ISO9000 系列标准的原则对原国家标准进行了修订，新的国家系列标准 GB/T19000 于 1993 年 1 月 1 日起实施。

随着 ISO9000 系列标准的不断推广应用，世界各国掀起了一股贯彻 ISO9000 标准、开展质量体系认证的高潮。但同时也发现 1987 版的标准存在着一定的局限性。所以，ISO 工作组组织专家对 1987 版标准进行了全面的修改和扩充，于 1994 年发布了 1994 版 ISO9000 质量管理和质量保证标准。经过 10 多年的实践，ISO 又发布了 2000 版的 ISO9000 标准草案。

目前，世界上已有 100 多个国家按此标准广泛开展质量体系认证、质量体系认可机构的国际互认、质量体系认证审核人员的国际互认、质量体系认证证书的国际互认工作。

四、现代企业质量管理常用方法

1. 排列图法

为了找出影响质量问题的最主要原因，我们可以利用排列图（主次因素图），它是质量管理中找出主要因素的简单方法和有效工具。排列图的格式如图 4-1 所示，其绘制的方法是：以横坐标表示造成缺陷的各种原因，按对质量特性的影响大小顺序排列；纵坐标表示缺陷件数和累计频率；矩形代表某种原因所造成的缺陷件数；将各种原因所造成缺陷的累积频率点连接起来的一条曲线称累计百分比曲线，因系意大利经济学家巴雷特（Pareto）首先应用，也称巴雷特曲线。通常把这条曲线所对应的累计百分数划分为三个区域：0 ~80% 为 A 类区，相对于 A 类区的问题一般称为主要问题；累计百分数 80% ~90% 为 B 类区，相对于 B 类区的问题称为次要问题；90% ~100% 为 C 类区，对应的问题为更次要的问题。按其实际应用的含义来看，可以称为主次因素排列法，运用这种方法，对数据进行分类和排列作图，以直观的方法来表明影响质量的关键所在。从图表上可以显示出哪个因素对质量影响最大，哪个质量问题最主要的，因而可以据此入手解决问题最为有效，其经济效果最好。

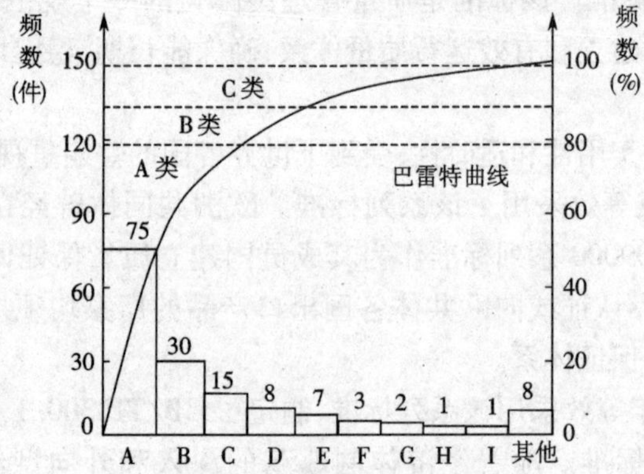

图 4-1 排列图格式示意图

2. 直方图法

在影响质量五因素的同样条件下,生产出来的产品质量不可能完全相同,而总在一个范围内变动,其数值具有一定的分布状态,并出现一定的平均值或中心值。这种偏离中心值或平均值的分散现象,叫做偏差。偏差越小,说明产品质量越好,因此可用来作为检查产品质量的一种工具。为了找出质量的分布情况和规律,我们可以用直方图的形式绘出图形。直方图又称质量分布图,是通过对生产过程中,产品质量分布状况的描绘与分析,来判断生产过程质量的一种常用方法。它是工序质量控制统计方法的主要工具之一。直方图如图 4-2 所示。将一批产品,按其数据大小顺序整理,并划分为若干个区间,统计每个区间内的数据个数,再以数据个数为高度,画成形似柱状的图,称为直方图。它也是找出质量问题的主要方法之一。

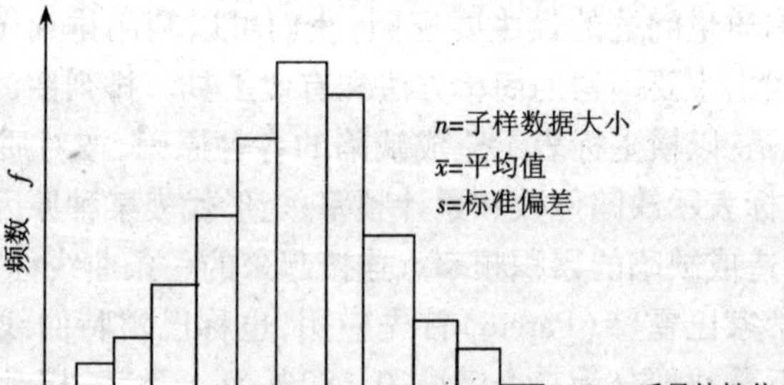

图 4-2 直方图示意图

直方图中横坐标表示产品的质量特性值(如尺寸值、质量值等)。在横坐标上划分了若干个间距相等的区间(如图 4-2 中划分的是 11 个区间)。纵坐标表示在

n 个数据中落在各个区间里的频数（即反复出现在该区间的次数）。

图 4-2 的一个个直方形，其宽度决定于区间的宽度，其高度决定于该区间的频数。频数常用 f 表示。n 表示子样数据的大小，$\bar{x}$ 表示全体数据的均值，s 表示子样中全体数据的标准偏差。

直方图的用途一般可以归纳如下。

①可作为报告质量情况之用。在汇报质量情况时，可画出直方图，并标上数据个数(n)，平均值($\bar{x}$)，标准偏差(s)等。这样，既有直观的图形，又有定量表示的数据，可以提高汇报工作的质量。

②可供质量分析之用。按工人别、机器别、原料别、日期别等各种原因，分层作直方图，则可立即判别出它们之间的差异。将直方图与标准值等加以比较，便能够发现异常情况，以进一步分析原因并采取措施。判断直方图属于何种类型，也有助于分析出问题产生的原因。

③可用以调查工序和设备的能力，进一步确定工序能力指数（Cp 值）。

④可用以提高人们的质量意识。在生产现场挂出直方图，可给全体人员一个产品质数变异(散差)的观念，有助于提高全体人员的管理意识和质量意识。

3. 质量控制图法

质量控制图法是了解生产过程是否稳定、分析产生异常原因的重要手段。它能起到报警、预防出现大批废品的作用，所以也是一种质量管理的有效分析工具。

生产过程中，产品质量是经常处于波动状态的，而且有一定的规律。产生质量波动的因素有两类：一类是难以发现、影响较小，然而有一定分布规律的因素，一般称为"随机误差"，如设备的逐渐丧失精度、设备在生产时的轻微振动、加工材料的不均匀性、环境(如温度、压力、湿度等)的轻微变化等，均属于允许的正常波动；另一类是可以发现，容易消除、对产品影响较大属于应该控制的因素，一般称为"条件误差"，如不同产地的生产原料，设备的松动和损坏、刀具的磨损、工人违反操作规程，环境、温度、压力、湿度、含尘量等的突然失去控制所造成的质量波动。

生产处于正常状态时，生产中只有随机误差。如果生产中出现条件误差，则生产一定是处于异常状态，可以用控制图法来发现和消除这种异常状态。鉴于在管理上用控制图极为方便，因此控制图也常称为管理图。

控制图的基本形式如图 4-3 所示。在直角坐标中，纵坐标表示需要控制的质量特性值；横坐标表示按系统取样方式得到子样的编号；上、下两条虚线表示上控制界限(UCL)和下控制界限(LCL)，中间的细直线表示中心线(CL)。在控制图上，把采取系统取样方式取得的子样质量特性值，用点描在图上的相应位置。若点全部落在上下控制界限之间，且点排列没有异常状况时，说

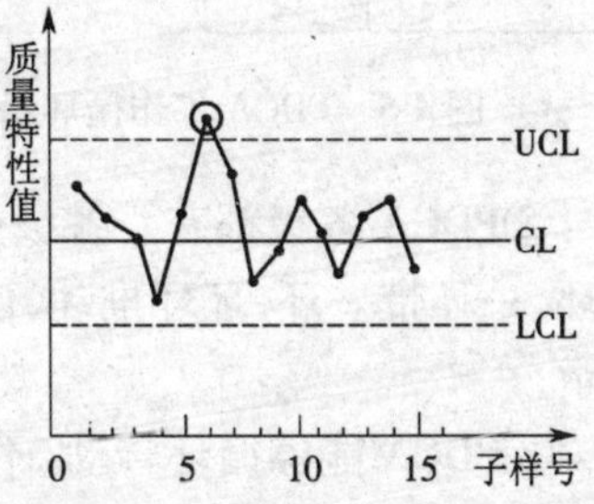

图 4-3　质量控制图示意

明生产过程处于稳定状态（控制状态）；否则，判定生产过程中出现异常因素，则应查明原因，设法消除。图4-3中第6点超出上控制界限，就是控制图报警的一种常见情况。

控制图已成为质量管理的重要方法。在统计质量控制阶段甚至有人说："质量管理始于管理图，亦终于管理图。"

4. PDCA工作循环

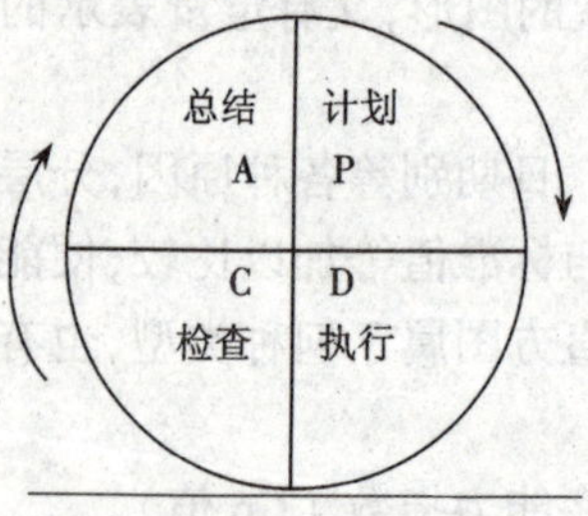

图4-4 PDCA工作循环示意图

PDCA是英语Plan（计划）、Do（执行）、Check（检查）、Action（总结、处理）四个词的第一个字母的组合。PDCA工作循环，就是按照计划、执行、检查和总结这四个阶段的顺序来进行管理工作。它是开展质量管理活动的基本方式，是一种科学的工作程序。因为这个工作循环最先是由美国人戴明提出来的，所以在国外人们把它称做为戴明环。

PDCA工作循环的示意如图4-4所示，它既适用于企业各职能科室的质量管理活动，也适用于各车间的质量管理工作。

PDCA有三个要点。

①PDCA是一个工作循环，而且是一个前进的环。每转一圈，应提高一步。如同爬楼梯，不断循环，不断提高、如图4-5所示。

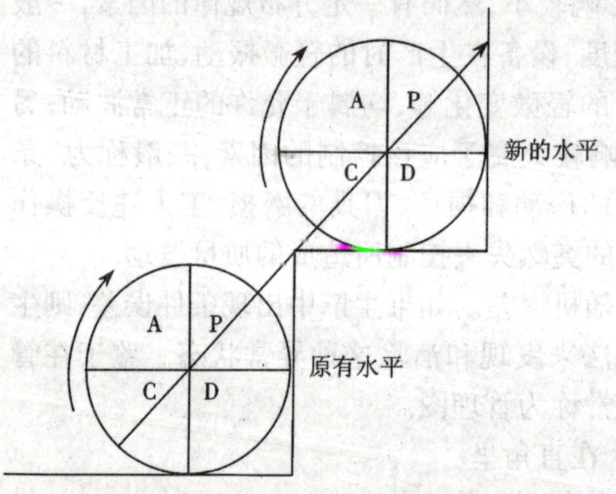

图4-5 PDCA工作循环示意图

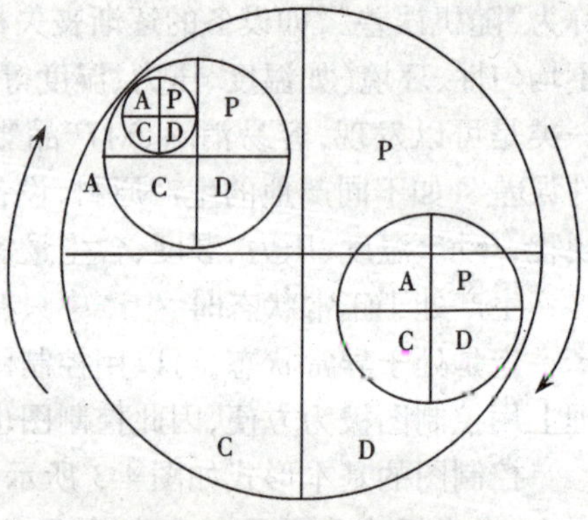

图4-6 PDCA的循环转动

②PDCA各级都有。各级的PDCA形成了一个个的大环、中环和小环，一环扣一环，一环带一环，环环推动，使整个企业和车间的PDCA循环转动起来，如图4-6所示。

③PDCA能够循环转动、不断提高的关键，一般认为在于A阶段（总结、处理阶段）。

这种 PDCA 工作循环,还可以具体化为八个步骤:第一步,分析现状,找出存在的问题;第二步,分析产生问题的各种影响因素;第三步,找出主要的影响因素;第四步,针对主要影响因素,制定措施,提出质量改进活动计划;第五步,按活动计划执行;第六步,根据计划的要求,检查执行的效果;第七步,总结经验,巩固成绩,纳入各项标准;第八步,提出遗留问题,转入下一次的 PDCA 循环。

前四步属于 P(计划)阶段,第五步属于 D(执行)阶段,第六步属于 C(检查)阶段,后两步属于 A(总结、处理)阶段。

按照 PDCA 循环的四个阶段、八个步骤进行质量改进的活动,应利用大量的资料和数据,采用一些科学的方法,对质量资料和数据收集并整理,以便对质量状况作出科学的判断。

第三节　企业生产管理

生产管理是各项管理中涉及面最广的一个领域,它与财务管理、市场营销、人力资源管理、战略管理、信息管理等方面共同组成企业管理系统,支撑整个企业的生存和发展。

一、生产管理及其发展

1. 生产管理及其基本任务

企业生产管理是以生产产品或提供服务的生产过程为对象的计划、组织、领导和控制活动。它通过合理组织生产过程,有效利用生产资源、以期实现企业的目标。企业的生产管理主要包括生产过程的组织、生产能力的核定、生产计划和生产作业计划的编制和实施、日常的生产准备、生产调度、进度控制及原材料、能源、设备和工具等的管理。

生产管理涉及的关键问题是生产规模、产品质量、生产成本、生产速度和生产协调性等,所以企业生产管理的基本任务是:一是实现企业的经营目标,全面完成生产计划所规定的任务,包括市场需求的产品和提供的服务;二是不断降低物耗、能耗,降低生产成本,缩短生产周期,减少在制品和生产资金的占用,提高经济效益;三是适应市场需求的不断变化,提高企业生产系统的应变能力。

2. 生产管理科学的发展

生产管理作为一门科学,在 19 世纪末 20 世纪初开始形成。当时的重点是通过对工人如何工作的系统进行分析和研究,提出提高劳动生产率的方法,奠定科学地进行生产管理的基础。后来,生产动作的基本要素及产生疲劳问题成为研究的重点。继而在生产中应用生产进度线条和指示图表编制作业计划,控制计划执行。1913 年,汽车生产装配流水线开始使用。20 世纪 20 年代中期,开始探索研究客观物质条件同生产率之间的关系。30 年代,质量控制的统计方法等应用于生产管理。50年代运筹学及系统原理在生产管理中得到运用。60年代以后，随着科学技术的进步，人们的需求向多样化、个性化发展，并因此引起了少批量、多品种生产，出现了诸如物料需求计划、准时生产制、计算机集成制造系统、敏捷制造、世界级制造系统等新的生产管理方式，把生产管理推向新的层次。经过一个世纪的发展，生产管理的导向、范围和应用的技术都发生了深刻的变革，形成了比较科学的体系，现在又在计算机和因特网的基础上，向现代化方向继续迈进。

二、生产过程的组织和管理

1. 生产过程的设计和组织

(1)生产过程和生产类型

生产过程是指围绕产品生产的一系列有组织的生产活动的运行过程。生产过程一般是由众多连续的生产工序组成的，在这些生产工序中的一系列操作，都是为了制造一定的产品而对原材料逐步进行的各种转变工作，原材料在各个生产工序间的有序运动就形成企业内部的物料流。

1)生产过程的组织形式

任何产品的生产过程都是由一系列生产单位通过严密的分工与协作来完成的。企业的生产组织系统根据企业规模的大小一般可分为若干层次，如总厂—分厂—工部—工段—班组—工作地。

企业的生产组织系统中最基层的单位是工作地，它由工人、加工设备、工位器具与一定的生产面积和某些专用设施所组成。每一个工作地都具有特定的加工能力，按照专业分工的原则承担一定的加工任务。以何种形式把众多的工作地组织起来，不断提高工作地的专业化程度，使产品生产过程得以有效地运行，是研究生产过程组织的重要问题。

2)合理组织生产过程的要求

合理组织生产过程的目的，是使产品在生产过程中行程最短、时间最省、耗费最小、效益最高。生产管理的对象是生产过程。组织好生产过程是企业能否有效地利用生产资源、以合理的消耗水平为社会提供质优价廉的产品，并取得最佳的经济效益的基础。衡量一家企业的生产过程组织是否先进合理，可以用五个特性来描述，即生产过程运行的连续性、平行性和节奏性、生产过程构成的比例性及其对生产对象变化的适应性。五个特性既是生产先进性、合理性的主要标志，也是合理组织生产过程所追求的目标。

3)企业的生产类型

生产类型是按照企业生产产品的品种多少，生产的稳定程度，同种产品的产量大小和工作地专业化程度等因素，把众多的企业分为几种典型的类别。

以产品生产工艺为标准，可以把产品生产过程划分为工艺过程连续的流程生产型和工艺过程离散的加工装配型；以产品的使用性能为标准，可以分为通用产品和专用产品，前者属于备货生产类型，后者属定货生产类型；以生产的稳定性和复杂性程度为标准，可把各类生产过程分为大量生产、成批生产和单件小批生产三种类型。

(2)生产过程的空间组织

1)企业生产单位系统及其合理配置。

企业生产单位是构成企业生产系统的基本要素，它们的数量、规模和比例结构直接影响着企业生产系统功能的发挥和企业经营目标的实现，因此对企业的生产单位应合理配置。典型企业一般设置如下的生产单位：基本生产单位、辅助生产单位、生产技术准备单位和生产服务单位。生产单位要进行合理的配置，首先，企业中生产单位的配置不可贪多求全。其次，企业生产单位的配置应力求保持各生产单位之间的合理比例，以免造成人力、物力上的严重浪费。另外，要考虑经济条件下企业规模的两种发展趋势，一是生产的集中化和专业化，二是生产的分散化。

2)厂区布置

厂区布置是在厂址选定、企业生产单位构成之后的一项重要的生产空间组织工作。它是根据厂址的地形地貌，对企业的各个生产单位进行合理的布置，明确它们之间的平面或立体相对位置，相应地确定物料流程、运输方式和运输路线。

厂区布置的目标要求是：最短的运输路线、最大的灵活性、最有效的面积利用、最良好的工作环境和最合理的发展余地。

厂区布置原则：首先，合理划分厂区，尽可能把厂区划分为不同性质的功能区域；其次，厂区布局力求紧凑，这不仅可以节约用地，还可以缩短运输路线、工程管道和通路等的长度；再次，要有利于生产安全和职工健康；另外，厂区布置应与环境相协调。

3)车间布置

车间布置是生产空间组织的重要内容，是厂区布置的基础。车间布置是指按一定原则，合理确定车间内部各生产单位之间的相互位置，使之成为一个有机整体。生产车间一般由六个部分组成，即生产部分、辅助部分、仓库部分、车间管理部分、生活福利部分以及通道部分。其中生产部分是主体，占用的面积最大，它的布置应符合生产过程的流向和工艺顺序，还应注意运输方便和保证生产安全，其他车间组成部分的布置则应考虑尽可能地为生产部门提供良好的服务。

4)工作地(设备)布置

工作地(设备)布置的原则是按照生产过程流向和工艺顺序布置设备，尽量使劳动对象在加工过程中单向流动，总的运输路线力求达到最小，创造良好的生产环境保证生产安全。工作地的布置形式：一是机群式，即把同一类型的设备和工作地安排在一起；二是按工艺流程布置，它是按照某种零件的加工顺序来安排布置不同的设备，典型的例子如流水线；三是按成组技术原则布置，即按照一定的零件组的工艺要求布置设备和工作地。

(3)生产过程的时间组织

合理组织生产过程,要求企业各个生产单位、各个工序之间在空间上合理配置,密切配合。与此同时,还要求劳动对象在企业各个生产单位之间的有序移动在时间上也能互相配合、紧密衔接。这样就能实现人员、设备和劳动对象有效的组合、运行,最大限度地提高生产过程的连续性和节奏性,从而达到提高劳动生产率,缩短产品生产周期、加速流动资金周转和降低成本的目的。在生产过程的时间组织中,应当科学地、有计划地分配时间、控制时间,杜绝无效的时间消耗。在条件许可的情况下尽量提高生产过程的平行性。

2. 生产计划的编制

(1)生产计划及其类别

生产计划是对企业生产活动进行的统筹安排,是企业生产活动有序进行的基本依据,是企业生产经营计划的主要组成部分。

生产计划的主要内容包括确定生产指标、核算生产能力,并与生产任务进行平衡,合理安排生产进度,组织和检查生产计划完成情况,提出改进生产的建议等。

生产计划分为长期、中期、短期计划和生产作业计划。中、长期生产计划是企业中、长期发展规划中的一个重要组成部分,短期计划(又称年度计划)起着衔接中、长期计划与生产作业计划的作用,是长期计划的具体实施,又对生产作业计划的编制起着指导作用。生产作业计划是年度计划的继续和补充,并具体执行和落实生产计划。生产作业计划的基本任务就是通过生产作业计划的编制,生产作业的控制和其他工作,实现有节奏的均衡生产,挖掘和充分利用生产潜力,保证按质量、品种、数量、期限全面完成企业的生产计划任务。

(2)编制生产计划的指导思想和原则

编制企业生产计划,首先要有全局的观点,其次要有科学的管理,计划指标要先进合理,以符合社会需求和主客观条件。同时要有严肃性和应变性,要吸收广大群众参加,使计划能推动实践,推动生产发展,并成为广大群众的自觉行动。

生产计划的编制原则:按社会和时间需要,确定生产指标;以产量任务为中心,进行综合平衡;生产计划安排要优化。

(3)生产计划的编制步骤

①调查研究,摸清情况。摸清社会和市场对企业产品的需求情况,摸清企业生产的外部条件及企业内部的生产条件。

②拟订生产指标方案,进行方案优化工作。产量指标要适应社会和市场需要,同时要保证企业的生产经营活动能取得良好的效益。通常采用各种数学方法和计算工具进行方案优化。

③综合平衡编制计划草案。综合平衡工作包括生产任务与生产可能性的平衡及各项计划指标之间的平衡。

3. 生产作业计划的编制

(1)生产作业计划的内容及编制原则

生产作业计划是生产计划的具体执行计划。它是将年度产品出产计划具体地分配到车间、工段、班组以及工作地和个人。

生产作业计划,对组织企业的日常生产活动具有十分重要的作用。它是连接各生产环节、组织职工共同劳动、建立正常生产秩序和工作秩序的重要手段。

编制生产作业计划的原则,首先,应使生产作业计划同产品出产进度计划保持一致,并且要使各月、周、日的生产负荷均衡;其次,应采取"两下一上"的制度,即先由企业的生产主管部门下达生产作业计划草案,经基层生产单位充分民主讨论,提出修改意见,然后再由生产部门汇总,经审批后,作为指令性计划下发;再次,应尽可能多地给车间、工段、班组创造有利条件,留有余地,使作业计划能如期完成。

(2)生产作业计划的编制方法

1)在制品定额法

所谓在制品定额法,即是在大量大批生产条件下,运用预先制定的在制品定额,按工艺顺序的反方向,依次确定各车间投入量和产出量的方法。也即从最后一个车间开始,依次确定前一车间的生产作业任务。用在制品定额调节前后工序车间的衔接,是生产过程连续进行的必要条件。

2)批量和生产间隔期法

批量和生产间隔期是成批生产的期量标准和编制生产作业计划的主要方法。

批量和生产间隔期的关系为:批量 = 生产间隔期 × 平均日产量

在产量一定的情况下,批量的大小和生产间隔期的长短对设备的利用程度、流动资金的周转有很大影响。在生产实践中,应该进行综合平衡,确定合理的批量。可采用两种方法。一是以量定期法,即先确定批量,然后再根据产量和批量确定生产间隔期;如果生产任务发生变化,则应保持批量不变,调整生产间隔期。二是以期定量法,即先确定生产间隔期,然后使批量与之相适应;当生产任务发生变化时,则应保持生产间隔期不变,调整生产批量。

3)生产周期法

生产周期法是以订货合同的交货期作为计算的起点,按工艺顺序的反方向编出生产进度表,依次确定各车间投入和产出的日期、数量及作业期限,把前一车间的出产期与后一车间的投入期衔接起来,确保产品按期交货。

4)提前期法

生产提前期是指产品(毛坯、零件)在各个工艺阶段投入或产出的日期比成品产出的日期应该提前的日历数。它以完工交货的日期作为计算的起点,以生产周期和生产间隔期为计算的基础,按照工艺顺序的反方向进行计算。有了提前期,便可确定产品投入和产出的标准日期。

5)订货点法

订货点法是安排标准件或通用件生产的一种方法。当标准件或通用件的储备量降低到最低限度(即订货点)时,就应该安排下一批的生产。提出订货时的储备量称订货点量。

(3)生产作业准备工作

生产作业准备又称日常生产准备。它是企业为实现生产作业计划,在生产之前所进行的有关技术文件、人力、物力等方面的准备工作和组织管理工作。包括:技术文件的准备;设备的检修与调整;工具、工装及测试工作的准备;原材料、外购件、外协件、动力的准备;劳动组织的调整与劳动定额的制定以及现场准备等。

(4)生产作业计划的编制

编制生产作业计划,根据企业生产规模、车间设置和布局的状况以及产品结构的繁简程度等因素,可以分别采用一级、二级、三级计划体制。规模大的企业可以搞三级作业计划,即全厂作业计划、车间内部作业计划、工段内部作业计划三级;中小企业可以采用二级作业计划,即全厂作业计划和车间内部作业计划两级;产品品种少、结构简单、规模小的企业也可以采用一级包干的作业计划体制,即全厂作业计划可以直接制定到生产班组。最常见的为二级计划编制体制。

厂级月度生产作业计划,是根据季度生产计划中规定的生产任务来编制的。编制厂级月度生产作业计划,一是要确定合理的计划单位,二是要安排各车间的生产任务和进度,保证车间之间在品种、数量和期限方面的衔接。

把企业的生产任务分配到车间、工段以至小组的工作,首先是把企业的生产任务分解到车间,编制分车间的作业计划,然后,再进一步把车间任务分解到工段以至班组,编制分工段或分班组的生产作业计划。

4. 生产控制

生产过程是一个多因素、多环节的动态过程。必须采取一系列监督、检查、控制与协调等措施,才能保证生产计划的实施与完成。

不同生产类型,具有不同的功能发挥速度和不同的运行状态,其控制的具体内容也有所不同,因此,应根据不同生产类型,分别确定其控制内容上的重点。

(1)大量生产条件下的控制重点

大量生产的基本特点是在工地上连续生产相同的产品,专业化程度比较高,多采用流水生产线生产。因此,大量生产中作业计划所要解决的主要矛盾是如何保证整个生产过程及其各个环节按规定的节拍进行生产。

(2)成批生产条件下的控制重点

成批生产的基本特点是产品品种较多,各种产品每隔一定时期重复生产一批,在成批生产条件下,作业计划要解决的主要矛盾是如何妥善安排生产轮番,合理衔接每批产品在各个车间投入和产出的时间、品种、数量之间的关系,保证生产过程比较正常地重复进行。

(3)单件小批量生产条件下的控制重点

单件小批量生产条件下，品种很多，每种产品数量少，产品多属于一次性生产，其生产任务主要决定于用户的单项订货的数量。这样，作业计划所要协调的主要矛盾既不是如何控制在制品的定额水平，也不是如何确定生产提前期，而是怎样合理搭配订货，如何妥善处理品种多变与生产过程各个部分均衡负荷的关系，保证及时、成套地完成订货所要求的任务。所以，单件小批量作业计划的主要任务是合理搭配订货，按交货期要求，衔接平衡各车间的生产任务。

上述不同状态的生产控制方式都可以采用计算机辅助控制的方式，提高其及时性和协调水平。

(4)库存控制和质量控制

企业生产需要物资，而物资在生产过程中分处两种状态：一种是被使用状态，即直线被加工、被使用的状态；另一种是待用状态，即企业储备待用的各种物资。库存控制，是根据生产和销售的需要，按照经济合理的原则，对企业储备进行调解、控制的一种活动。库存控制涉及物资储备量、库存条件、订货方式、库存方式等方面的控制问题，通过这些控制，为再生产的顺利进行创造必要的条件。

质量控制是采用科学方法使生产过程满足产品质量标准的要求，并对偏离质量标准的状态进行调整活动。质量控制包括生产前的原材料质量控制、技术设计控制、生产中的加工质量检测、生产后的产品检验等。生产过程的质量控制在于形成一套合理有效的质量控制体系，形成灵敏的质量检测系统，使生产过程总是处于质量系统的控制之中。

(5)作业环境控制

作业环境控制是从“以人为本”的理念出发，采用科学的方法，使环境适于作业者的工作，并能保证作业者健康地工作，提高效率和质量。

作业环境控制是指控制在作业者从事生产经营活动的空间场所中，对作业者的身体的有害的影响，如适当控制照明、噪声、温度、湿度、色彩、工作时间等，以提高和增强工作者的工作效率、安全性和舒适性。

三、生产管理的新方法

1. 准时生产制和精益生产

准时生产方式是起源于日本丰田汽车公司的一种生产管理方法。它的基本思想可概括为“只在需要的时候，按需要的量，生产所需的产品”，这也就是 Just In Time(JIT)一词所要表达的本来含义。这种生产方式的核心是追求一种无库存生产系统，或使库存达到最小的生产系统，为此而开发了包括“看板”在内的一系列具体方法，并逐渐形成了一套独具特色的生产经营体系。

JIT 生产方式的最终目标是获取利润。为了实现这个最终目标，“降低成本”就成为基本目标。但是在多品种小批量生产的情况下，这一方法是行不通的。因此，JIT 生产方式力图通过“彻底排除浪费”来达到这一目标。

JIT 生产方式可划分为两类：广义的 JIT 和狭义的 JIT。广义的 JIT 即精益生产，其目的是在企业各方面消除浪费。狭义的 JIT 是指在生产环节消除库存、消除浪费，以达到只在需要的时间、地点提供所需要的制品的目标。

2. JIT 的实施手段

为了排除浪费，就相应地产生了适时适量生产、弹性配置作业人数以及保证质量这样的课题。这些课题成为降低成本这一基本目标的子目标。对应于上述这一基本目标的三个子目标，JIT 生产方式的基本手段也可以概括为下述三个方面。

（1）适时适量生产

“Just In Time”一词本来所要表达的含义是“在需要的时候，按需要的量生产所需的产品”。当今的时代已经从卖方市场转变为买方市场，因此对于企业来说，各种产品的产量必须能够灵活地适应市场需要量的变化，否则，由于生产过剩会引起人员、设备、库存费用等一系列的浪费。而避免这些浪费的手段就是实施适时适量生产，只在市场需要的时候生产市场需要的产品。

（2）弹性配置作业人数

在劳动费用越来越高的今天，降低劳动费用是降低成本的一个重要方面。达到这一目的的方法是“少人化”，即根据生产量的变动，弹性地增减各生产线的作业人数，以及尽量用较少的人力完成较多的生产。这里的关键在于能否将生产量减少了的生产线上的作业人员数减下来。这种“少人化”技术能够将需求减少时各作业点减少的工时集中起来，以整数削减人员。但这从作业人员的角度来看，意味着标准作业时间、作业内容、范围、作业组合以及作业顺序等的一系列变更。因此为了适应这种变更，作业人员必须是具有多种技能的“多面手”。

（3）质量保证

历来认为，质量与成本之间是一种负相关关系，即要提高质量，就得花人力、物力来加以保证。但在 JIT 生产方式中，却通过将质量管理贯穿于每一工序之中来实现提高质量与降低成本的一致性，具体方法是“自动化”。这里所讲的自动化，指融入生产组织中的以下两种机制。第一，使设备或生产线能够自动检测不良产品，一旦发现异常或不良产品可以自动停止的设备运行机制。为此在设备上开发、安装了各种自动停止装置和加工状态检测装置。第二，生产第一线的设备操作人员发现产品或设备的问题时有权自行停止生产的管理机制。这样，不良产品一出现马上就会被发现，防止了不良产品的重复出现或累积出现，从而避免了由此可能造成的大量浪费。而且，由于一旦发生异常，生产线或设备就立即停止运行，比较容易找到发生异常的原因，从而能够有针对性地采取措施，防止类似异常情况的再发生，杜绝类似不良产品的再产生。

综上所述，JIT 生产方式是以降低成本为基本目标，在生产系统的各个环节各个方面全面展开的一种使生产能同步化、能准时进行的方法。为了实现同步化生产，开发了后工序领取、单件小批量生产、生产均衡化等多种手段。

3. 制造资源计划(MRP Ⅱ)

制造资源计划(MRP Ⅱ)是一种最为成熟、规范和基础的生产管理信息化方案。它不仅在当今世界制造业中广泛应用，是计算机制造系统(CIMS)的重要单元，而且构成了企业资源计划(ERP)的重要组成部分。从生产管理信息化的发展历程来看，MRP Ⅱ是一个承上启下的"里程碑"，它是从订货点法、物料需求计划(MRP)、闭环 MRP 发展而来，又进一步发展成为 ERP。

(1)物料需求计划(MRP)

20 世纪 60 年代产生的 MRP 是在产品结构的基础上，运用网络计划的原理，在计算机技术的支持下，根据产品各个层次的从属和数量关系，以每个物料为研究对象，以完工期限为时间基准倒排计划，按提前期长短区别各个物料下达计划时间的先后顺序，从而实现既要降低库存，又不出现物料短缺。与订货点法相比，MRP 对库存状态引入了时间分段概念，按具体的日期或计划时区记录和存储库存状态数据。MRP 还将库存项目按需求的来源不同分为独立需求和相关需求两种类型。

MRP 在管理上的主要指导思想是：对需要的物料，在正确的时间，正确的地点得到正确的数量。这就是适时生产制。

MRP 系统的存储管理目标是：改进对用户供应的服务水平，把存储费用减少到最低水平，使生产运行效率提高到最高水平。

MRP 系统的实现功能目标是：随时可以掌握计划状态、存储状态和供货状态，当供货进度或加工进度拖期，将要耽误总的生产进度时，可通过系统及时发现问题，以便迅速采取措施，包括催促供货、修改订货、局部突击生产等等；当计划已受到破坏时，可迅速调整计划并按调整计划迅速发出新的生产指令；此外，当市场需求发生变化，需要调整品种或减少产出时，也可及时调整计划，并通知供应系统，调整或取消订货。

MRP 的基本任务是从最终产品的生产计划导出相关物料的需求量和需求时间；根据物料的需求时间和生产周期来确定其开始生产时间，这最终结果体现为编制出零件的生产计划和采购计划。

(2)闭环 MRP

20 世纪 70 年代，MRP 系统发展成为闭环 MRP 系统。闭环 MRP 系统除了物料需求外，还将生产能力需求计划、车间作业计划和采购计划也全部纳入 MRP，形成了一个封闭的系统。这就克服了 MRP 没有考虑生产企业现有生产能力和采购能力等条件约束的障碍。同时，计划制订与实施之后，需要取得反馈信息，以便修改计划与实施控制，因此，闭环 MRP 则成为一个完整的生产计划与控制系统。

闭环 MRP 的出现，使生产活动方面的各个子系统得到了统一，但是，该系统没有把与物流密切相关的资源纳入进去，这就造成了数据的重复录入与存储，甚至造成数据的不一致。于是，把生产、财务、销售、工程技术、采购等各个子系统集成为一个一体化的系统就成为必然。美国著名管理学家怀特(Oliver W. Wight)将这种集成系统称为制造资源计划系统(Manufacturing Resource Planning),为与物流需求计划区别,记为 MRPⅡ。

(3)制造资源计划系统(MRPⅡ)

MRPⅡ的基本思想就是将企业作为一个有机整体,通过将经营、财务与生产系统相结合,涵盖了进行生产制造活动的设备、物料、资金等多种资源,并且有模拟功能,因此,它不仅能对生产过程进行有效的管理和控制,还能对整个企业计划的经济效益进行模拟,这对辅助企业高级管理人员进行决策有重大意义。

现代的 MRP II 系统完善于 20 世纪 80 年代,一般分为生产控制(计划、制造)、物流管理(分销、采购、库存管理)、财务管理(账务、成本、资金)三大子系统。生产控制子系统将按照预测的销售前景,并考虑销售单的实际情况来编制生产大纲;再按主生产计划的排程,编制物料需求计划,据此采购原材料和零件,并安排部件生产,以期在制品、原材料及成品控制在最优水平上。此外,根据物料需求计划的结果来核算能力,调整主生产计划,尽量维持生产平衡。生产线(车间管理或重复生产)的信息反馈也可以与财务系统、物流管理系统集成。物流管理系统将向供销部门和库房管理部门提供灵活的日常业务处理功能,并能自动将信息转达到财务部门和其他有关部门。财务管理系统除对各往来账目和日常发生的货币支付账目进行处理外,根据销售部门的销售单/发票、采购单及库存资金,还能够向管理人员提供目前库存资金占用情况和企业运营情况。

MRP II 可以改善企业经营决策,提高企业应变能力及所处的竞争地位。企业领导可以随时了解企业生产、销售、库存等运作情况和财务状况,实行规范管理,促进企业工作与生产效率的提高,降低库存。据国外有关资料统计,在实施 MRP II 的企业中,库存资金的占用一般可降低 15% ~40%,资金的周转次数可提高 50% ~200%;合理利用资源,缩短生产周期,提高劳动生产率,进一步降低成本,增加利润;由于与财务系统的集成,可以大大减少财务收支上的差错与延误,减少经济损失。同时还可以及时了解生产成本,辅助财务管理业务的运行。

MRP II 是主要运用于制造业企业的先进的管理思想与信息系统,是根据企业管理的需要而生产发展起来的,其管理模式适合于制造业企业的一般管理要求,同样也适合于中国企业的普遍管理模式和要求。为了成功实施 MRP II,企业必须把重点放在基础信息的健全和管理业务的规范化上,而不仅仅是引进现成的软件。

4. 企业资源计划(ERP)

从 MRPⅡ的概念产生后的 10 年间,企业计划与控制的原理、方法和软件都成熟和完善起来。在此期间计算机和信息技术更是飞速发展。各个 MRP 软件厂商不断地在自己的产品中加入了新的内容,逐渐演变形成了功能更完善、技术更先进的制造企业的计划与控制系统。20 世纪 90 年代初美国 Gartner Group Inc 总结当时MRPⅡ软件在应用环境和功能方面主要发展的趋势,提出"企业资源计划

Enterprise Resources Planning（ERP）”的概念。ERP 在资源计划和控制功能上的进步，其一是计划和控制的范围从制造延伸到整个企业；其二是资源计划的原理和方法应用到非制造业。

ERP 是一种先进的企业管理理念，它将企业各个方面的资源充分调配和平衡，为企业提供多重解决方案，使企业在激烈的市场竞争中取得竞争优势。世界 500 强企业中有 80% 的企业都在用 ERP 软件作为其决策的工具和管理日常工作流程，其功效可见一斑。

ERP 的引入，改变了企业内信息的交流大部分是通过纸张传递的局面。它将组织中的各个功能模块有机地集成起来，共同运作。

ERP 项目是一个庞大的系统工程，不是有钱买来软件就可以的。ERP 更多的是一种先进的管理思想，它涉及面广，投入大，实施周期长，难度大，存在一定的风险，需要采取科学的方法来保证项目实施的成功。一般在实施中需要注意以下问题。

①最高决策者和全体员工的参与。ERP 的实施关系到企业内部管理模式的调整、业务流程的变化及大量的人员变动，没有企业领导的参与将难于付诸于实践。同时 ERP 是企业级的信息集成，没有全体员工的参与也是不可能成功的。

②知识更新。ERP 是信息技术和先进管理技术的结合，无论是决策者、管理者还是普通员工都要掌握计算机技术、通信技术，并将之运用到现代企业的管理中去。

③规范化的数据。ERP 系统实现了企业数据的全局共享，作为一个管理信息系统，它处理的对象是数据。数据规范化是实现信息集成的前提，所以实施 ERP 必须要花大力气准备基础数据。

④业务流程重组和机构重组。ERP 是面向工作流的，它实现了信息的最小冗余和最大共享。传统需要几个步骤或几个部门来完成的任务，在实施 ERP 系统之后可能只需要一次便能完成了。因此企业要让 ERP 系统发挥作用，有必要在业务流程和组织机构方面进行重组，以使之符合 ERP 的实施要求。

ERP 强调对企业管理的事前控制能力，把设计、制造、销售、运输、仓储和人力资源、工作环境、决策支持等方面的作业，看作是一个动态的、可事前控制的有机整体。ERP 系统将上述各个环节整合在一起，它的核心是管理企业现有资源，合理调配和准确利用现有资源，为企业提供一套能够对产品质量、市场变化、客户满意度等关键问题进行实时分析、判断的决策支持系统。

ERP 是先进的现代企业管理模式，主要实施对象是企业，将企业各个方面的资源（包括人、财、物、产、供、销等因素）合理配置，以使之充分发挥效能，使企业在激烈的市场竞争中全方位地发挥能量，从而取得最佳经济效益。ERP 系统在 MRP II 的基础上扩展了管理范围，提出了新的管理体系结构，把企业的内部和外部资源有机地结合在了一起。这里充分贯彻了供应链的管理思想，将用户的需求和企业内部的制造活动以及外部供应商的制造资源一同包括了进来，体现了完全按客户需求制造的思想。

5. 敏捷制造

敏捷制造是美国为重振其在制造业中的领导地位而提出的一种新的制造模式。它可以概括为：通过先进的柔性生产技术与动态的组织结构和高素质的人员这三个要素的集成，着眼于获取企业的长期经济效益；用全新的产品设计和产品生产的组织管理方法，来对市场需求和用户要求做出灵敏和有效的响应。敏捷制造的观点认为，创新周期缩短和全球化市场的形成，企业面临着不可预测和不断变化的市场，只有快速响应市场需求，提供满足用户个性需求的产品，才能在竞争中立足。

敏捷制造的敏捷性体现在持续变化性（产品、技术、管理模式）、快速反应性（以适应市场的变化）、高质量和低消费。实现敏捷制造的条件是设备高度柔性、可编程性和模式化、信息系统标准化和可维护性，人的因素和管理结构。敏捷制造的实施方式是虚拟企业，既竞争又合作，用户参与设计与制造，兼顾经济效益和社会效益，增加信息服务和系统管理功能。

敏捷制造的特点是：重组企业的组织结构、管理策略与制度，与其他企业合作建立开放的虚拟企业或动态联盟；提高从产品设计、制造、销售全过程的整体柔性；在政府部门协调下，企业、高校和科研机构结合；用户参与设计与制造；重视人的因素，发挥其知识、技艺和创造性；重视信息的作用。

6. 大规模定制

大规模定制是指对定制的产品进行个性的大规模生产以及服务。这一生产方式把大规模生产和定制生产这两种生产模式有机地结合起来。其目的是在保证企业经济效益的前提下，了解并满足单个客户的需求。它集合了精益生产、敏捷制造等许多现代制造技术，做到面对产品品种的多样化和定制化需求的急剧增加而不相应地增加成本。

大规模定制需要三个方面紧密联系成一个整体的支持，即顾客需求采集、生产流程的柔性以及物流的支持。

大规模定制是将整个生产流程先后分为标准化过程和定制化过程，在标准化过程中，对产品流程设计借助于标准化、模块化、通用化等技术，尽量减少产品构造的差异性，延长通用化过程，形成规模经济。定制化过程对体现顾客个性化的部分进行生产、装配、包装以及运送，进行定制化服务。

第四节 企业管理信息技术

一、信息与信息的特性

作为数据处理或是对管理信息系统来说,信息可理解为数据加工后得到的结果。这样,概括起来有以下两点:客观上信息是反映某一客观的现实情况;主观上信息是我们从事某项工作所需要的,是行动的依据。信息具有下述特性。

(1)事实性

事实是信息的中心价值,不符合事实的信息不仅无益,而且有害,事实性是信息的最基本性质。

(2)等级性

不同的管理层次,要求的信息是不同的。信息和管理层一样,一般分为战略级、战术级和作业级。不同级别的信息在内容、来源、精度、寿命和使用频率上都不相同。一般说,越是高层的信息,其内容越抽象,精度和使用频率越低,但寿命越长,与外界关系越大。

(3)可压缩性

信息可以压缩,因而不至于丢失信息的本质。通过信息压缩可以把那些无用的、不重要的和冗余的信息去掉。只有正确地舍弃信息才能正确地使用信息。

(4)扩散性

信息好像热源,它能通过各种渠道和手段向四面八方扩散。信息的扩散存在两面性,一方面它有利于知识的传播,另一方面它不利于保密,可能会给国家和企业的利益带来损失。

(5)传输性

信息是可以传输的,人们通过各种各样的手段能把信息传输到很远的地方。信息的传播性优于物质和能源的传输性能,信息的可传性加快了资源的传输。

(6)共享性

信息的共享性表现在一则信息可以为众人利用,有利于成为企业的一种资源。严格地说,只有达到企业信息的共享,信息才真正成为企业的资源。

(7)增殖性

用于某种目的的信息,可能随着时间的推移,价值耗尽;但对另一目的可能又显示其用途。信息的增殖性使我们能从信息废品中提炼有用的信息。

(8)转换性

信息可以转化为价值。信息的价值就是由这种变化所增加的收益减去获得信息的成本。

二、管理信息及管理信息化的发展过程

1. 企业管理信息的类型

企业管理信息一般是在企业经营活动中产生的,反映和控制管理活动的经过和加工的数据、文字、单据、账目、图表等信息。管理信息按企业职能可划分为产品设计信息、产品加工工艺信息和市场营销信息等;按管理的层次分为战略决策信息、管理控制信息和作业操作信息等;按管理的对象分为技术信息、人事信息、物资信息、设备信息和财务信息等;按信息的来源分为内部信息和外部信息;按信息的流向分为输入信息、输出信息和反馈信息等。由于管理的种类繁多,性质各异,给管理信息的处理带来了巨大的困难。

从计算机管理的角度,最常用的管理方式是按决策类型进行分类的,包括结构化决策、半结构化决策和非结构化决策三类信息处理方式。

所谓结构化决策就是西蒙的程式化决策,是企业日常面临的大量的、常规的和不断重复的决策,可由一般业务人员处理,这类问题的信息处理多采用通常的电子数据处理方式。非结构化决策,即非程序化决策,是以前不曾出现、不具有确切的性质的问题,这类问题一般都具有全面性、战略性和复杂性,需要高层次管理人员进行处理,这类问题的信息处理一般需要借助人工智能技术(Expert System,ES)和决策支持系统(Decision Support System,DSS)。半结构化决策是指介于结构化和非结构化决策之间的决策问题,企业职能部门主管人员和其他中层管理人员会面临大量的这类问题。其实企业管理中的决策问题大多数也都是半结构决策问题,正如西蒙所说:"把程序化和非程序化这两个词作为光谱的黑色频段和白色频段的标记,世界大部分是灰色的,只有少数地方是纯黑色和纯白色的。"这类决策信息处理技术主要是管理信息系统(Management Information System,MIS)和部分 DSS 技术和 ES 技术。

2. 企业管理信息化

企业管理信息化是信息化概念对企业管理的应用。企业管理信息化可以理解为这样一个过程、活动或状态:基于并集成各类现代信息技术,全面、科学、有效地处理各类企业管理信息,为企业管理和决策提供全面、及时、准确和适用的信息服务,从而实现以信息及信息技术全面支持,促进企业所有经营管理活动,达到企业经营管理目标。企业管理信息化是一个企业不断应用信息技术、深入开发和应用信息资源于企业实践的过程。

与企业管理信息化密切相关的是企业信息化。企业信息化就是企业不断应用信息技术、深入开发和应用信息资源的过程。企业信息化通常表现在三大领域:企业生产过程的自动化、智能化,企业管理决策的网络化、智能化,企业商务活动的电子化。其内容具体表现为计算机的广泛应用、计算机辅助新产品、生产过程控制方面的信息技术应用、企业信息管理系统的有效运作、企业决策实现智能化、企业内

部网对企业内部各部门的整合、企业外部网对企业内部网的延伸、基于互联网络技术的电子商务的开展、企业信息化专业人才队伍的建设、制定和实施企业信息化标准规范及规章制度等。另外还可以从企业信息化的应用系统和技术角度对企业信息化的内容进行描述,具体可以分为技术系统(如 CAD、CAE、CAPP、CAM 和 PDM 等)、制造系统(如 CNC 计算机控制的数控机床、FMC 柔性制造系统等)、管理系统(如计划管理、物料管理、决策支持、办公自动化、电子商务、MRP、ERP、JIT 等)、集成系统和技术(如 CIMS 计算机集成制造系统、CALS 计算机辅助后勤保证系统等)和基础技术(如 EDI 电子数据交换、安全保密技术、多媒体技术等)。

管理信息化是企业信息化的一个核心组成部分,是企业决策管理活动或过程的信息化,与企业生产过程自动化、智能化和企业商业活动的电子化共同构成企业信息化的主要内容,企业管理系统与企业技术系统、制造系统和集成系统一起构成企业信息化的主要应用系统。

虽然从严格意义上说,管理信息化是一个企业不断应用信息技术、深入开发和应用信息资源于企业计划、组织、决策、控制等管理活动过程中,但实际上广义的企业管理信息化就是企业信息化,或者说狭义的企业信息化就是企业管理信息化。尤其是 20 世纪 80 年代以来发展的集成化的管理系统,无论是 SCM、MRPⅡ,还是 ERP,都是有关企业整体生产经营活动的企业信息化的应用系统。

3. 企业管理信息化的发展过程

1954 年,美国通用电气公司第一次用计算机计算工资,迈出了计算机应用于企业管理的第一步,此后,电子信息技术在企业管理中的应用不断扩展和深入。可以把企业管理信息化划分为以下几个发展过程。

20 世纪 50 年代初期到 60 年代中期的电子数据处理阶段,是电子计算机用于管理的初级阶段。该阶段计算机主要是代替人工对局部数据中量大、操作简单的业务进行处理。该阶段的计算机一般是单机运行,硬件功能弱、速度慢、容量小,输出与输入设备简单。软件方面缺乏操作系统和管理功能,数据无法长期保存和共享,数据收集和整理采用集中式批处理机。该阶段企业主要应用计算机进行工资计算、单项汇总等。

20 世纪 60 年代中期到 70 年代初期的综合数据处理阶段。在此阶段,计算机开始应用于某一管理子系统或某一业务管理范围,如图书情报检索系统、飞机订票系统等。该阶段计算机系统是由一台主机通过通信线路与多个终端设备连接的联机系统,硬件方面的性能逐渐提高,出现了大量的磁盘组、小规模集成电路;软件方面出现了操作系统,具有文件观察和一定的数据管理功能。数据可以以文件方式存在磁盘上,能共享和长期保存,数据处理方式也变成以实时操作为主,能随机地存取和处理数据。

70 年代初以后的信息数据处理阶段。该阶段是在前两个阶段的基础上随信息技术的发展而发展的高级阶段。随着计算机网络技术和数据库技术的产生和发展，企业内部的各部门、层次联成网络，交互信息，共享资源。硬件方面有了飞跃，出现了超大规模集成电路、超大容量的存储器以及功能强、性能好的多样化的输出和输入设备。软件方面有了网络通信软件和数据库管理系统。操作系统更灵活方便，数据存储在数据库中，应用程序独立于数据存储结构之外，使用灵活方便，数据处理方式是兼容批处理和远程通信的实时处理。该阶段出现了大量的现代管理信息技术，是企业管理信息化发展的关键阶段。具体包括管理信息技术（MIS）、决策支持系统（DSS）、专家系统（ES）、办公自动化系统（OAS）、电子数据交换系统（EDI）、电子邮件（E-mail）、计算机辅助设计（CAD）、计算机辅助制造（CAM）、计算机集成制造系统（CIMS）和并行工程（CE）等。

进入90年代以后，企业管理信息化又有了新的发展，尤其是朝着网络化、信息技术集成化方向的迅速发展，企业管理信息化实现了由个人电脑到群体计算机工作网络、从独立系统到联合系统以及从内部到跨企业计算机网络的飞跃。这种飞跃从根本上改变了对企业管理和企业交易活动的方式，这集中体现在光速商务（CALS）、企业资源计划（ERP）、企业内外部网络、基于网络的电子商务等技术和商业模式的变化和发展。

三、企业管理中常用的信息技术

1. 管理信息系统（MIS）

（1）管理信息系统的含义

20世纪70年代中期，随着计算机越来越多地用于信息处理，出现了使用计算机的热潮，开始建立管理信息系统，这就要求把众多的计算机通过线路联合起来集中调用，协同进行信息处理，提供广泛的服务，以提高管理组织、管理方法和管理工作的效率。这种有效利用计算机资源、发挥人的思维、提高企业管理效益的现代化管理方法，就是管理信息的总体含义。

管理信息系统是一门新兴的学科。它是一个由人、计算机等组成的能进行信息的搜集、传递、存储、加工、维护和使用的系统。管理信息系统能够实测企业的各种运行情况，利用信息控制企业行为，帮助企业实现其规划目标。管理信息系统需要综合利用计算机的硬件、软件、手工过程、计划与决策模型以及数据库等诸方面资源才能完成设计及实现。

（2）管理信息系统的特点

管理信息系统的特点归纳为：管理信息系统是一个人机结合的辅助管理系统，管理和决策的主体是人，计算机系统只是工具和辅助设备；主要应用于结构化问题的解决；主要考虑完成例行的信息处理业务，包括数据输入、存储、加工、输出，制订计划、生产和销售的统计等；以高速度、低成本完成数据处理的业务，追求系统处理问题的效率；其目标是要实现一个相对稳定的、协调的工作环境；数据信息成为系统运作的驱动力；设计系统时，强调科学、客观的处理方法的应用，并且系统设计要符合实际情况。

(3)管理信息系统的构成

管理信息系统由信息源、信息处理器、信息用户和信息管理者四个部分构成。信息源是信息的产生地;信息处理器负担信息的传输、加工、保存等任务;信息用户是信息的使用者,利用信息进行决策;信息管理者负责信息系统的设计、实现和维护。

一个组织的管理信息系统可分解为四个基本部分。一是数据处理系统部分,主要完成系统数据的搜集、输入,数据库的管理、查询、基本运算、日常报表的输出等。二是分析部分,是在数据处理系统的基础上,对数据进行加工,如运用各种管理模型、定量化分析手段、程序化方法、运筹学方法等对组织的生产经营情况进行分析。三是决策部分,以解决结构化的管理决策问题为主,决策结果主要为高层管理者提供一个最佳的决策方案。四是数据库部分,主要完成数据文件的存储、组织、备份等功能,它是管理信息系统的核心部分。

一个组织的管理信息系统可以根据管理功能的不同划分为不同的纵向子系统,主要有库存管理子系统、生产管理子系统、人事管理子系统、财物管理子系统、销售管理子系统和决策支持子系统。

(4)管理信息系统的主要任务

管理信息系统辅助完成企业日常结构化的信息处理,主要任务有如下几个方面:对基础数据进行严格的管理,要求计量工具标准化、程序和方法的正确使用,使信息流通渠道畅通;确定信息处理过程的标准化,统一数据和报表的标准格式,以便建立一个集中统一的数据库;高效率地完成日常事务处理业务,优化分配各种资源,包括人力、物力、和财力等;充分利用已有的资源,包括现在和历史的数据信息等,运用各种管理模型,对数据进行加工处理,支持管理和决策工作,以便实现组织目标。

2. 决策支持系统(DSS)

(1)决策支持系统的含义

决策支持系统是以管理科学、运筹学、控制论和行为科学为基础,以计算机技术、仿真技术和信息技术为手段,针对半结构化的决策问题,支持决策活动的具有智能作用的人机系统。该系统能够为决策者提供决策所需的数据、信息和背景材料,帮助明确决策目标和进行问题的识别,建立或修改决策模型,提供各种备选方案,并对各种方案进行评价和优选,通过人机交互功能进行分析、比较和判断,为正确决策提供必要的支持。

(2)决策支持系统的特点

决策支持系统具有以下特点:系统面向决策者,在运用决策支持系统的过程中,参与者都是决策者;系统解决的问题是针对半结构化的决策问题,模型和方法的使用是正确的,但是决策者对问题的理解存在差异,系统的使用有特定的环境,问题的条件也不确定和唯一，这使得决策结果具有不确定性；系统强调的是支持的概念，帮助加强决策者作出科学决策的能力；系统的驱动力来自模型和用户，人是系统运行的发起者，模型是系统完成各环节转换的核心；系统运行强调交互式的处理方式，一个问题的决策要经过反复的、大量的、经常的人机对话，人的因素如偏好、主观判断、能力、经验、价值观等对系统的决策结果有重要影响。

(3)决策支持系统的概念结构

决策支持系统的概念结构由会话系统、控制系统、运行及操作系统、数据库系统、模型库系统、规则库系统和用户共同构成。

(4)决策支持系统的运行过程

决策支持系统的运行过程可简单描述为：用户通过会话系统输入要解决的问题，会话系统把输入的问题信息传递给问题处理系统，然后问题处理系统开始收集数据信息，并根据知识机中已有的知识，来判断知识和识别问题，如果出现问题，系统使会话系统与用户进行交互对话，直到问题得到明确的解决；然后系统开始搜寻问题解决的模型，通过计算推理得出方案可行性的分析结果，最终将决策信息提供给用户。

(5)决策支持系统的开发

决策支持系统的开发方法一般采用目标导向法与原型法相结合的方法。具体步骤是先研制一个决策支持系统的技术部件（应用原型法），然后按照一般系统的结构和系统生成方法组合成决策支持系统的开发工具和开发环境（应用目标导向法）。

从开发一个系统的角度来分析，决策支持系统可以分成三个不同的技术层次：DSS 工具（即决策支持系统的基本技术部件）、DSS 生成器（即决策支持系统的通用框架）和专用的 DSS（即针对具体决策问题由决策支持系统生成器生成的实际应用系统）。

最基层的设计工作由专业软件人员完成，用户是最高层的使用者。从最基层到中间层的构造过程是系统工程师的任务；中间层是面对决策支持系统建造者的，中间层到最高层的设计过程是系统分析设计人员的主要任务。

决策支持系统的开发过程通常是针对具体目标，分为问题分析、可行性研究、开发方法和开发决策的选择、开发系统和支持决策五个阶段。在开发过程中，决策者必须参与，因为决策者是系统设计的直接使用者，他的需求就是系统所要达到的目的。

3. 电子商务(e-business)

(1)电子商务的含义

电子商务是指采用数字化电子方式进行商务数据交换和开展商务业务活动。电子商务主要包括利用电子数据交换、电子邮件、电子资金转账及互联网的技术在个人间、企业间和国家间进行无纸化的业务信息的交换。

(2)电子商务的分类

电子商务可以分为以下四类。

①企业对企业的电子商务(B2B),就是企业与企业之间的交易。

②企业对消费者的电子商务(B2C),就是电子零售。B2C可以使企业增进与顾客的交流,为顾客提供更多的选择,提供更具个性化的服务,而这些都是传统经营方式无法实现的。

③企业对政府机构的电子商务,包括企业与政府机构之间所有的事务交易处理。

④消费者对政府机构的电子商务,这种形式逐渐得到普及。政府机构为提高工作效率和服务质量,效仿商业的服务模式,将个人纳税、社会福利保险的支付等通过网上来进行。

(3)电子商务系统的构成

电子商务系统一般由企业内部网、企业内部网与互联网的连接、电子商务应用系统三个部分构成。

(4)电子商务系统的作用

电子商务具有普遍、方便、整体、安全及协调的特性。电子商务是企业保持竞争力的一个重要手段,能为企业带来以下的好处:降低成本,增加销售;提高工作效率;扩展市场范围;与客户良好沟通;提供全天候的服务;为顾客提供个性化的服务。

第五章 企业市场营销

第一节 概述

一、市场

市场由一切有特定需求或欲求并且愿意和可能从事交换来使需求和欲望得到满足的潜在顾客所组成。现实的市场规模决定于具有某种需要及支付能力，并且愿意进行交换的人的数量。一般说来，市场是买卖双方进行交换的场所。

二、市场营销

1. 市场营销的含义

菲利普·科特勒(Philip Kotler)于1984年提出："市场营销是个人和群体通过创造并同他人交换产品和价值以满足需求和欲望的一种社会和管理过程。"根据这一定义，可以将市场营销概念具体归纳为：市场营销的最终目标是"满足需求和欲望"；"交换"是市场营销的核心，交换过程是一个主动、积极寻找机会，满足双方需求和欲望的社会过程和管理过程；交换过程能否顺利进行，决定于营销者创造的产品和价值满足顾客需求的程度和交换过程管理的水平。

2. 市场营销的相关概念

(1)欲望和需求

欲望指消费者深层次的需要。人的欲望受社会因素及机构因素(诸如职业、团体、家庭、教会等)的影响。因而，欲望会随着社会条件的变化而变化。市场营销者能够影响消费者的欲望。需求指有支付能力和愿意购买某种物品的欲望。

(2)交换和交易

交换是市场营销的核心概念。交换是一个过程，而不是一种事件。如果双方正在洽谈并逐渐达成协议，称为在交换中。如果双方通过谈判并达成协议，交易便发生。交易是交换的基本组成部分。交易是指买卖双方价值的交换，以货币为媒介；而交换不一定以货币为媒介，它可以是物物交换。交易的要素包括交易的对象、条件、时间、地点和制度。

三、市场营销管理

市场营销管理是指为创造达到个人和机构目标的交换，而规划和实施理念、产品和服务的构思、定价、分销和促销的过程。市场营销管理是一个过程，包括分析、规划、执行和控制。其管理的对象包括理念、产品和服务。市场营销管理的基础是交换，目的是满足各方需要。市场营销管理的本质是需求管理。

任何市场均可能存在不同的需求状况，市场营销管理的任务是通过不同的市场营销战略来解决不同的需求状况。

四、市场营销组合

市场营销组合是企业为满足目标市场顾客的需要，对可控制的各种市场营销手段的综合运用。具体说，是企业营销人员采用系统方法，根据企业内、外部环境的特点，把市场营销的各种手段（即产品、定价、分销和促销等），进行最佳的配合，使它们相互协调，综合地发生作用，以实现企业的战略目标。归纳起来，市场营销组合具有以下特点。

1. 整体性

这是市场营销组合策略最重要的特点。和整合营销思想一样，市场营销组合的各种手段及组成因素，不是简单的相加或拼凑集合，而应成为一个有机的整体。在统一目标（满足目标市场的需求）的指导下，彼此配合，相互补充，能够求得大于局部功能之和的整体效应，如图 5-1 所示。

2. 可控性

构成市场营销组合的各种手段，是企业可以调节、控制和运用的因素。企业根据目标市场的情况，能够自主决定生产什么产品，制订什么价格，选择什么销售渠道，采用什么促销方式。这一特性，决定了企业制定市场营销策略的可能性。市场营销策略的核心正是企业通过艺术地运用其手中的权利，在动态适应市场营销中的不可控制因素的过程中，实现预期的目标。

3. 复合性

构成市场营销组合的四大类因素或手段，各自又包含了多个次一级或更次一级的因素。如产品策略，整体产品概念由核心产品、服务、品牌和包装等因素组成，各种因素下又可以分为不同的次一级因素。市场营销组合不仅要求四种因素的协调配合，而且每种因素的组成因素之间，每个组成因素的更次一级组成单位之间，都需要协调配合。

4. 动态性

市场营销组合并不是固定不变的静态组合，而是变化的动态组合。企业应该根据自身的内部条件、市场瞬息万变的环境变化，对组成特定市场营销组合的手段和因素进行不断的调整和适应。如果企业的目标市场战略、市场定位战略等重大

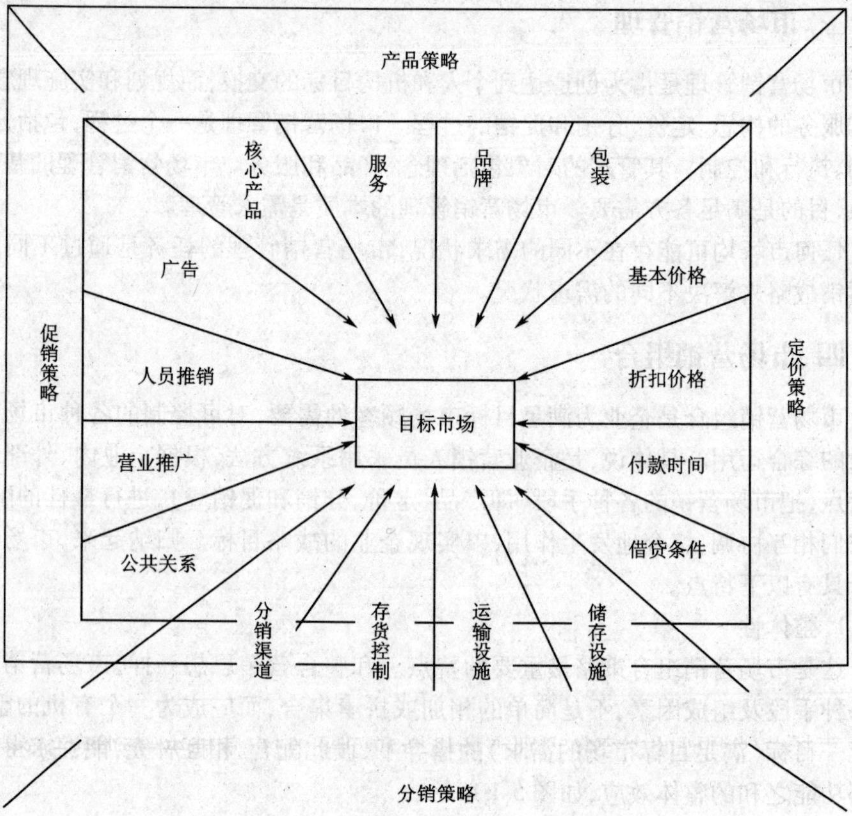

图 5-1　市场营销组合的整体性和复合性

战略措施发生了改变,市场营销组合策略势必要进行相应的重新组合。

五、整合营销策略

整合营销(Integrated Marketing),是一种通过对各种营销工具和手段的系统化结合,根据环境进行即时性动态修正,以使交换双方在交互中实现价值增值的营销理论与营销方法。整合营销以市场为调节方式,以价值为联系方式,以互动为行为方式,是现代企业面对动态复杂环境的有效选择。现代企业已经发展了众多有效、高效的营销手段和工具,如营销组合中运用的各种营销手段和工具,它们都有各自的功效。对企业来说,有些作用力可能相互抵消或削弱。整合营销就是使各种作用力统一方向,形成合力,共同为企业的营销目标服务。各部门协同作战以满足顾客的利益就是一种营销的整合。

建立在动态市场观上的整合营销的目标是使交换双方价值增值,市场是双方实现这一目标的手段和途径,这表明交换双方之间以价值为联系纽带,因此推行整合营销的企业首先必须进行价值分析,其中隐含的前提在于对双方价值的认定和评价，唯其如此，才能讨论增值问题。

交换双方的价值取向是不同的。对企业来说，价值增值过程表现为通过市场交换，实现企业经营目标，超越竞争对手，立于不败之地。对顾客来说，价值增值过程表现为从交换中获得产品或服务的利益。在交换双方都追求价值最大化的前提下，双方必然寻求“双赢(Win-Win)”的博弈效果。在这一博弈过程中，企业价值是通过顾客价值的实现而实现的，从这种因果关系上看，两者又是统一的。因此推行整合营销时，无法也无须区分哪些是企业价值，哪些是顾客价值。基于此，价值“既不是以产品也不是以顾客为基础，而是以顾客、产品和他们周围的世界之间的关系为基础的”。

第二节　市场营销调研与分析

一、市场营销调研

市场营销调研是指运用科学的方法系统地、客观地辨别、收集、分析和传递有关市场营销活动的各方面的信息，为企业营销管理者制定有效的市场营销决策提供重要的依据。与狭义的市场调查不同，它是对市场营销活动全过程的分析和研究。

市场营销调研的内容从识别市场机会和问题、制定营销决策到评估营销活动的效果，涉及企业市场营销活动的各个方面。主要包括：市场需求和变化趋势的调研、购买动机的调研、产品调研、价格调研、分销调研、广告调研、市场竞争调研和宏观环境调研等。

1. 市场营销调研的类型

根据研究的问题、目的、性质和形式的不同，市场营销调研一般分为如下四种类型。

(1)探测性调研

探测性调研用于探询企业所要研究的问题的一般性质。

(2)描述性调研

描述性调研是通过详细的调查和分析，对市场营销活动的某个方面进行客观的描述。

(3)因果关系调研

因果关系调研的目的是找出关联现象或变量之间的因果关系。

(4)预测性调研

预测性调研是企业为了推断和测量市场的未来变化而进行的研究。

2. 市场营销调研的步骤

一般而言，根据调研活动中各项工作的自然顺序和逻辑关系，市场营销调研可分为以下三个阶段。

(1)准备阶段

此阶段的主要任务是界定研究主题、选择研究目标、形成研究假设并确定需要获得的信息。

(2)设计阶段

研究设计是指导调研工作顺利执行的详细蓝图,主要内容包括确定资料的来源和收集方法、设计收集资料的工具、决定样本计划以及调研经费预算和时间进度安排等。

(3)执行阶段

在研究设计完成之后,要把调研计划付诸实施。此阶段主要包括实地调查即收集资料,然后对资料进行处理、分析和解释,最后提交调研报告。

3. 市场营销调研的方法

调研方法一般分为三类,即访问法、观察法和实验法。访问法又分为个人访谈、电话访问和邮寄访问;观察法可分为人工观察和非人工观察;实验法是指在控制的条件下对所研究的现象的一个或多个因素进行操纵,以测定这些因素之间的关系。这些调研方法常需要一些调研技术与工具的配合,如抽样技术、问卷设计等。

二、市场需求的测量分析

1. 市场需求

市场需求是一个产品在一定的地理区域和一定的时期内,一定的营销环境和一定的营销方案下,由特定的顾客群体愿意购买的总数量。

市场总需求不是一个固定的数字,而是一个在一组条件下的函数。因此,它也被称为市场需求函数。市场总需求与环境条件的相关关系见图 5-2。横轴表示在一个规定期间内行业的营销费用,可能表现为不同水平。纵轴表示由此而导致的需求水平。这条曲线描绘出市场需求的估计水平与行业营销费用变化水平的联系。

一些基本销售量(称为市场最低量或市场容量,图 5-2(a)中用 Q_1 表示)不需要任何的需求促进费用也会发生。高水平的行业营销费用会产生先是报酬率递增随后是报酬率递减的高水平的需求。当营销费用超过一定的水平后,就不能再进一步促进需求,因此,可对市场需求假设一个上限,并称为市场潜量(图 5-2(a)中用 Q_2 表示)。

市场最低量和市场潜量之间的差距,表示全部的营销需求敏感性。我们可以设想两个极端类型的市场——可扩展市场和不可扩展市场。诸如网球市场之类的可扩展市场,在其总的规模上颇受行业营销费用水平的影响,在图 5-2(a)中,Q_1 和 Q_2 之间的距离相对大一些;诸如眼镜市场之类的不可扩展市场,受营销费用水平

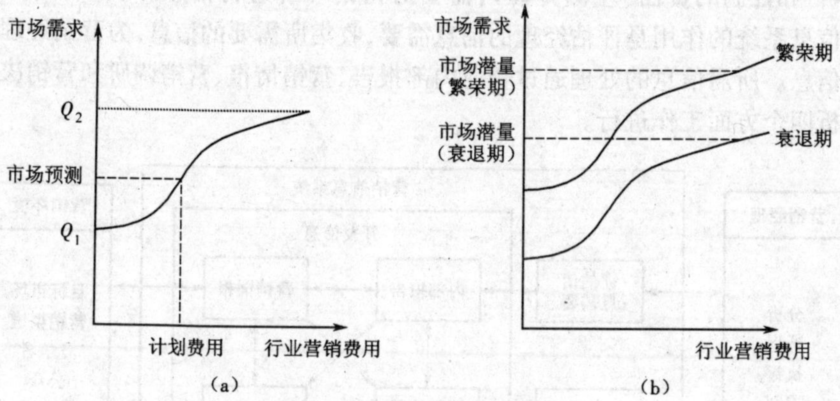

图 5-2　市场需求函数示意图

（a）市场需求与行业营销费用的关系　（b）市场需求与行业营销费用的关系
（假设在一个特定的营销环境下）　（假设在两个不同的环境下）

的影响就不大，在 Q_1 和 Q_2 之间的距离相对小一些。企业如果在不可扩展的市场上销售，可以认为市场的规模（对一种产品的基本需求水平）是固定的，因此应集中它的营销努力去获取一个期望的市场份额（对一种产品的选择需求水平）。

需要强调的是，从市场需求函数无法看出时间对市场需求的影响。更确切地说，这条曲线只显示了在现阶段可选择的当期市场需求预测和可选择的可能有的当期行业营销努力水平的关系。图 5-2（b）则显示了在不同的环境下（繁荣期和衰退期）的需求水平。

在许多可能有的行业营销努力水平中，实际上只有一个水平会发生。

2. 企业需求

企业需求是企业在营销努力基础上估计的市场需求份额。计算公式为

$$Q_i = S_i Q$$

式中，Q_i——企业 i 的需求；
S_i——企业 i 的市场份额；
Q——市场总需求。

当营销者估算出企业需求后，下一个任务是选择营销努力的水平。选择出营销努力水平（营销计划费用）后将产生一个特定的销售水平，即企业销售预测。

三、市场营销信息系统的内涵与构成

菲利普·科特勒将市场营销信息系统（Marketing Information System，MIS）定义为：由人、机器和程序组成，它为营销决策者收集、挑选、分析、评估和分配所需要的、及时的和准确的信息，以使营销分析、计划、执行和控制具有科学性和准确性。

营销信息系统的构成示意如图 5-3 所示。营销经理为了实施他们的分析、计

划、执行和控制的责任(左侧方框),需要对营销环境进行信息开发(右侧方框)。营销信息系统的作用是评估经理的信息需要,收集所需要的信息,为营销经理适时分配信息。所需信息的处理通过企业内部报告、营销情报、营销调研和营销决策支持分析四个方面工作进行。

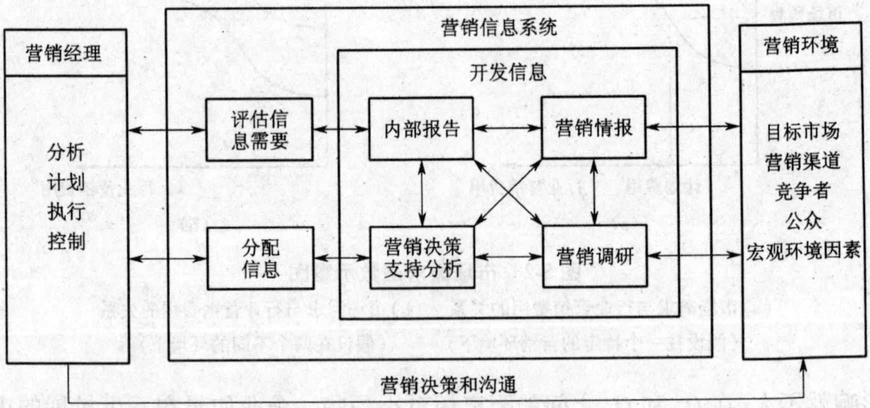

图 5-3 营销信息系统构成示意图

1. 内部报告系统

内部报告系统亦称内部会计系统,它是企业营销管理者经常要使用的最基本的信息系统。它的主要功能是向营销管理人员及时提供有关订货数量、销售额、产品成本、存货水平、现金余额、应收账款、应付账款等各种反映企业经营状况的信息。

2. 营销情报系统

营销情报系统是指市场营销管理人员用以获得日常的有关企业外部营销环境发展趋势的恰当信息的一整套程序和来源。它的任务是利用各种方法收集、侦察和提供企业营销环境最新发展的信息。

3. 营销调研系统

市场营销调研系统的任务就是系统客观地识别、收集、分析和传递有关市场营销活动各方面的信息,提出与企业所面临的特定的营销问题有关的研究报告,以帮助营销管理者制定有效的营销决策。

4. 营销分析系统

营销分析系统也称营销管理科学系统,它通过对复杂现象的统计分析,建立数学模型,帮助营销管理人员分析复杂的市场营销问题,作出最佳的市场营销决策。

第三节 市场预测

市场预测是在市场调研的基础上,运用科学的方法对市场需求和企业需求以及影响市场需求变化的诸因素进行分析研究,对未来的发展趋势作出判断和推测,为企业制定正确的市场营销决策提供依据。

市场预测一般有以下几个步骤:确定预测目标、选择预测方法、收集市场资料、进行预测、预测结果评价、预测结果报告。

市场预测的方法很多,一般包括定性预测法和定量预测法。这里需要特别说明的是,这种划分是进行叙述或分析的需要,科学的预测往往是定性与定量的结合。

一、定性预测法

定性预测法也称为直观判断法,是市场预测中经常使用的方法。定性预测主要依靠预测人员所掌握的信息、经验和综合判断能力,预测市场未来的状况和发展趋势。这类预测方法简单易行,特别适用于那些难以获取全面的资料进行统计分析的问题。因此,定性预测方法在市场预测中得到广泛的应用。定性预测方法一般包括:购买者意图调查法、销售人员意见综合法、市场试销法和专家意见法等。

1. 购买者意图调查法

购买者意图调查是在一组规定的条件下预测购买者可能买什么。如果购买者有清晰的意图,愿付诸实施,并能告诉访问者,则这种调查就显得特别有价值。

购买者意图调查一般适用于对工业产品、耐用消费品、要求有先行计划的产品采购和新产品的需求调查。

2. 销售人员意见综合法

当企业不能访问购买者时,可要求它的销售代表对产品的未来需求进行估计。

很少有企业在利用它们销售员的估计时不作某些调整的。销售代表可能是有偏见的观察者。为了促进销售员作出较好的估计,企业可向他们提供一些帮助或鼓励。

销售代表在市场发展趋势上可能比其他任何一个人更具敏锐性,问题是如何修正常有的片面性。

3. 市场试销法

在购买者并无具体购买计划或其购买意向变化无常,并且专家们也难以估计的情况下,可直接进行市场试销。直接的市场试销特别适用于对新产品的销售预测或为产品建立新的分销渠道的预测。

4. 专家意见法

企业也可以借助专家来获得预测。专家可以是经销商、分销商、供应商、营销顾问和贸易协会。但是,专家们的估计和销售人员的估计一样,有着相同的优点和弱点。许多企业从一些著名的经济预测公司那里购买关于经济和行业趋势的预测。由于他们有更多的数据和更好的预测技术,他们的预测往往优于企业的预测。企业可以召集专家组成一个专门小组来提出一个特定的预测(小组讨论法);或者可以要求专家们分别提出自己的估计，然后由一位分析家把这些估计汇总成一个估计（个人估计汇总法）；或者由专家们提出各自的估计和设想，由企业审查、修改，并继之以更深化的估计。

二、定量预测法

定量预测是利用比较完备的历史资料，运用数学模型和计量方法，来预测未来的市场需求。定量预测基本上分为两类，一类是因果关系（回归分析）模式，另一类是时间序列模式。

1. 回归分析法

回归分析是因果法中常用的一种方法。它是以事物发展的因果关系为依据，抓住事物发展的主要因素以及它们之间的相互关系，通过建立数学模型来进行预测，也是经济预测和技术预测中常用的方法。

下面介绍二元线性回归模型。

二元线性回归就是反映两个自变量（X_1、X_2）与一个因变量（Y）的线性关系。

（1）二元线性回归模型

二元线性回归模型为

$$Y = a + b_1X_1 + b_2X_2 \tag{5-1}$$

式中，Y——因变量；

X_1——自变量1；

X_2——自变量2；

a——回归系数；

b_1、b_2——偏回归系数。

计算回归系数 a、偏回归系数 b_1 和 b_2 的公式可以利用最小二乘法的原理来求解。

（2）利用模型进行预测

将预测的基础数据 X_1、X_2 值代入式（5-1），算出所需要的预测值 Y。

（3）确定置信区间

标准误差计算公式为

$$S = \sqrt{\frac{\sum (Y - Y_i)^2}{n - k}} \tag{5-2}$$

式中，Y——与数据点 X_1、X_2 相对应的实际值；

Y_i——与 X_1、X_2 相对应的预测值（回归平面上的点）；

n——数据点数；

k——回归方程变量的数目（二元回归为3）。

置信区间的上下限（考虑30个数据以内小样本的修正系数）为

$$置信区间 = Y_i(预测值) \pm t \cdot S_{Y,1,2}\left(\frac{1}{\sqrt{n}}\right) \tag{5-3}$$

t——分位数

2. 时间序列分析法

时间序列就是按时间顺序排列起来的一组历史数据。

在实际统计工作中,时间序列的组成形式十分复杂,大致可分为长期趋势、季节性变动、周期性循环变动和不规律性变动等。因此预测的方法种类很多,运用也十分灵活,滑动平均法是其中一种。

滑动平均法是假定预测事物的未来状况只与邻近几期的状况有关,而与较远期的状况无关,因此,只要选用近期的几个数据加以数学平均,即可预测下期的数据。

假设已知近三个月(一月、二月、三月)数据分别为 V_1、V_2、V_3,那么,四月份的预测值 F 就可用算术平均的方法计算如下:

$$F_4 = \frac{V_3 + V_2 + V_1}{3} \tag{5-4}$$

同理,五月份预测值 F_5 就应为

$$F_5 = \frac{V_4 + V_3 + V_2}{3} \tag{5-5}$$

如此顺序滑动,就可得到不同月份的预测值,如果收集的数据量大,应用 n 个月的数据给予平均,则预测模型的形式为:

$$F_{t+1} - \frac{V_t + V_{t-1} + V_{t-2} + \cdots + V_{t-n+1}}{n} \tag{5-6}$$

式中,V_t——第 t 个周期(月)的实际值;

F_{t+1}——第$(t+1)$个周期(月)的预测值;

n——与预测期邻近的有关的周期(月)数。

式(5 6)运用的是简单算术平均法,所以称之为简单滑动平均法。它把过去数据对预测值的影响作用等同看待,实际上远近不同的历史数据对预测值的影响作用是不同的。一般来说,距预测期越近的数据的影响作用越大。为了加强近期数据的作用,提高预测的准确程度,将简单滑动平均法修正为加权滑动平均法,则将式(5-4)修正如下:

$$F_4 = \frac{3V_3 + 2V_2 + 1V_1}{3 + 2 + 1} = \frac{3V_3 + 2V_2 + V_1}{6} \tag{5-7}$$

式(5-7)中的 3、2、1 为加权数,可以根据如何使预测值更加符合实际值的原则,结合实际经验加以选择。

式(5-7)又可简化为

$$F_4 = \frac{1}{2}V_3 + \frac{1}{3}V_2 + \frac{1}{6}V_1$$

从上式可以清楚地看出：三月份距预测期最近，分配了较大的权重$\frac{1}{2}$，一月份距预测期最远，分配了较小的权重$\frac{1}{6}$；二月份居中，分配的权重为$\frac{1}{3}$。这样就可以使预测较快地适应实际值的变化，从而改进了简单滑动平均法。如果选用几个相邻数据给予加权滑动平均，则加权滑动平均法的模型公式为

$$F = \frac{\sum_{i=1}^{n} W_i V_i}{\sum_{i=1}^{n} W_i} \tag{5-8}$$

式中，W_i——与V_i对应的权重。

3. 马尔柯夫预测法

(1)马尔柯夫转移概率

马尔柯夫是俄国著名的数学家，他建立的马尔柯夫方法主要是研究事物状态转移。他经过多次试验发现，一个系统的某些因素在转移中第 n 次结果只受第 $n-1$次的结果影响，只与当前所处状态有关，与其他无关。比如，研究一个商店的累计销售额，如果现在时刻的累计销售额已知，则未来某一时刻的累计销售额与现在时刻以前的任一时刻累计销售额无关。

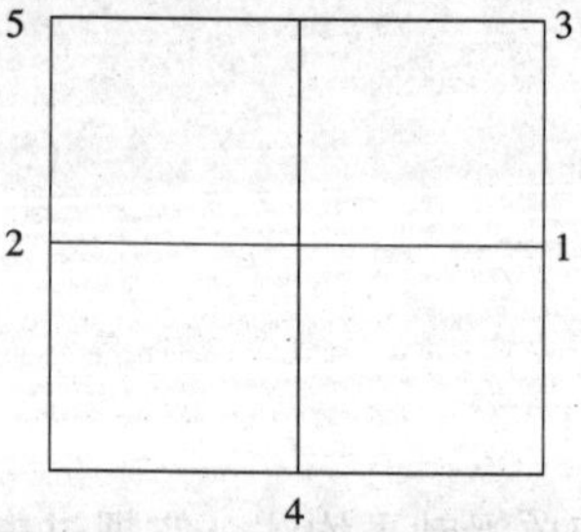

图 5-4　马氏模型示意图

以中国象棋为例。设在图 5-4 中，一只中国象棋中的“马”原位于“1”处，现它沿着 1—5—4 的路线运动到“4”处。显然，为了预测这只马未来的位置，我们只要知道它现在位于“4”处就行了。至于它以前位于何处，对我们的预测并不需要。事实上，从“马”现在位于“4”处这一事实，我们已经可以预测出其下一个位置将是“3”或“5”，而不需要知道马以前处于什么位置。描述这类随机现象的数学模型称为马氏模型。

在假设系统是随机的情况下，为具体描述系统从某个状态到另一状态转移可能性的大小，采用概率来描述。

设$\{\xi_n n=1,2,\ \cdots,\}$是一个随机序列，状态空间 E 为有限或可列集，对于任意的正整数 m,n，若 $i,j,i_k(k=0,1,2,\cdots,n-1)\in E$，有

$$P\{\xi_{n+m}=j|\xi_n=i,\xi_{n-1}=i_{n-1},\ \cdots\xi_0=i_0\}$$
$$=P\{\xi_{n+m}=j|\xi_n=i\} \tag{5-9}$$

则称$\{\xi_n n=0,1,2,\ \cdots,\}$为一个马尔柯夫链（简称马氏链）。

设$\{\xi_n n=0,1,2,\ \cdots,\}$是一个马氏链，如果式(5－9)右边的条件概率与 n 无